Alles über Kübelpflanzen

KOSMOS

Susan Berry · Steve Bradley

Alles über Kübelpflanzen

Balkon, Terrasse und Garten phantasievoll gestalten

Fotografiert von Andrew Lawson

Franckh-Kosmos

*Seite 1: Stiefmütterchen, Petunien, Zinerarien und Margeriten (*Argyranthemum *'Mary Wooton') schaffen mit ihren sanften Rosa-, Mauve- und Weißtönen eine bezaubernde, sommerliche Atmosphäre.*

Seite 2: Die in Grün und Weiß gehaltene Bepflanzung dieser markanten Urne kontrastiert wirkungsvoll mit der Form des Gefäßes. Um ein Zentrum aus kugelig beschnittenem Buchsbaum wurden Argyranthemum foeniculaceum *und Levkojen ringförmig eingepflanzt.*

Oben: Ein Paar Terrakotta-Kübel auf steinernen Plinthen rahmt eine Bank ein. Über eine wüchsige Fuchsia magellanica gracilis *'Aurea' erheben sich jeweils die spitzen Blätter von* Agave attenuata.

Ubersetzung aus dem Englischen von Dr. Wolfgang Hensel
Titel der Originalausgabe: The Complete Guide To Gardenings With Containers

Umschlaggestaltung von Atelier Reichert Stuttgart unter Verwendung von 1 Foto von Andrew Lawson (Hauptmotiv) und Geoff Dann (alle anderen)

Mit 343 Farbfotos

Die Deutsche Bibliothek – CIP-Einheitsaufnahme

Alles über Kübelpflanzen / Susan Berry und Steve Bradley.
Fotogr. von Andrew Lawson. [Übers. aus dem Engl. von Wolfgang Hensel]. – Stuttgart : Franckh-Kosmos, 1996
Einheitssacht.: The complete guide to gardenings with containers <dt.>
ISBN 3-440-07151-0
NE: Berry, Susan; Lawson, Andrew; Hensel, Wolfgang [Übers.]; EST

Für die deutschsprachige Ausgabe:

ISBN 3-440-07151-0
Lektorat: Gisela Bauer-Haffter
Herstellung: Heiderose Stetter
Printed in Italy/Imprimé en Italie
Satz: Utesch Satztechnik GmbH, Hamburg
Druck und buchbinderische Verarbeitung: New Interlitho, Mailand

Inhalt

DER STANDORT FÜR PFLANZKÜBEL

Pflanzgefäße unterstreichen auf mannigfache Weise die Wirkung eines Hauses oder Gartens. Dieses Kapitel stellt Ihnen mit zahlreichen Beispielen vor, wie und wo solche Gefäße wirkungsvoll plaziert werden können. Terrassen, Dachgärten, Eingänge und Treppen, Wege und Durchgänge, Balkone und Veranden sind Standorte, die mit einem breiten Spektrum von großen und kleinen oder mit Gruppen von Pflanzgefäßen gestaltet werden können. Die Wahl des geeigneten Stils, eine ausgewogene Bepflanzung, die in ihrer Proportion mit der Architektur des Hauses korrespondiert, die Farbgebung und Größe der Pflanzen in Verbindung mit einem attraktiven und spannenden Design tragen maßgeblich zu einer überzeugenden Wirkung bei.

Voraussetzung jeder erfolgreichen Planung ist die gründliche Bestandsaufnahme der gegebenen Situation, der ein wesentlicher Anteil an der Gesamtwirkung zukommt. Es könnte zum Beispiel durchaus sinnvoll sein, eine windige Dachterrasse durch Kletterpflanzen an Gerüsten abzuschirmen oder empfindliche Pflanzen durch robustere Arten zu schützen. Auf kleinem Raum bilden Kletterpflanzen oder an einer Wand befestigte Kästen spannende, vertikale Blickpunkte. Dieses Kapitel stellt die Grundelemente einer praktischen Planung wie auch attraktive Bepflanzungsbeispiele vor.

Links: Attraktive, goldschimmernde Blätter der Kletterpflanze - Humulus lupulus *'Aureus'.*

Oben: Dieser Kübel mit Blattpflanzen – darunter Cornus alba *'Elegantissima' und panaschierter Efeu – bildet den dominierenden Blickpunkt auf einer Terrasse mit Holzdeck.*

Eingänge und Stufen

Der erste Eindruck ist entscheidend – das gilt insbesondere für den Eingang eines Hauses oder einer Wohnung. In der Regel lassen der Fußweg zum Eingang oder die Stufen, die zur Haustür führen, keinen Raum für Erde. Pflanzgefäße sind die ideale Lösung für dieses Problem: Sie sorgen für auflockernde Farbtupfer auf einem ansonsten langweiligen Ziegel- oder Pflasterweg. Als Nebeneffekt lockern Blätter und Blüten die strengen Linien von Stein- oder Betonwänden auf und machen den Zugang freundlicher.

Eingänge

Da der Baustil des Hauses den Hintergrund der Bepflanzung bildet, sollte er den Stil des Pflanzgefäßes bestimmen. Ziegelsteine, Putz, Schindeln, Klinker oder Steine sind übliche Baustoffe, während der Zuweg in unterschiedlichem Stil gestaltet sein kann, rustikal, nüchtern oder aufwendiger. Pflanzgefäße, die jeweils damit in Einklang stehen – nicht nur in Farbe und Material, sondern auch in der Größe –, sind die ideale Wahl.
In den meisten Stadthäusern wird die geometrische Klarheit des Zuweges noch unterstrichen, wenn rechts und links des Eingangs ein Gefäß mit den gleichen Pflanzen steht. Das können zwei kugelig beschnittene Buchsbäume, aber auch Wiesenmargeriten *(Leucanthemum vulgare)* sein. Vor einem ländlichen Haus mit rustikaler Tür wirkt eine lockere Bepflanzung mit Kletterpflanzen und hübschen Einjährigen jedoch weitaus attraktiver.
Duftende Pflanzen eignen sich besonders gut für Eingänge. Süß duftende Kletterpflanzen sind immer eine gute Wahl, sie bieten ein ansprechendes Willkommen und brauchen nur wenig Platz auf dem Boden. Zu den besten Beispielen gehören Geißblatt *(Lonicera* spec.*)*, Jasmin und viele Rosensorten. Einige duften stärker als andere – etwa die tiefrosa 'Zéphirine Drouhin' – oder viele der kräftig duftenden, klassischen, alten Rosen. Es ist ohne weiteres möglich, mehrere Kletterpflanzen nebeneinander in ein Gefäß zu setzen. Sie durchdringen und verstärken sich gegensei-

Lockere Pflanzgruppierung
Rechts: Für den Eingangsbereich eines ländlichen Hauses bietet sich eine lockere Bepflanzung in der Art von Bauerngärten an. Eine Kletterrose sorgt für Höhe und bricht die Symmetrie der Tür. Die dicht gestellten Töpfe mit Glockenblumen (Campanula medium)*, Veilchen* (Viola *spec.*)*, Skabiosen* (Scabiosa 'Butterfly Blue')*und Katzenminze* (Nepeta x faassenii) *schaffen eine entspannte Atmosphäre.*

Formale Arrangements
Oben: Paarweise im Zugang zur Haustür aufgestellt, kontrastieren die runden Kronenformen der beiden Lorbeerbäume (Laurus nobilis) *mit den vertikalen Linien des Hauses. Von markanter Form sind auch spiralig (links) oder kugelig (rechts) gezogene und beschnittene Buchsbäume.*

tig in ihrer Wirkung. Wüchsige Einjährige, wie Wohlriechende Platterbsen *(Lathyrus odoratus)* können ohne weiteres durch vorhandene Sträucher klettern und so eine ländliche Atmosphäre schaffen. Der Nachteil, daß ihre Blüten weniger üppig als in freier Stellung gebildet werden, kann leicht verkraftet werden. Für den Frühling empfehlen sich einige wohlriechende Zwiebelgewächse in paarweisen Gefäßen: Zum Beispiel die kleinen, aber kräftig duftenden Narzissen, oder Töpfe mit Hyazinthen, deren große Zuchtformen hervorragend zu wilden Traubenhyazinthen *(Muscari* spec.*)* passen. Im Sommer unterstreichen Gefäße mit süßlich-schwer duftenden Königslilien *(Lilium regale)* jeden Eingang. Sie passen beispielsweise gut rechts und links neben eine Tür zum Wintergarten, sollten allerdings stets so unauffällig wie möglich gestützt werden (siehe Seite 73). Es gibt nichts Schlimmeres als hübsche Blüten, deren Wirkung durch hervorstechende und häßliche Stäbe zunichte gemacht wird.

Die Größe der Pflanzgefäße, wie auch die des Arrangements, ist ebenso wichtig wie der Stil: Als Faustregel gilt, daß Topf und Pflanzen etwa ein Drittel der Türhöhe erreichen sollten. So entsteht eine ausgewogene Balance zwischen Architektur und Pflanzen. Dürftige Töpfe wirken zwergenhaft, und riesige Kübel beherrschen den Eingang zu stark. Dennoch sollte man sich im Zweifelsfall stets für die größere Alternative entscheiden.

Von großer Bedeutung ist auch die Farbgebung. Vermeiden Sie harte Kontraste, etwa rote Geranien *(Pelargonium* spec.*)* gegen weißen Putz. Entscheiden Sie sich statt dessen für gedämpfte Farben – etwa ein Arrangement aus sanften Pfirsichtönen, zartblauen Blüten und silbergrauen bzw. silbern und grün panaschierten Blättern. Möglich ist auch, von der Farbe der Haustür auszugehen, und die Blütenfarben darauf abzustimmen. Eine tief purpurrote Tür könnte von Terrakotta-Töpfen mit Blauer Weinraute *(Ruta graveolens* 'Jackmans Blue'), dazu Heliotrop und einer kletternden, tief purpurblauen *Viticella clematis* flankiert werden. Wenn Ihnen eine formale, immergrüne Bepflanzung, beispielsweise mit Buchsbaum *(Buxus sempervirens)*, weniger zusagt, müssen Sie die Bepflanzung mit den Jahreszeiten variieren. Es wäre möglich, um einen dominierenden, zentralen Strauch oder eine Kletterpflanze je nach Jahreszeit andere, kleine Blumen zu pflanzen (siehe „Große Pflanzgefäße", Seite 38–41). Sofern Sie einfarbige Arrangements bevorzugen, kämen im Frühling weiße Krokusse oder Zwergnarzissen in Frage, gefolgt von weißen Stiefmütterchen oder *Sutera diffusa* (manchmal als *Bacopa* 'Snowflake' erhältlich) im Frühsommer. Im Sommer und Spätsommer nehmen dann weißes Springkraut *(Impatiens* spec.*)* oder Tabak *(Nicotiana* cvs.*)* den Platz ein.

Ein anderer wichtiger Gesichtspunkt bei der Pflanzenauswahl ist der Aspekt Ihres Eingangsbereiches, insbesondere die Verteilung von Licht und Schatten. Weist die Hausfront nach Süden – mit voller Sonne –, bieten sich Mittel-

Kübel neben einer Treppe
Links: Diese beiden großen Kübel mit Strauchmargeriten (Argyranthemum) *akzentuieren den Verlauf der Treppe.*

Töpfe auf einer Treppe
*Oben: Breite Treppenstufen sind ein idealer Standort für kleinere Blumentöpfe, hier bepflanzt mit efeublättrigen und Edelgeranien (*Pelargonium *cvs.).*

meerpflanzen an. Viele davon sind mit silbrigen oder gefältelten Blättern erhältlich, so etwa Beifuß, Heiligenkraut und Lavendel. Sie können ohne weiteres zu strengen, formalen Formen beschnitten werden, es ist aber genauso möglich, sie üppig im Stil von Bauerngärten über die Ränder der Gefäße wuchern zu lassen. Kieselsteine, als oberste Schicht aufgebracht, halten die Feuchtigkeit zurück (siehe Seite 89). Für schattige Häuserfronten eignen sich großblättrige, strukturgebende Pflanzen wie Funkien oder Euphorbien besser. Die große, immergrüne *Helleborus argutifolius* (syn. *H. corsicus*) mit ihren stacheligen, handförmigen, glänzendgrünen Blättern sieht das ganze Jahr über attraktiv aus und fühlt sich in Sonne oder Halbschatten wohl. Die großen, überhängenden Blütenstände limonengrüner Blüten tragen wesentlich zu ihrer Wirkung bei. Wird die Pflanze zu sparrig, sollte sie geteilt werden (siehe Seite 98), selbst wenn es ein Jahr dauert, ehe sie wieder mit üppiger Pracht überzeugt. Sollten Sie den traurigen Anblick im Winter nicht mögen – dann hängen die alten Zweige über, während aus dem Zentrum neue Blätter auswachsen –, lohnt es sich, die vorjährigen Triebe abzuschneiden und das Pflanzgefäß an einen weniger gut sichtbaren Platz zu verlagern. Die Pflanze braucht regelmäßig Wasser und reichlich Dünger.

Stufen und Treppen

Eine Treppe wirkt so lange öde und abweisend, bis Ziegel oder Steine etwas verwittert und weicher erscheinen. Sind die Stufen breit genug, sieht ein Pflanzgefäß auf jeder Stufe sehr attraktiv aus. Solch ein Arrangement wirkt aber nur dann, wenn alle Gefäße etwa dieselbe Größe und Farbe haben und die Bepflanzung einheitlich ist.

Sollten Sie ein formales, geometrisches Bild bevorzugen, bieten sich aufrechte Pflanzen mit starrem Aussehen an. Üppig wuchernde Pflanzen, wie kriechende Geranien (*Pelargonium* cvs.), Wolken von *Brachyscome* oder Lobelien, lockern dagegen das Erscheinungsbild auf.

Wollen Sie die Stufen lieber frei halten, können Sie jeweils einen großen Pflanzkübel ober- und unterhalb der Treppe plazieren. Je nach Wahl der Pflanzen wird dadurch der rechtwinklige Übergang zwischen Treppe und Hauswand gebrochen bzw. die Architektur betont. Im ersten Fall wäre eine Kombination aus kriechenden, silberblättrigen Strohblumen mit Petunien empfehlenswert; für den zweiten Fall böten sich kräftig beblätterte Pflanzen mit guter Strukturwirkung, etwa Keulenlilie (*Cordyline*), australischer Baumfarn (*Dicksonia antarctica*), Funkien oder Farne an.

Ausgebreitet wachsende Pflanzen in flachen Schalen wirken auf breiten Stufen weniger formal. Sie brechen die strengen Kanten der Stufen und beleben harte Oberflächen. Duftpflanzen, wie Lavendel oder Heiligenkraut, sind ideal, weil sie bei Berührung ihren Duft verströmen. Ein weiterer Kandidat für solch eine entspannend wirkende Bepflanzung ist das Berufkraut *Erigeron karvinskianus*, dessen sternförmige, kleine Korbblüten weiß oder rosa blühen, sowie Kapuzinerkresse, die über den Rand der Stufen wuchert. Deren Formen mit dunkelroten Blüten passen besonders gut zu gelblichen Steinen oder verwitterten Ziegeln. Auf weißen Stufen entscheiden Sie sich vielleicht – sofern es das Wetter zuläßt – für eine kontrastreiche Bepflanzung mit scharlachroten Geranien (*Pelargonium* cvs.). In trüberem Klima wirken hellblaue oder rosa Blüten weniger auffällig. Ist es noch kühler, passen pastellfarbene, efeublättrige Geranien besser, insbesondere, wenn sie mit kleinblättrigem, dunkelgrünem Efeu kombiniert werden. Efeublättrige Geranien bieten einen zusätzlichen Vorteil: Ihre Blätter duften aromatisch, wenn sie berührt oder zerdrückt werden. Bei wenig Platz bieten sich Küchenkräuter an, vorausgesetzt, die Treppe erhält ausreichend Sonne – z. B. Basilikum, Thymian, Majoran und Salbei. Diese Pflanzen können in einzelnen Töpfen oder in gemischter Bepflanzung (siehe Seite 15) wachsen.

Gleiche Farben, unterschiedliche Form
In beiden Beispielen bilden Stiefmütterchen den Blickpunkt, wenn auch mit gänzlich unterschiedlicher Wirkung: Das obere Bild zeigt großblütige Stiefmütterchen und Petunien in einer locker-üppigen Komposition. Die beiden unteren Blumentöpfe wurden mit Stiefmütterchen in übereinanderliegenden Schichten bepflanzt, um die Wirkung eines Formstrauches zu erzielen.

Terrassen

Wenn Ihr Haus eine Terrasse hat, entweder als Bestandteil eines größeren Gartens, oder Ihr ganzer Garten aus solch einer gepflasterten Fläche besteht, sind Pflanzgefäße das Mittel der Wahl, diese harten, abweisenden Oberflächen zu dekorieren und zu gestalten. Ehe Sie jedoch Gruppen von Pflanzkübeln dort aufstellen, müssen Sie sich darüber klarwerden, ob und wie das Material dieser Kübel mit dem Oberflächenmaterial Ihrer Terrasse harmoniert. Große, verzierte Keramikgefäße aus dem Fernen Osten werden heute zu annehmbaren Preisen in größeren Gartencentern angeboten. Sie passen gut zu einem Holzuntergrund oder Kieseln. Auf Steinböden wirken Terrakotta-Töpfe besser, während Blei und Holz gut mit Ziegeln harmoniert. Sie sollten die Stile Ihrer Pflanzgefäße nicht allzu wild durcheinandermischen – halten Sie sich an ein einheitliches Thema, entweder in Form oder Material. Es ist durchaus möglich, weniger attraktive Gefäße aus preiswertem Material – etwa Plastikcontainer – nach Geschmack anzustreichen. Dadurch gewinnen sie an Schönheit und unterstreichen das Thema der farbigen Bepflanzung (siehe Seiten 36–37).

Neben Farbe, Form und Struktur ist es bei der Auswahl von Terrassenkübeln erforderlich, die Größe und den Stil der Gefäße sorgfältig zu planen. Vermeiden Sie es, zu viele kleine Töpfe hier und dort zu verteilen. Entscheiden Sie sich statt dessen für markante Gruppen größerer Pflanzgefäße. Ideal wäre ein großblättriger Strauch als Blickpunkt, der von einigen kleineren Töpfen aus ähnlichem Material umgeben wird. Zu viele einzelne, kleine Töpfe machen nicht nur deutlich mehr Arbeit – etwa beim Wässern –, sie erzeugen Unruhe an einem Ort, der eigentlich der Entspannung dienen soll.

Fast immer liegt die Terrasse zwischen Haus und dem eigentlichen Garten, sofern vorhanden. Daher lohnt sich vor der Planung eine Betrachtung der Bauweise und des Stils Ihres Hauses. Entscheiden Sie sich möglichst für wenige, größere Pflanzen, so daß die Bepflanzung mit dem Haus in Einklang steht. Das kann auf mannigfache Weise geschehen: Stellen Sie einige größere Pflanzgefäße nah ans Haus und erlauben Sie Kletterpflanzen oder Wandsträuchern, an den Wänden Ihres Hauses emporzuklettern, oder arrangieren Sie eine Gruppenbepflanzung mit einem beherrschenden, zentralen Element, vielleicht ein Stechapfel *(Brugmansia* syn. *Datura)* oder Baumfarn.

Auch zu viele Blütenfarben und langweilig-einheitliche Blattformen schaffen eine unruhige Atmosphäre. Großblättrige Kletterpflanzen und Sträucher bilden den idealen Hintergrund für kräftig gefärbte Einjährige. Entscheiden

Grün und Weiß
Rechts: Diese Terrassenecke eines Stadthauses überzeugt durch geschickt ausgewählte und einheitlich Weiß-Grün bepflanzte Kübel. Hübsche, hohe Lilien mit riesigen, wachsweißen Trompetenblüten kontrastieren hervorragend mit niederwüchsigen, reinweißen Petunien. Einen zusätzlichen Blickpunkt schafft der geometrisch beschnittene Buchsbaum (Buxus sempervirens).

Silberblättrige Pflanzen
Alle hier abgebildeten Sträucher und Stauden eignen sich für eine sonnige Terrasse. Senecio, Helichrysum, *Lavendel und* Convolvulus cneorum *sind mittelgroße Sträucher, die übrigen Pflanzen kleinere Stauden.*

Steinterrasse
Auf dieser leicht versenkten Steinterrasse sorgen locker verteilte Pflanzgefäße für eine spannende Komposition, an der sowohl Farbe wie Form Anteil haben. Nicht immer müssen Kübel bepflanzt sein. Hier bildet ein leerer, orientalisch anmutender Krug den zentralen Blickpunkt.

Sie sich ruhig für eindrucksvolle Exemplare, etwa den großblättrigen Riesentabak *(Nicotiana sylvestris)* oder mehrjährige Pflanzen mit architektonischer Wirkung wie *Hosta sieboldiana* var. *elegans*, die mit bis zu 1,20 m Höhe für Spannung sorgen.
Die bewußte Beschränkung auf ein einziges Farbthema bzw. für einen durchgängigen Gefäßtyp oder -stil verleiht Ihrer Terrasse Einheit und Harmonie. Dabei brauchen Sie aber nicht zu puristisch zu sein, um einen wirksamen Effekt zu erzielen. Das Farbthema sollte kühl (Pastellfarben in Blau, Rosa, Weiß oder Mauve) oder warm (kräftige Gelbtöne, Orange, Rot, Mauve und Purpur) sein. Vermeiden Sie es, ein kühles Arrangement durch unpassende, kräftige Farben zu entwerten – beides schließt sich gegenseitig aus.
Fast immer werden Terrassen im sonnigen Teil des Gartens angelegt – häufig sogar als Sitzplatz am Ende des Gartens, wenn dort mehr Sonne einfällt als nahe am Haus. Dennoch kann auch eine schattige Terrasse durchaus attraktiv sein. Dort sollte man jedoch auf Pflanzen mit warmen Blütenfarben verzichten, die fast immer aus dem sonnigen Mittelmeerraum stammen. Für den Schatten sind grün-weiße Farbgebungen gut geeignet, insbesondere wenn sie mit Terrakotta und Steinplatten kombiniert werden. Efeu und Farne, die mit interessanten Blattformen und -strukturen überzeugen, schaffen in Kombination mit weißen Blüten – Fleißige Lieschen *(Impatiens* spec.*)* gedeihen hervorragend im Schatten – eine zeitlos schöne, klassische Atmosphäre. Noch wirkungsvoller wird das Ganze, wenn Sie es sich leisten können, eine klassische Statue zwischen den Pflanzgefäßen aufzustellen. Achten Sie jedoch auf Qualität, und entscheiden Sie sich eher für weniger als für mehr, so daß Ihr Arrangement wirkungsvoll und gleichzeitig elegant erscheint.
Ist die Terrasse groß und sonnig, sind locker gepflanzte, üppig ausgebreitete Tuffs silberblättriger Pflanzen besser geeignet, z. B. Gewürzkräuter und Bauerngartenpflanzen in sanften Tönen. Duftpflanzen bereichern jede Terrasse, vor allem solche, die ihren Duft erst in der Dämmerung entfalten, wenn Sie die letzten Strahlen der untergehenden Sonne genießen, z. B. nachts duftende Levkojen oder Tabak. In Schwüngen gepflanzte, abgestufte Töne wirken besonders elegant: Rosatöne, die von zart-hellen bis zu intensiven, fast roten Farben reichen, sind eine ausgezeichnete Wahl. Hortensien sorgen nicht nur für andauernd schöne Blütenfarben, einige von ihnen, insbesondere die dichtkopfigen Varietäten, wandeln zum Winter hin die Farben ihrer sterbenden Blütenstände in wunderbare, rostrote Töne um. Zusammen mit ein- und mehrjährigen, lockerwüchsigen Sommerblumen, z. B. Verbenen und Strohblumen, entsteht so eine prachtvolle Gruppenwirkung.
Bleigefäße oder Steintröge fügen sich gleichfalls hervorragend in eine Terrasse ein. Sowohl blaue wie gelbe Blüten heben sich gut von dem grauen Material ab; durch wechselnde Bepflanzung erzielen Sie eine lang andauernde Blütenwirkung. Eine gute Kombination sind Stiefmütterchen und kleine Traubenhyazinthen *(Muscari* spec.*)* in flachen Steintrögen. Tiefblaue Blüten, wie die von *Stachys macrantha* 'Superba', Skabiosen *(Scabiosa caucasica)*, *Salvia patens* oder Rittersporn *(Consolida ambigua)*, wirken am besten in Kombination mit silberblättrigen Pflanzen (siehe Seite 13).
Mit Pflanzgefäßen können Sie eine Terrasse wirkungsvoll vom Rest des Gartens abtrennen bzw. einen Sitzplatz abschirmen. Locker gepflanzte Gruppen von Sträuchern oder Mehrjährigen, dazu Gräser oder Bambus erfüllen diesen Zweck hervorragend. Immergrüne Pflanzen, wie *Choisya ternata*, *Berberis*, *Elaeagnus* x *ebbingei* oder *Prunus laurocerasus* wachsen zu mittelgroßen Sichtschirmen heran, die durch die Blütenfarben von Sträuchern oder Mehrjährigen aufgelockert werden.

Kräuter auf der Terrasse

Eine sonnige Terrasse ist der ideale Platz, um eine kleine Auswahl Heil- oder Küchenkräuter zu ziehen. Es spricht allerdings nichts dagegen, bei begrenztem Platz auch einen Balkon oder die Fensterbank entsprechend zu nutzen. Kräuter mit aromatischen Blättern, wie Thymian, Rosmarin, Lavendel oder Salbei, die zu Gruppen mit einheitlichem Thema zusammengestellt werden, sind dafür bestens geeignet.

Formale, strenge Arrangements oder locker-üppige Bauerngartenbepflanzungen sehen besonders schön aus. Achten Sie auf eine Auswahl unterschiedlicher Blattformen und -typen, und denken Sie auch an die Farben, denn Kräuter überzeugen hauptsächlich durch ihre Blätter, weniger durch Blütenfarben. Beifuß ist mit seinen wundervoll geteilten, silbrigen Blättern in vielen Formen erhältlich. Das gleiche gilt für das Mutterkraut mit seinen schönen Blütenköpfen und den Frauenmantel *(Alchemilla mollis)* mit weichen, rundlichen Blättern, dessen wolkenartige, gelbgrüne Blüten einen schaumigen Eindruck erwecken.

Töpfe mit Küchenkräutern stehen am besten gleich neben der Tür zum Garten, wo sie stets griffbereit sind. Basilikum und Petersilie wirken besonders gut, wenn sie einzeln in Terrakotta-Töpfen gezogen werden, doch liefern Petersilienblätter auch einen idealen Hintergrund zu Blütenpflanzen, vor allem zu hellblauen oder weißen Stiefmütterchen. Am wohlsten fühlen sich die meisten Kräuter in lockerem Boden an sonnigen Standorten, denn fast alle stammen aus dem Mittelmeerraum.

Das Interesse an speziellen Heilkräutern nimmt immer mehr zu, vor allem an solchen, die in der Naturkosmetik eine Rolle spielen. Zwar reicht die Menge an Heilpflanzen, die sich in Töpfen ziehen lassen, nicht für größere Experimente aus, doch für Aufgüsse, beispielsweise mit Pfefferminze, können Sie genügend Material heranziehen. Minze ist ohnehin für Pflanzgefäße besser geeignet, da sie sich im Freiland stark ausbreitet.

Obst und Gemüse

Sogar eßbare Pflanzen lassen sich auf der Terrasse anpflanzen. Vorgezogene Tomatenpflanzen (in Holztrögen), Erdbeeren in speziellen Töpfen und vielleicht Stangenbohnen in einem großen, tiefen Gefäß, die allerdings durch ein Gestell aus Bambusstangen unterstützt werden müssen. Denken Sie daran, daß alle Obst- oder Gemüsepflanzen regelmäßig gewässert werden müssen und reichlich Düngergaben brauchen, um genügend zu tragen.

Gemischte Kräuterbepflanzung

Es gibt verschiedene Möglichkeiten, Kräuter für die Terrasse zu arrangieren, entweder auf formale oder informell-lockere Weise. Sie können spezielle, unterteilte Kräutertöpfe verwenden oder die Kräuter ganz nach Ihrem persönlichen Geschmack anordnen. Je nach Vorliebe läßt sich z. B. eine Schale mit Küchen- bzw. Gewürzkräutern (siehe unten links) oder Heilkräutern (siehe unten rechts) bepflanzen. Auch mehrere Arten derselben Gattung, z. B. Artemisia, *sehen nebeneinander hübsch aus.*

Küchenkräuter
Unten: In diesen Terrakotta-Topf wurden verschiedene Küchenkräuter eingepflanzt. Oregano (Origanum vulgare), *einfacher* (Thymus x citriodorus) *und panaschierter Zitronenthymian* (T. x c. aureus), *Basilikum* (Ocimum basilicum) *und eine dunkle Form* (O. b. purpurascens), *Ysop* (Hyssopus officinalis) *und Salbei* (Salvia officinalis).

Heilkräuter
Unten: Folgende Heilkräuter wurden hier zu einem attraktiven Arrangement zusammengestellt: Wermut (Artemisia absinthium), *Rainfarn* (Tanacetum vulgare), *goldenes Mutterkraut* (Tanacetum parthenium) *und Ysop* (Hyssopus officinalis).

Kräutertopf
Oben: Obwohl meistens mehrere Kräuter in einer Schale untergebracht werden, lohnt es durchaus – wie hier – jede Sorte in einen eigenen Topf zu pflanzen. Sowohl goldblättriger Oregano (Origanum vulgare *'Aureum'; rechts*) *als auch panaschierter Salbei* (Salvia officinalis *'Icterina'; links*) *überzeugen durch attraktives Laub. Selbst die verschiedenen Formen von Basilikum* (Ocimum *spec.*) *können nebeneinander auf einer sonnigen, geschützten Terrasse stehen. Strauchbasilikum* (O. b. *var.* minimum) *sieht mit seiner kompakten, runden Wuchsform fast so aus, als sei er beschnitten.*

Balkone

Obwohl es Balkone von kaum mehr als der Breite einer Fensterbrüstung bis hin zu Flächen gibt, auf denen man eine Party feiern kann, bleibt in der Regel nur wenig Raum für Pflanzen. Es erfordert ein gehöriges Maß an Kreativität, den vorhandenen Raum sinnvoll zwischen Pflanz- und Erholungsfläche aufzuteilen.

Kletterpflanzen sind daher das Mittel der Wahl: Sie verbrauchen wenig Bodenraum und tragen wesentlich zu einem üppigen wuchernden Pflanzenbild bei. Graham Rose hat es in seinem Buch „The Low Maintenance Garden" folgendermaßen ausgedrückt: „Sechs wüchsige Kletterpflanzen, die auf einem 30 cm breiten und 9 m langen Streifen gepflanzt werden, bilden in Kürze auf einer Wandfläche von 56 m^2 einen dichten Blattvorhang mit bunten Blüten. Um mit Bodenpflanzen denselben Effekt zu erzielen, bräuchte man zwanzigmal mehr Fläche und rund 100 bis 200 Stauden."

Daher bilden Kletterpflanzen ein zentrales Element jeder Balkonbepflanzung, und Pflanzgefäße sind die einzige Möglichkeit, dies zu erreichen. Für die Gesamtwirkung sind Form und Größe der Pflanze von entscheidender Bedeutung. Es kommt jedoch darauf an, eine maximale Raumwirkung bei minimalem Bodenverbrauch zu erzielen. Das geht zum Beispiel mit Hilfe eines selbst gebauten, langen Holztroges in der Art von Blumenkästen. Eine Kunststoffauskleidung trägt dazu bei, ihn dauerhafter zu machen. Vergessen Sie nicht, den Trog unten anzubohren, damit keine Staunässe entsteht, und bauen Sie ihn stabil genug, damit er den Druck der Erde aushält.

Wie bei einem Dachgarten kommt es auch auf die Stabilität der Balkonkonstruktion an, denn mit Erde gefüllte Pflanzgefäße haben ein beträchtliches Gewicht. Im Zweifelsfall fragen Sie besser vorher einen Architekten. Der Balkonboden sollte außerdem wasserfest sein.

Fast immer sind Balkone stark der Witterung ausgesetzt, insbesondere in den Obergeschossen größerer Wohnblocks. Die Pflanzen sollten daher geschützt stehen. Andererseits lassen sich mit robusten Kletterpflanzen sogar Windschirme erzeugen – *Griselinia* wird oft empfohlen. Als Immergrüne bietet sie dauerhaften Schutz. Wenn Sie während der dunkleren Winterzeit lieber mehr Lichteinfall wünschen – dann nutzen Sie den Balkon ohnehin nicht

Gemischte Bepflanzung
*Links: Die attraktive Bepflanzung dieser Balkonecke beweist, wie man Pflanzen verschiedener Form und Höhe erfolgreich miteinander kombiniert, um einen Balkon mitten in der Stadt abzuschirmen. Kletternde und kriechende Pflanzen bilden den Hintergrund für kräftig rosa gefärbte Geranien, Hortensien, Fleißige Lieschen (*Impatiens *cvs.) und wachsig-weiße Lilien.*

Kontrastfarben
Oben: Ein Terrakotta-Topf mit Fuchsien, Kapastern (Felicia) *und* Oenothera cheiranthifolia *in kräftigen Kontrastfarben akzentuiert diese steinerne Balustrade. Ein Paar solcher, gleichartig bepflanzter Töpfe bietet beiderseits einer Tür oder Treppe einen wunderbaren Anblick.*

–, wäre eine laubabwerfende Heckenpflanze wie Hainbuche *(Carpinus betulus)* besser geeignet. Sie kann auf die gewünschte Höhe zurückgeschnitten werden.
Auf dachlosen Balkonen läßt sich mit Hilfe von Weinranken ein grünes Dach erzeugen. Wein wird auf einer Unterlage aus Stützen und Drähten gezogen. So haben Sie im Sommer einen Sitzplatz im lichten Schatten, und wenn Sie sich für eine fruchttragende Sorte entscheiden, können Sie sogar Ihre eigenen Trauben ernten. Für nord- oder ostexponierte Balkone sind Kletterpflanzen wie *Clematis montana* oder *Actinidia deliciosa* besser geeignet.
Alle Kletterpflanzen brauchen eine Unterstützung, an der sie emporwachsen. Nur Pflanzen mit Haftwurzeln, wie z. B. Efeu, klettern ohne Unterstützung an Wänden empor.
Zu Füßen der Kletterpflanzen können Sie kriechende Einjährige, niedere Stauden oder kleine Sträucher pflanzen. Bestens geeignet sind beispielsweise Katzenminze *(Nepeta x faassenii)*, kleinwüchsige Glockenblumen, Kapuzinerkresse und Lobelien. Sofern Sie planen, diese Pflanzen in dasselbe Gefäß wie die Kletterpflanzen zu setzen, entscheiden Sie sich für solche, die mit nährstoffarmen Böden und Trockenheit zurechtkommen, denn eine wüchsige Kletterpflanze verbraucht fast alle Nährstoffe und Feuchtigkeit.

Pflanzengruppen auf dem Balkon

Ehe Sie in die Planung einer Pflanzengruppe auf dem Balkon einsteigen, müssen Sie sich darüber klarwerden, wieviel Platz Sie für sich selber brauchen – der Rest bleibt für

Kletterpflanzen
Alle hier gezeigten Kletterpflanzen zeichnen sich durch schönes Laub aus und bilden den idealen Hintergrund für kräftig gefärbte Blüten von Ein- und Mehrjährigen. Berücksichtigen Sie bei der Auswahl entweder interessante Blattformen oder hübsche Blattfarben. Immergrüne bieten zwar das ganze Jahr über guten Schutz, denken Sie aber auch an laubabwerfende Formen, deren Blätter sich im Herbst oft herrlich rot oder golden verfärben.

Hedera *spec.*
Gute Sorten dieses Selbstkletterers sind etwa H. helix *'Sagittifolia' mit pfeilförmigen und* H. h. *'Goldheart' mit gelb gefleckten Blättern.*

Lonicera *spec.*
L. periclymenum *und* hildebrandtiana *sind gut geeignete Arten.*

Actinidia kolomikta
Für diese winterharte, windende Kletterpflanze sprechen die hübschen, grün und weiß gefärbten Blätter.

Eccremocarpus scaber
Diese Pflanze hat attraktive, immergrüne Blätter und orange gefärbte Blüten.

Vitis coignetiae
Bei dieser Art färben sich die Blätter im Herbst rötlichgolden. Vitis vinifera *'Brant' bildet eßbare Trauben. Beide Formen verankern sich selbst mit Hilfe von Ranken.*

Parthenocissus tricuspidata
Die Jungfernrebe umwindet ihre Kletterhilfe und liefert im Herbst beeindruckende Farben.

Bauerngartenstil
Auf diesem hölzernen Deck wurden zahlreiche kleinere Blumentöpfe dicht an dicht zusammengestellt. Dadurch entsteht die zauberhafte Atmosphäre eines Bauerngartens. Die Kletterpflanzen bilden die Kulisse und verbergen das tragende Gitter.

die Pflanzen übrig. Kletterpflanzen wären eine Möglichkeit; eine andere wären Arten mit schmaler Wuchsform oder kriechende Pflanzen. In Form geschnittene Spiralen oder Säulen aus Buchsbaum, Liguster oder Efeu (siehe Seite 8), pyramidenförmig gezogene Stiefmütterchen (siehe Seite 11) oder Traubenhyazinthen (siehe Seite 72) sowie Zergkoniferen sind schmal und hoch. Zwergkoniferen wirken allerdings in einer gemischten Bepflanzung eher steif und formal, ihre Kissenform paßt nicht recht zu üppigen Blütenarrangements. Sollten Sie sich für Zwergkoniferen entscheiden, kombinieren Sie diese mit Efeu und Pflanzen mit panaschierten Blättern. Dazu gehören sparsam verwendete, weißblütige Pflanzen – Winteralpenveilchen passen mit ihrem strengen Umriß gut zu Immergrünen. Pflanzen mit rundlich-buschiger Wuchsform nehmen zuviel Platz von der vorhandenen Sitzfläche weg.
Berücksichtigen Sie sorgfältig die vorhandene Architektur, nicht nur die Rückwand Ihres Balkons, sondern auch den Stil der Stützkonstruktion: einfache oder aufwendig gestaltete Eisengitter sowie Pfosten und Geländer. Gleichgültig in welchem Stil, immer werden diese Bauelemente vorrangig stabil sein. So sind Geländer gewöhnlich innen an den Pfosten befestigt, um zusätzliche Stabilität zu erreichen. Natürlich können Sie Blumenkästen an den Geländern aufhängen, achten Sie aber darauf, daß Material und Farbe gut harmonieren.
Eine besondere Wirkung erzielen Sie mit einer wiederkehrenden Bepflanzung, die sich wie ein verbindendes Band am Boden des Balkons entlangzieht, wobei einige Pflanzen durch das Geländer kriechen sollten. Vor Ziegeln sehen rote Blüten ebensogut aus wie kräftig blaue oder weiße – aber niemals alle drei zusammen. Wählen Sie Pastelltöne in Rosa, Mauve oder Limonengrün, wenn Ihre Wand farbig verputzt ist. Auf Balkonen von Stadthäusern wirken Pflanzen mit markanten Strukturen besser: vielleicht steife, aufrechte, scharlachrote Tulpen oder hübsch beschnittene Immergrüne.

Größere Balkone und Terrassen

Steht Ihnen mehr Platz zur Verfügung, bieten sich natürlich größere Pflanzengruppen an. Dabei ist es stets vorteilhaft, den Blick auf einen einzigen, üppigen Blickfang zu lenken. Eine Pflanze sollte im Zentrum des Arrangements stehen – etwa ein Stechapfel mit exotischen, glockenförmigen Trichterblüten und auffallend schönen Blättern, er verträgt allerdings die winterliche Kälte nicht. Attraktiv blühende Kletterpflanzen, beispielsweise Jasmin oder Nachtschatten, ranken sich an jeglicher Stütze empor.

Blühende Kletterpflanzen
Die Waldrebe gehört zu den beliebtesten blühenden Kletterpflanzen. Ihre Arten und Sorten blühen fast während des gesamten Jahres. Die kleinblütige Clematis viticella *und einige der kleinblütigen Hybriden lassen sich ohne weiteres in einen Blumentopf pflanzen und überzeugen dort durch ihre zerbrechliche Eleganz.*

Eine Reihe interessanter Stauden verstärken den Gesamteindruck, sie werden je nach Blütezeit umgestellt. Es gibt zahlreiche, wunderbare Geranien *(Pelargonium* cvs.*)*, darunter auch solche mit ausgeprägt duftenden Blättern und kleineren, aber schönen Blüten und einer langen Blühperiode. Gut geeignet sind auch die größeren Margeriten *(Argyranthemum)*, die zu üppigen Büschen heranwachsen, als Hochstämme aber genausogut wirken. Sollten Sie Blütenfarben in größerer Höhe bevorzugen, sind auch hochstämmige Formen von Fuchsien, Geißblatt, selbst Glyzinen erhältlich (siehe Seite 74). Damit eine Gruppe wirkungsvoll zur Geltung kommt, braucht sie einen Hintergrund aus Pflanzen mit attraktiven Blättern – etwa *Choisya ternata* mit Wirteln glänzend-grüner Blätter oder eine Palme wie *Trachycarpus fortunei* –, um dem Arrangement Tiefe und Substanz zu verleihen. Entscheiden Sie sich bei beschränktem Platz für eine schmalere Kletterpflanze wie den Goldblättrigen Hopfen (*Humulus lupulus* 'Aureus'; siehe Seiten 6 und 64).

Wenn Sie zu den glücklichen Menschen gehören, die eine Terrasse mit steinerner Balustrade Ihr eigen nennen, können Sie darauf eine Reihe hübscher Pflanzgefäße mit großartigen Pflanzen abstellen. Sowohl Gefäße wie Pflanzen sollten jedoch von markanter Wirkung sein: Jeder zu kleine Topf wirkt schlicht mickrig. Wie immer hält ein gewisses Maß an Symmetrie die Komposition zusammen, beispielsweise wiederholt gepflanzte Blumen oder gleichartige Töpfe. Übertriebene Symmetrie schwächt die Wirkung jedoch zum Anblick eines viktorianischen Parkbeetes ab. Wählen Sie für Steinterrassen wenige, große Kübel, bepflanzt mit Kreuzkraut oder Euphorbien, die das ganze Jahr über hübsch aussehen. Im Sommer sorgen große Lilien, Tabak oder Fuchsien für zusätzliche Spannung. Als Blickpunkt könnten Sie sich für Pflanzen mit länglich-spitzen Blättern entscheiden: Versuchen Sie Palmlilien mit schwertförmigen Blättern und Keulenlilien mit ihrem eleganten Schwung schlanker, immergrüner Blätter.

Dachgärten

Selbst der kleinste Dachgarten, sofern er nur einigermaßen vor den Unbilden des Wetters und den benachbarten Häusern geschützt ist, kann zu einer üppig blühenden Oase inmitten einer unwirtlichen Stadt werden. Bedingt durch die Situation bleibt Ihnen hier keine andere Wahl, als die Pflanzen in Töpfen und Kübeln anzuziehen. Der einzige limitierende Faktor ist die Größe des Dachgartens bzw. die Tragfähigkeit des Daches. Ehe Sie daher in die Planung der Bepflanzung einsteigen, sollten Sie einen Experten um Rat fragen, denn das Gewicht von erdegefüllten Kübeln ist nicht zu unterschätzen. Weiterhin sollten Sie prüfen, ob das Dach gut entwässert wird, und sich mit einer Versicherung gegen mögliche Schäden an Dritten absichern – bei Sturm könnte ein Pflanzkübel heruntergeweht werden.

Da Dachgärten grundsätzlich stark der Witterung ausgesetzt sind, brauchen Sie zuerst einen guten Windschirm, entweder als dauerhafte Konstruktion oder mit Hilfe von Pflanzen. Ideal ist ein stabiles Gitterwerk. Es gibt einer aufregenden Vielfalt von Kletterpflanzen Halt, die dann ihrerseits das geeignete Mikroklima für weniger robuste Pflanzen schaffen. Ein solches Gitterwerk muß jedoch sehr stabil gebaut und sicher verankert sein. Andernfalls könnte es das Gewicht der Pflanzen nicht tragen.

Sofern Sie zu den Glücklichen gehören, deren Dachgarten von Bäumen eingerahmt ist, nutzen Sie diese als Hintergrund Ihrer Bepflanzung. Außerdem entfällt damit die Notwendigkeit, die Dachterrasse abzuschirmen.

Wenn Sie einen neuen Boden auf Ihrem Dachgarten planen, installieren Sie gleich eine Wasserleitung. Sie ersparen sich für später das mühselige Schleppen von Wassereimern oder Gießkannen. Gleichzeitig ergibt sich damit die Möglichkeit, Wasser für einen kleinen Brunnen oder Springbrunnen zu legen. Es ist ohne weiteres denkbar, einen winzigen Wassergarten in einem Holzfaß anzulegen, der vielfältig mit Pflanzen unterschiedlicher Wuchsformen und Blättern bepflanzt wird (siehe Seite 54).

Nutzen Sie das Gitterwerk für Kletterpflanzen mit strukturell-architektonischer Wirkung, z. B. panaschierter

Eingebaute Blumenbänke
Links: In den fest eingebauten Blumenbänken am Rande des Dachgartens stehen größere Bäume und Sträucher. Die Töpfe mit sommerblühenden Einjährigen sorgen für Farbtupfer auf dem Boden und heben sich gegen Pflanzen ab, die durch ihre Blätter wirken (z. B. Yucca *und* Chamaecyparis*).*

Wirkungsvolle Blickpunkte
Oben: Hübsche Blütenpflanzen – Schmucklilie (Agapanthus africanus) *und Tabak* (Nicotiana sylvestris) *– wurden als Blickpunkt zu einer Gruppe zusammengestellt.*

Efeu, robuster Wein oder Schlingpflanzen, dazu blühende, möglichst duftende Kletterpflanzen wie Geißblatt, Jasmin und Waldrebe. *Clematis armandii* hat beispielsweise attraktive, immergrüne Blätter und Blüten mit dem Duft von Mandelblüten.

Entlang des Dachrandes können Sie in kleineren Töpfen Pflanzen Ihrer Wahl ziehen, ruhig auch Obstpflanzen, sofern der Dachgarten nur groß genug ist. Vermeiden Sie jedoch den Eindruck einer gähnend leeren, zentralen Fläche, die punktuell von einzelnen Pflanzgefäßen umgeben wird. Ist der Dachgarten groß genug, kann er mit schirmartig verteilten Pflanzen als Sichtschutz in einzelne Bereiche unterteilt werden. Bambus, der in großen Kübeln gezogen wird, eignet sich hervorragend zu diesem Zweck.

Denken Sie daran, daß zu viele Farben einen kleinen Raum noch kleiner erscheinen lassen. Entscheiden sie sich statt dessen für ein durchgängiges Farbthema, das dann ruhig mit den Jahreszeiten wechseln kann. So merkwürdig es klingt, wenige großblättrige Pflanzen schaffen einen großzügigen Raumeindruck, während zu viele kleine Pflanzen den vorhandenen Raum einengen. Suchen Sie nach großen, hübschen Kübeln, und bepflanzen Sie diese mit ebenso wirkungsvollen, großen Pflanzen. Da Dachgärten grundsätzlich keinen Schatten bieten, wählen Sie nur sonnenliebende Pflanzen, es sei denn, Sie legen eine schattige Pergola an.

Dachgärten sind stark dem Wetter ausgesetzt, daher brauchen empfindliche Pflanzen einen Winterschutz. Haben Sie eine Vorliebe für mediterrane Pflanzen? Dann müssen Sie deren Wurzeln während des Winters in Sackleinen einschlagen (siehe Seite 103). Zwar werden Sie Ihre Dachterrasse im Winter kaum nutzen, dennoch müssen Sie Vorsorge für die kalte Jahreszeit treffen. Pflanzen in Winterruhe sollten zum Schutz gegen Wind und Wetter möglichst hinter einen immergrünen Schirm zusammengestellt werden. Daher brauchen Sie einige robuste Immergrüne und nach Möglichkeit auch eine Pflanze, die ihre Wirkung erst im Herbst entfaltet, wie beispielsweise einen Fächerahorn *(Acer palmatum)*.

Japanisch anmutende Dachgärten haben einen eigenen Reiz, vor allem, wenn sie vom Wohnzimmer aus sichtbar sind. Vorsorglich gekaufte Strohmatten bieten Schutz und schirmen ab. Das Prinzip eines japanischen Gartens beruht auf Einfachheit. Er wirkt vor allem in der Beschränkung auf wenige Pflanzen, auf markanten Umrissen und Formen, nicht so sehr auf Farbe. Bewährte Pflanzen für einen japanischen Garten sind kleinblättrige Immergrüne, wie Rhododendren und Azaleen, die zu attraktiven, buschigen Sträuchern heranwachsen, Buchsbaum *(Buxus sempervirens)* und zu Kugeln beschnittener Liguster, Bambus, Farne und Funkien. Einige hübsche, orientalisch anmutende Steinstatuen oder Steinguttöpfe tragen maßgeblich zur Atmosphäre bei.

Als Oberfläche des Dachgartens bietet sich eine Kombination aus Holzdeck – möglichst aus wetterfestem Holz – und Kieseln an, die zu faszinierenden, formalen Arrangements im Stil des Zen-Buddhismus geharkt werden können. Aus Eisenbahnschwellen lassen sich, als Unterlage

Wie man Kletterpflanzen erzieht

Alle Kletterpflanzen, die in einem Blumentopf wachsen, brauchen Unterstützung. Es ist durchaus möglich, mit einem einfachen, freistehenden Gitter zu beginnen, und die Pflanze anschließend über schon ausgewachsene, stabile Pflanzen zu erziehen. Sie können Ihre Kletterpflanze auch entlang einer Wand wachsen lassen, über eine Kletterhilfe aus Draht oder Gitter.

1 *Der Boden des Topfes wird mit Kies gefüllt und das Gitter damit fixiert. Darauf kommt eine erste Lage Blumenerde.*

2 *Nun wird die Pflanze hineingestellt (Wurzelballen vorher wässern und lokkern) und der Topf mit Erde aufgefüllt.*

3 *Entfernen Sie eventuell vorhandene Bambusstäbe, und breiten Sie die Triebe entlang des Gitters aus.*

4 *Binden Sie die Triebe fest, achten Sie aber darauf, die Stengel nicht zu verletzen.*

5 *Neue Triebe ausgewachsener Pflanzen werden, solange sie noch weich sind, gebogen und am Gitter befestigt.*

Die ausgewachsene Pflanze, ein Parthenocissus, *auf ihrem Gitter. Beachten Sie, wie sich die Blätter orientieren, um möglichst viel Sonne einzufangen.*

Ländliche Atmosphäre
Eine Ansammlung verschiedenster Pflanzgefäße mit üppigen Blüten und Blättern verwandelt die Ecke eines kleinen Dachgartens beinahe in einen Bauerngarten. Mit Hilfe von Tischen können auch die Blütenfarben kleinerer Pflanzen wirksam auf größere Höhe gebracht werden. Hier bildet hohes Blumenrohr (Canna) *den Hintergrund für kleine Töpfe mit Geranien (*Pelargonium *cvs.).*

für die Pflanzgefäße, stabile Bänke oder Plinthen bauen, vorausgesetzt Ihr Dachgarten trägt das Gewicht von Unterbau, Kübeln und bewässerter Erde. Schirmen Sie unbedingt den Dachgarten gegen die vorherrschende Windrichtung ab, etwa mit Bambus oder Strohmatten. Damit verwandeln Sie Ihren Dachgarten nicht nur in einen windstillen Sitzplatz, sondern sorgen auch ganzjährig für sicheren Schutz Ihrer Pflanzen, die ansonsten rasch einen windzerzausten Eindruck machen.

Der Gebrauch von Gitterwerk

Kletterpflanzen in Töpfen brauchen ein Gerüst als Unterstützung. Um ein solches Gitter an der Wand zu befestigen, sollten Sie einen hölzernen Rahmen in die Wand dübeln und das Gitter darauf montieren. So gewinnen die Pflanzen einen gewissen Abstand zur Wand, und die Luft kann frei zirkulieren.
Sollen die Pflanzen einen Wind- oder Sichtschirm bilden, befestigen Sie das Stützgitter an der Rückwand eines höl-

Kleine Pflanzen als Schutzschirme
Niederwüchsige, buschige Pflanzen lassen sich gruppenweise zu niedrigen Hecken zusammenstellen. Damit können Sie einen Dachgarten in einzelne Abteilungen untergliedern. Die Abbildungen zeigen einige Beispiele.

zernen Kübels. Nur wenn das Gerüst ganz unten und an einer zweiten Stelle weiter oben fest verankert wird, erhält es genügend Stabilität – übrigens sind Schrauben besser geeignet als Nägel.
Normalerweise wird man wohl fertiges Gitterwerk aus imprägniertem Weichholz kaufen, Sie können allerdings durchaus ein individuelles Gitter aus Latten selbst zusammenschrauben. Für den Dachgarten sind etwas dickere, stabilere Latten zweckmäßig. Zwischen den Latten kann die Luft um die Pflanzen zirkulieren, und größere Gitterabstände lassen den Wind durchstreichen. Sie wirken vorbeugend gegen Stürme, die ein schwächeres Gitter umwerfen könnten.
Der geschickte Einsatz von Spiegeln läßt den vorhandenen Raum größer erscheinen und erzeugt – etwa hinter einem Wandgitter – einen „Trompe-l'œil"-Effekt.

Heckenpflanzen für Dachterrassen

Als Pflanzen mit abschirmender Wirkung für Dachterrassen oder Balkone kommen sowohl hohe wie niedrige, laubabwerfende wie immergrüne Formen in Frage. Verwenden Sie Buchsbaum für niedrige, raumteilende Hekken. Er bildet langsam wachsende, dichte, immergrüne Barrieren. Die goldpanaschierte Sorte, *Buxus sempervirens* 'Aureovariegata', sieht dabei weitaus attraktiver aus als die einfache grüne Form. Aus Stecklingen können Sie Buchsbaum leicht selber ziehen. Nehmen Sie für größere Hecken *Griselinia*, Eibe, Lebensbaum oder Efeu (über ein Gitter wachsen lassen). Die Abbildungen auf dieser Seite zeigen eine Auswahl von kleinen und mittelgroßen Hekkenpflanzen.

Wie man buschigen Wuchs fördert

Pflanzen, die als Schutzschirm dienen sollen, wie diese Griselinia *– sie ist unempfindlich gegen Luftverschmutzung –, werden besonders dicht, wenn sie sich bereits tief unten verzweigen.*

Schneiden Sie im ersten Jahr alle Leittriebe mit einer scharfen Astschere bis zu einer auswärts gerichteten Seitenknospe zurück. Nur wenn man die Spitzen der Leittriebe entfernt, werden die Seitentriebe zum Wachstum angeregt.

Die Wahl des richtigen Bodenbelages

Bedenken Sie, daß alles, was Sie für Ihren Dachgarten brauchen, hinaufgeschleppt werden muß. Daher lohnt es sich, den Bodenbelag so leicht wie möglich zu wählen. Normale Stein- oder Betonplatten könnten die Dachkonstruktion zu stark belasten, leichte Klinkerplatten, vielleicht sogar Holzspäne eignen sich weitaus besser. Letztere lassen sich sehr dünn ausbreiten und reduzieren so das Gewicht noch weiter.

Mittelgroße bis große Pflanzen als Schutzschirme

Ist der Dachgarten stärker der Witterung ausgesetzt, empfiehlt sich ein Windschutz aus heckenartig gepflanzten, größeren Sträuchern. Optimal sind längliche, breite Tröge (breiter als Blumenkästen), beispielsweise mit den hier abgebildeten Sträuchern.

Durchgänge und Wege

In Gartenbereichen mit wenig Boden oder Sonne, z.B. auf Durchgängen und Wegen, bieten Pflanzgefäße wunderbare Gestaltungsmöglichkeiten. Einerseits erzeugen sie Spannung, indem das Auge durch enge Durchblicke auf einen besonderen Brennpunkt in Landschaft oder Garten – etwa eine Statue – gelenkt wird; andererseits können Sie Kübel mit lichtbedürftigen Pflanzen für kürzere Zeit in einen schattigen Bereich räumen, um dort für Farbe und Wirkung zu sorgen.

Für die Anlage einer Blumenrabatte in schattigen Gartenbereichen ist eine genaue Bodenkontrolle erforderlich – ist er feucht oder trocken, welche Pflanzen sind geeignet? Dieses Problem entfällt im überschaubaren Blumentopf.

Grundsätzlich sollten Sie aber keine Pflanzen mischen, die an unterschiedliche Standorte angepaßt sind, denn auch in der Natur würden diese nie nebeneinander vorkommen. Sicher ist diese Regel dehnbar, achten Sie aber darauf, daß Blattfarben und -formen gut zu den übrigen Pflanzen passen.

Sowohl Durchgänge wie Wege haben gewöhnlich eine hart wirkende Oberfläche, die durch geschickte Wahl von Blattformen gebrochen werden kann. Die Auswahl an Kletterpflanzen und Stauden ist schier unendlich groß, obwohl Sie im Schatten auf brillante Blütenfarben zugunsten von interessanten Blattformen verzichten müssen.

Schattenpflanzen haben grundsätzlich größere Blätter, denn sie brauchen eine möglichst große Oberfläche, um bei dem geringen Lichtangebot Photosynthese betreiben zu können (siehe Seite 80). Panaschierte Formen können deshalb in zu starkem Schatten wieder rein grüne Blätter bekommen.

Durchgänge

Der schmale Saum um ein Haus oder Durchgänge zwi-

Signalfarben
Rechts: Diese grell gefärbte Begonia x tuberhybrida *bildet zusammen mit* Lobelia *'Sapphire' eine recht schrill-farbige Komposition. Beschränken Sie sich bei Effekten dieser Art unbedingt auf zwei Kontrastfarben.*

Wie man einen Wandtopf bepflanzt

Wandtöpfe werden ähnlich wie Hängekörbe bepflanzt, die Pflanzen aber so angeordnet, daß sie nur über die Vorderkante wuchern. Größere Arten gehören nach hinten, der Gesamteindruck sollte aber mehr einer Krone als einer Pyramide ähneln.

Auswahl der Farbtöne
Rechts: In diesen kleinen Wandtopf wurden blaue Felicia capensis, Scaevola *und panaschierter Gundermann (*Glechoma hederacea *'Variegata') gepflanzt. Zu den kleinen Ausmaßen der meisten Wandtöpfe passen zierliche Pflanzen mit kleinen Blüten viel besser als die übertrieben wirkenden Geranien, die so viele Hängekörbe zieren.*

Pflanzen für Wandtöpfe

Folgende Pflanzen sind gut für Wandtöpfe geeignet:

Blaue Blüten
Kleinblütige Stiefmütterchen, z.B. Viola *'Azure Blue'*
Traubenhyazinthen (Muscari *spec.*)
Kleinblättriger Efeu, wie Hedera helix *'Sagittifolia'*

Rosa Blüten
Diascia *(wie* D. *'Ruby Field')*
Verbena *(wie* V. *'Rose du Barry')*
Silene *(wie* S. pendula*)*

1 *Der Boden des Topfes wird zur besseren Drainage mit Kieselsteinen belegt. Danach wird er etwa ein Drittel hoch mit Blumenerde gefüllt.*

2 *Beginnen Sie mit einer Ecke – hier wird die panaschierte* Felicia capensis *eingesetzt –, breiten Sie die Wurzeln aus, und drücken Sie die Pflanze fest.*

3 *Hat die erste Blume sicheren Halt, kommt die zweite an die andere Seite des Topfes. Auch sie wird gut festgedrückt und die kriechenden Triebe ausgebreitet.*

4 *Zum Abschluß wird eine* Scaevola *in die Mitte des Topfes gepflanzt. Füllen Sie den Topf mit Erde auf (gut festdrücken), und wässern Sie gründlich.*

schen zwei Häusern liegen häufig in tiefem Schatten. Dennoch stellt gerade dieser Bereich für einen Stadtbewohner schon einen wichtigen Anteil der verfügbaren Gartenfläche dar. Solche Wege gehören zu den schwierigsten Aufgaben für einen Gärtner: Raum und Lichtangebot sind begrenzt, dieser Nachteil kann sich jedoch – eine sorgfältige Planung vorausgesetzt – zum Vorteil wenden.

Der Schlüssel zum Erfolg liegt darin, die Bepflanzung einfach zu halten, und wiederholt dieselben Gruppen von Pflanzen zu verwenden, um den verfügbaren Raum optimal zu nutzen. Es wird notwendig sein, nur solche Pflanzen auszuwählen, deren natürlicher Standort der Halbschatten ist. Für kurze Zeit kann dann eine sonnenliebende Kübelpflanze dazugesellt werden, um das Arrangement durch Blütenfarbe zu bereichern. Erwarten Sie aber bitte nicht, daß eine solche Pflanze dort lange gedeiht. Geranien *(Pelargonium* cvs.) sind beispielsweise typische Sonnenpflanzen, halten es aber eine Zeitlang im Halbschatten aus. Mit der Zeit wachsen sie dort allerdings zu lichten, struppigen Büschen aus. Wenn Sie die Töpfe regelmäßig wieder in die Sonne stellen, vermeiden Sie dieses Problem.

Der hohe Wandanteil entlang eines Weges kann mit Hilfe von Pflanzen kaschiert werden. Kletterpflanzen oder an der Wand befestigte Kübel und Tröge erfüllen diesen Zweck. Wandgefäße sollten von schlichter Form sein, Material und Farbe müssen zur Hauswand passen. Weiter oben nimmt die Lichtmenge in der Regel zu – Tiefschatten herrscht nur am Boden – dort passen Pflanzen hin, die man anderswo in Hängekörben zieht: Begonien und Fleißige Lieschen fühlen sich im Halbschatten wohl und sind in vielen Farbtönen erhältlich. Achten Sie auf ein möglichst einheitliches Farbthema, und lockern Sie den Aspekt durch silbriges oder farbiges Laub auf. *Helichrysum* 'Sulphur Light' überzeugt durch beinahe schillerndes Laubwerk, und viele Efeu-Sorten haben gold- oder silberpanaschierte Blätter. Entlang der eigentlichen Wand können Sie Zierhopfen (*Humulus lupulus* 'Aureus') mit attraktiven, goldenen Blättern ziehen, viele Sorten von Efeu – vor allem großblättrige Formen wie *Hedera colchica* 'Sulphur Heart' – oder den Pfeifenstrauch *(Aristolochia durior)*, gleichfalls mit hübschem Laub. Auch einige Geißblattarten vertragen Halbschatten, insbesondere *Lonicera serotina* 'Honeybush', die sehr stark duftet und sich schon deshalb gut für Durchwege eignet.

Zu Füßen der Mauer finden Reihen von Farnen oder Funkien ihren Platz, beide fühlen sich im Halbschatten wohl. Kleinere Stauden, deren natürlicher Standort der Wald ist, passen gleichfalls dort hin. Zu den mittelgroßen Sträuchern, die mit diesen Bedingungen fertig werden, gehören Zwergmispeln und Feuerdorn. Letzterer hat den zusätzlichen Vorteil, im Herbst attraktive Beeren in gelben bis scharlachroten Farben zu tragen.

Versuchen Sie, die Pflanzgefäße zu Gruppen zusammenzustellen, um die Länge eines schmalen Durchweges

Schattenpflanzen

Es gibt eine Reihe schattenliebender Pflanzen. Ihr Reiz liegt jedoch – im Unterschied zu ihren sonnenliebenden Vettern – mehr im Verborgenen. Nur wer genau hinschaut, wird sich an den vielfältigen Blattformen erfreuen können.

Feuchter Schatten
*Links: Die Pflanzen in diesem Topf – ein Farn (*Athyrium filix-femina *'Victoriae'), darunter* Alchemilla mollis *– sind bestens für einen Platz im feuchten Schatten geeignet.*

Trockener Schatten
*Rechts: Im trockenen Schatten bieten Japanische Anemonen (*Anemone x hybrida *'Honorine Jobert') und* Tellima grandiflora *einen überzeugenden Anblick.*

zu gliedern, ohne jedoch die Begehbarkeit zu beeinträchtigen. Alle harten Oberflächen lassen sich durch kriechende Pflanzen abmildern und brechen – dafür ist Efeu, der auch geringe Lichtintensität verträgt, besonders günstig.

Wege

Leider werden Wege im Garten allzu oft ignoriert. Da sie einzig dem Zweck zu dienen scheinen, den Benutzer zu einem bestimmten Punkt zu bringen, scheiden sie scheinbar für eine Bepflanzung aus. Durch Pflanzgefäße verkehrt sich diese Zweckbestimmung ins Gegenteil: Pflanzen an einigen wohlüberlegten Stellen ziehen die Aufmerksamkeit auf sich und sorgen für zusätzliche Spannung im Garten.

Zu den erfolgreichsten Ideen der Gartenplanung gehört es, einen langen Weg durch paarweise, in regelmäßigen Abständen aufgestellte Pflanzkübel optisch zu verkürzen. Vor allem in Gärten oder Gartenbereichen ohne ausgeprägte Struktur und Form ist diese Lösung äußerst wirkungsvoll. Achten Sie jedoch darauf, daß sich die ausgewählten Pflanzen harmonisch in die übrige Bepflanzung einfügen. Grobe Fehler sind kaum möglich, wenn Sie sich für Pflanzen mit denselben Ansprüchen an Licht und Boden entscheiden wie im übrigen Garten – etwa trockener Schatten oder feuchter Boden. Setzen Sie keine sonnenliebenden Arten neben einen Waldweg, Sie werden in dem schwachen Licht wohl kaum gedeihen. Ideal für diesen Fall wäre ein Pflanzgefäß mit Japanischen Anemonen und Efeu.

Schattenpflanzen

Die unten abgebildeten Beispiele gehören zu den besten Schattenpflanzen. Fatsia *ist ein Strauch, Funkien, Farne und Euphorbien gehören zu den mehrjährigen Kräutern. Tabak, der in vielen Formen erhältlich ist, ist eine einjährige Pflanze.*

Blumentöpfe auf Wegen
Ordentlich hintereinander aufgestellte Töpfe mit Lauch (Allium *spec.*) *säumen den Weg durch eine fast urwaldähnliche Ecke des Gartens. Sie sorgen nicht nur für einen gewissen formalen Anstrich in einer ansonsten üppig-lockeren Bepflanzung, sondern bilden außerdem einen Übergang zwischen Plattenweg und Beet. Tauschen Sie den Lauch im Wechsel der Jahreszeiten gegen andere Blütenpflanzen aus, die jedoch in Form und Farbe zu dem grünen Thema passen sollten.*

MIT PFLANZ-GEFÄSSEN GESTALTEN

Pflanzgefäße sind in mannigfachen Formen, Materialien und Stilen erhältlich, daher sollte die Wahl der geeigneten Form möglichst am Anfang jeder Planung stehen. Entscheiden Sie erst danach, welche Pflanzen darin besonders schön und wirkungsvoll zur Geltung kommen. Dieses Kapitel bietet Ihnen eine Vielzahl von Anregungen.

Der erste Abschnitt befaßt sich mit den unterschiedlichen Gefäßtypen, die in detaillierten Abbildungen vorgestellt werden. Sie finden genaue Anweisungen, welcher Typ sich jeweils für welchen Zweck eignet. Danach folgen Tips, mit denen man mit Hilfe geeigneter Pflanzen deren Wirkung noch steigern kann – in Hängekörben, Blumenkästen für die Fensterbank, kleinen und großen sowie ungewöhnlichen Gefäßen. Am Ende jedes Abschnitts finden Sie Vorschläge für die jahreszeitliche Bepflanzung, damit derselbe Topf im Frühling, Sommer und Winter Farbe in Ihren Garten bzw. Wohnung bringt. (Für die winterliche Bepflanzung müssen Sie allerdings überprüfen, ob die vorgeschlagenen Pflanzen in Ihrer Region winterhart sind).

Links: Silbrig-weiße Adern zieren die gezähnten Blätter des windenden Parthenocissus henryana.

Oben: Diese beiden hübschen, mit buschigen Stiefmütterchen (Viola cv.) *bepflanzten, Steinurnen passen genau zu dem verwitterten Steinpflaster eines Innenhofes.*

Die Auswahl des Pflanzgefäßes

Der Schlüssel jeder wirkungsvollen Gestaltung ist die Auswahl des richtigen Gefäßes, sowohl in bezug auf die Umgebung wie die gewünschten Pflanzen. Da Pflanzgefäße recht teuer sein können, lohnt sich eine genaue Überlegung im Vorfeld: Wieviel sind Sie bereit auszugeben, welche Vorteile – gelegentlich auch Nachteile – haben die einzelnen Gefäßtypen?

Das Material

Pflanzgefäße sind in den unterschiedlichsten Materialien erhältlich, daher dürfte für jeden Geschmack das Richtige dabei sein. Terrakotta, Holz und Metall sind die beliebtesten natürlichen Materialien. Aus Beton, Plastik und Fiberglas werden synthetische Töpfe hergestellt. Unabhängig vom Material gibt es zahllose Formen und Größen, die jeden Gartenbesitzer zufriedenstellen dürften.

Terrakotta-Gefäße

Das wohl beliebteste Material für Pflanzgefäße ist Terrakotta – wörtlich übersetzt „Gebrannte Erde". Terrakotta-Gefäße werden aus Ton hergestellt und gebrannt. Manche in Handarbeit hergestellte Exemplare sind richtige Kunstwerke, andere werden nach vorgefertigten Formen als Massenware produziert. Sicher sind die in Handarbeit ge-

Töpfe und Urnen
Fast alle Pflanzgefäße, Töpfe und Urnen sind – je nach Bedarf und Geschmack – in einer Vielzahl von Größen, Formen und Materialien erhältlich.

Terrakotta-Halbtöpfe
24 cm im Durchmesser

Terrakotta-Dritteltöpfe
32 cm im Durchmesser

einfache Blumentöpfe
10 cm, 15 cm, 20 cm und
23 cm im Durchmesser

Terrakotta-Topf
25 cm im Durchmesser

Langtöpfe aus Terrakotta
12,5 cm, 17,5 cm und
23 cm im Durchmesser

Orientalischer Krug
38 cm im Durchmesser,
50 cm hoch

schaffenen Einzelstücke besonders schön – einige sogar echte Antiquitäten – und fügen sich mit ihren wettergebleichten Oberflächen und ausgewaschenen Farben wundervoll in jede Gartengestaltung ein. Inzwischen sind importierte, handgearbeitete Stücke zwar einigermaßen erschwinglich, doch auch die in vielen verschiedenen traditionellen Formen hergestellte Massenware hat natürlich ihren Reiz – und ist deutlich preiswerter.

Sollten Sie die natürliche rötlichbraune Farbe nicht mögen, oder diese Farbe nicht zu dem geplanten Farbthema passen, dann können Sie die Töpfe ruhig farbig anstreichen. Vor allem neue Ware, die nie dem Wetter ausgesetzt war, ist oftmals zu intensiv gefärbt. Durch einen Anstrich gewinnen solche Töpfe an Reiz, sie wirken dann älter und vornehm verwittert. Entscheiden Sie sich für sanfte Farbtöne, vor allem das klassische französische Blaugrau sieht elegant aus und harmoniert, genau wie ein verwittertes Tiefgrün, mit fast allen Farbthemen.

Die Form der Terrakotta-Gefäße reicht von klassischen Blumentöpfen bis zu randlosen, leicht konischen Töpfen, Urnen, Körben und Trögen mit glatten oder verzierten Oberflächen in mannigfaltigen Stilen und Themen. Manchmal sind Repliken von Georgianischen oder Viktorianischen Krügen erhältlich, so daß sie – passend zum Haus – eine bestimmte historische Stilwirkung erzielen können. Fast immer sind auch unterschiedliche Größen (von winzigen Blumentöpfen bis zu riesigen Kübeln für üppige Arrangements) erhältlich, damit läßt sich der einheitliche Stil konsequent durchhalten. Verwenden Sie grundsätzlich Gefäße in möglichst einheitlichem Stil, sonst lenken die unterschiedlich gestalteten Gefäße zu sehr von den Pflanzen ab.

Große Samenschale aus Terrakotta

Eiförmiger Terrakotta-Topf
35 cm im Durchmesser,
35 cm hoch

Terrakotta-Topf mit gerader Girlande und Rand
40 cm im Durchmesser,
33 cm hoch

Terrakotta-Topf mit glasiertem Rand
32 cm im Durchmesser,
28 cm hoch

Urne aus Fiberglas mit Bleieffekt und Grünspan-Finish

Steinkorb mit Gittereffekt

Samenschale aus Terrakotta mit Gittereffekt

Metallgefäße

Die Auswahl an Metallgefäßen für die Bepflanzung ist erstaunlich groß. Sie reicht von preiswerten, verzinkten Eimern und Trögen bis hin zu antiken Bleitrögen und -zisternen. Hinzu kommen moderne Körbe aus geflochtenem Draht und filigraner Arbeit, die sich hervorragend als Hängekörbe eignen. Preiswertes Metall kann leicht rosten und sollte vorher mit einem Schutzanstrich versehen werden. Fragen Sie in Fachgeschäften nach entsprechenden Farben mit Grünspaneffekt (siehe auch Seite 37).

Wenn Sie zu den Glücklichen gehören, die ein echtes, antikes Bleigefäß besitzen, sollten Sie es lassen, wie es ist. Wählen Sie Pflanzen mit blauen, violetten oder orangen Blüten aus, die gut zur Bleifarbe passen. Auch Kapuzinerkresse in abgestuften Tönen von Rot und Orange wirkt hervorragend.

Grundsätzlich gilt auch hier: Größe und Formen sind vielfältig, wenn auch viele der traditionellen Metallgefäße eher streng geometrisch und formal im Stil gehalten sind.

Holzgefäße

Holzgefäße sind als klassische Versailles-Kübel – kubische Kästen, in denen gewöhnlich Formschnittbäumchen stehen – über halbe Fässer bis hin zu Fensterkästen erhältlich. Verwenden Sie Holz ruhig in seiner natürlichen Farbe, eine Grundierung mit pflanzenverträglicher Lasur

Tröge, Kübel und Fensterkästen

Tröge, Kübel und Fensterkästen gibt es in mannigfacher Ausführung – von Holz und Terrakotta bis zu Blei und Naturstein. Ehe Sie sich für einen Fensterkasten entscheiden, sollten Sie die Stabilität der Fensterbank prüfen. Besonders leichtgewichtig sind Fiberglasbehälter, die in einer Vielzahl von Stilen erhältlich sind.

Fensterkasten aus Holzlatten

Halbdurchgesägtes Holzfaß
40 cm im Durchmesser, 30 cm hoch

Glatter Terrakotta-Kasten für die Fensterbank
40 cm breit

Terrakotta-Trog mit Girlande
30 cm breit

Versailles-Kübel (unbehandelt)
35 cm breit, 43 cm hoch

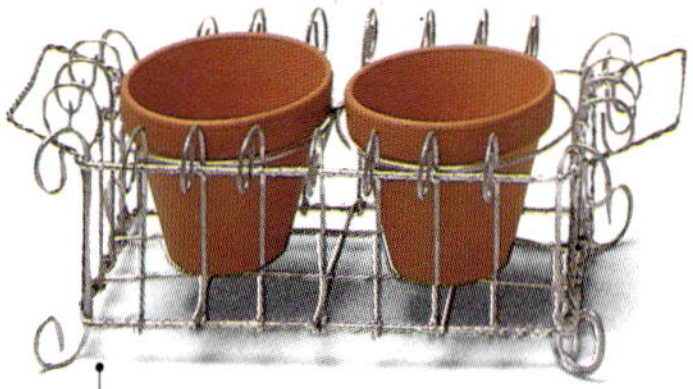

Filigranes Metallgestell mit Terrakotta-Töpfen

Hölzerner Fensterkasten

reicht völlig aus. Es ist aber genausogut möglich, das Holz zu grundieren und anschließend farbig anzustreichen. Holz ist zwar nicht ganz so dauerhaft wie Terrakotta, bei sorgfältiger Pflege aber ziemlich haltbar. Gefäße aus teurem Hartholz sind natürlich widerstandsfähiger als solche aus Weichholz.

Wenn Sie nicht ganz sicher sind, ob Ihr Holztrog auch wirklich mit einem Schutzanstrich versehen wurde, der Pflanzen nicht schadet, sollten Sie ihn innen mit Plastik auskleiden. Genau wie alle anderen Gefäße müssen auch jene aus Holz unten mit Drainagelöchern versehen sein, damit die empfindlichen Wurzeln nicht in Staunässe stehen und später verfaulen.

Steingefäße

Steingefäße sind in einer breiten Auswahl erhältlich, von grob behauenem Sandstein bis zu poliertem Marmor, dessen Farbspiele beinahe jede Bepflanzung bereichern können. Ist Ihre Terrasse mit alten Platten gepflastert, entscheiden Sie sich für ein Steingefäß, das genau dazu paßt. Polierter Marmor stünde dazu in schreiendem Gegensatz, harmoniert aber hervorragend mit glatten Ziegeln. Stein ist zwar das schwerste, aber auch das dauerhafteste aller Materialien. Außerdem wird Naturstein mit dem Alter, wenn Verwitterung und Algen der Steinoberfläche zusätzlichen Reiz verleihen, immer schöner. Wenn Sie einen vorhandenen Trog mit einer Mischung aus Sand und Zement

Fensterkasten aus Zedernholz
60 x 20 x 20 cm

Pfirsichfarbener Steintrog
45 x 28 x 23 cm

Bleitrog
74 x 25 cm

Hoher Terrakotta-Topf
30 cm breit, 50 cm hoch

Bleikübel
30 cm im Durchmesser, 25 cm hoch

Kubischer Terrakotta-Topf
23 cm breit, 17,5 cm hoch

Fensterkasten aus Fiberglas (Adam-Stil)
60 x 21,5 x 28 cm

Wandtöpfe und Hängekörbe

Denken Sie vor dem Aufhängen von Wandtöpfen und Hängekörben daran, daß Pflanzen regelmäßig gegossen werden müssen. Bringen Sie die Gefäße daher nur so hoch an, daß sie leicht mit einer Gießkanne oder einem Wasserschlauch erreichbar sind. Körbe sollten an einer stabilen Kette oder an einem Seil hängen, entweder an einem Haken oder einer Metallkonsole, die fest an der tragenden Konstruktion verankert wird.

Wandtopf aus Terrakotta mit glattem Rand 25 cm breit, 20 cm hoch

Filigraner Hängekorb aus Metall 34 cm im Durchmesser

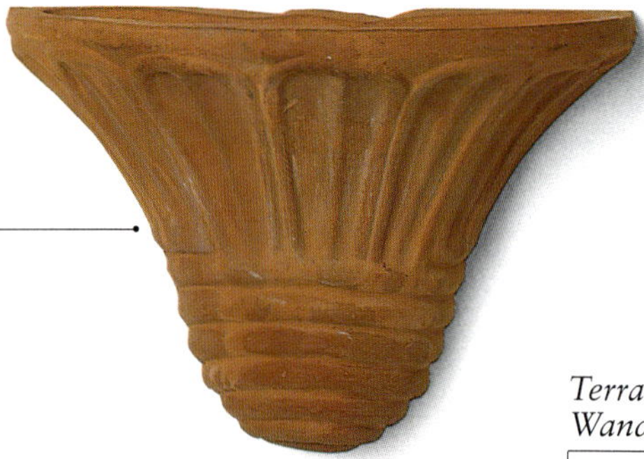

Terrakotta-Gefäß in Muschelform 33 cm breit, 25 cm hoch

Wandtopf in Bienenkorbform

Terrakotta-Wandtopf

Wandtopf aus Terrakotta mit Gittereffekt

bestreichen, erzielen Sie einen steinartigen Effekt. Dünn aufgestrichener Joghurt zieht, wie auf Natursteinen, Algen und Flechten an (siehe Seite 37). Mit dieser Technik können Sie sogar ein altes Keramikwaschbecken in einen überraschend echt aussehenden Steintrog verwandeln.

Künstliche Materialien

Plastik, Fiberglas und Beton dürften die gebräuchlichsten künstlichen Materialien für Pflanzgefäße sein, können sich aber auf Dauer kaum mit den natürlichen Materialien messen. Plastikcontainer sind zwar praktisch, aber ihr Material paßt so gut wie nie zu den Pflanzen – der Kontrast zwischen weich fließenden, natürlichen Formen und dem toten, abweisenden Material ist einfach zu groß –, von der Ästhetik ganz zu schweigen. Bleibt Ihnen aus finanziellen Gründen nichts anderes übrig, dann streichen Sie Ihre Gefäße einfach an. Ein dunkles Grün oder Schieferblau harmoniert gut mit dem Laub Ihrer Pflanzen. Vermeiden Sie unbedingt einfache, schneeweiße Plastiktöpfe. Sie fallen zu stark auf, ziehen den Blick auf sich und lenken von den Pflanzen ab. Gerade das geringe Gewicht der Plastikcontainer, das sie so praktisch macht, trägt zu ihrem unkörperlich-leichten Erscheinungsbild bei.
In jüngster Zeit wird Fiberglas als Material für Pflanz-

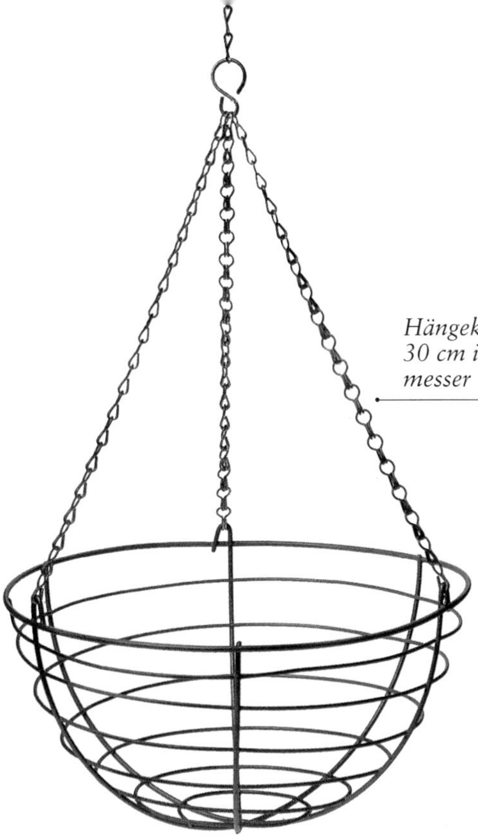

Hängekorb 30 cm im Durchmesser

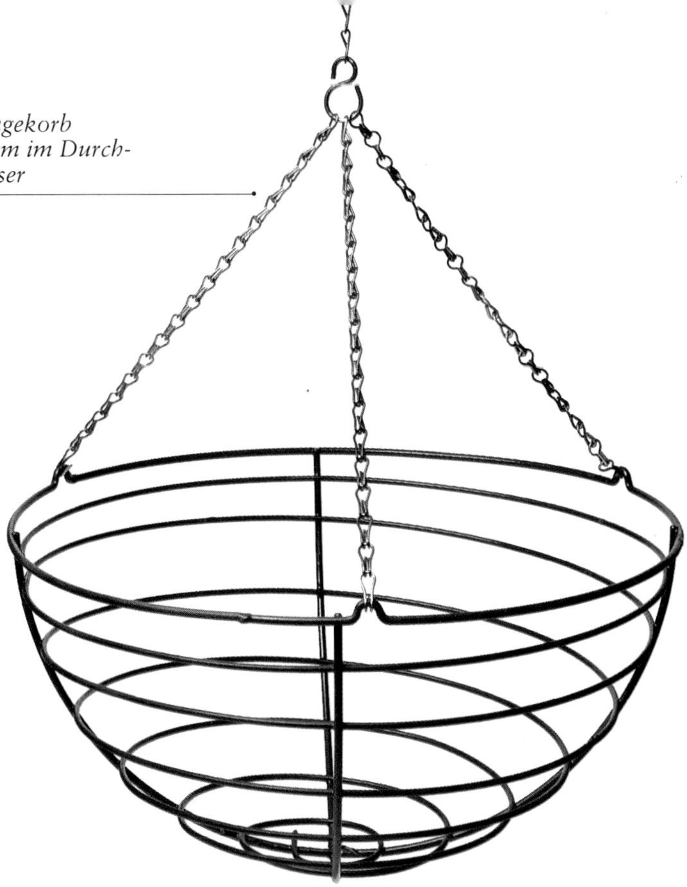

Hängekorb 40 cm im Durchmesser

Wandtopf aus Gußeisen 33 cm breit, 25 cm hoch

Filigraner Wandkorb aus Metall

Aluminiumraufe

gefäße immer beliebter. Fiberglas ist leicht, stabil und dauerhaft. Wie Plastik ist es jedoch ein gänzlich künstliches Material von geringer Attraktivität. Als Ersatz für Naturstein werden Betongefäße in Form von Töpfen und Krügen angeboten. Beton ist außerordentlich schwer, allerdings ebenso haltbar wie Naturstein. Daher wird Beton vorwiegend für große Tröge verwendet.

Größe der Gefäße

Der Größe eines Pflanzgefäßes sind kaum Grenzen gesetzt: massive, speziell angefertigte Hochbeete aus Eisenbahnschwellen, Tröge aus Ziegelsteinen oder Beton, bis hin zu winzigen Terrakotta-Blumentöpfen. Vor der Entscheidung über Größe und Form des Gefäßes muß der Standort berücksichtigt werden. Bei einer Dachterrasse oder einem Balkon spielt das Gewicht eine wesentliche Rolle. Mit Erde gefüllte, gewässerte Pflanzgefäße erreichen ein beträchtliches Gewicht, und nicht immer reicht die tragende Konstruktion aus. Zur Sicherheit sollten Sie stets einen Architekten oder Statiker befragen, bevor Sie Ihre Pflanzgefäße kaufen.
Manchmal ist es ohnehin günstiger, das passende Gefäß selbst zu machen bzw. herstellen zu lassen. Blumenkästen aus Holz können Sie aus stabilem Holz selbst bauen. Den-

ken Sie aber daran, die Seitenwände fest zu verschrauben, denn der Druck wassergesättigter Erde ist beträchtlich.

Form der Gefäße

Die Formen der erhältlichen Pflanzgefäße sind mannigfaltig, sie reichen von einfachen, kleinen Standtöpfchen bis hin zu orientalischen Krügen, von kubischen Versailles-Kübeln bis hin zu gestielten Urnen. Der Stil des Gefäßes bestimmt ganz entscheidend den Gesamteindruck der Komposition. Es ist zwar durchaus möglich, verschiedene Formen und Größen erfolgreich zu kombinieren, eines der Elemente sollte jedoch durchgängig erhalten bleiben. Mit anderen Worten: Wollen Sie lieber mit unterschiedlichen Formen spielen, dann verwenden Sie ein einheitliches Material. Eine Gruppe von Terrakotta-Töpfen in verschiedenen Formen und Größen kann zum verbindenden Element eines attraktiven Arrangements werden. Außerdem haben Sie dann die Möglichkeit, größere und kleine Pflanzen einzusetzen, von Bäumchen bis hin zu alpinen Polsterpflanzen.

Standorte

Zu den wichtigsten Aufgaben eines Pflanzgefäßes gehört es, Farben und Formen auf unterschiedlichen Ebenen zu präsentieren. Das wäre etwa möglich durch einige große Kübel mit hohen Kletterpflanzen, Bäumen und Sträuchern, aber genauso, indem Sie eine günstig gelegene Wand nutzen, um daran Hängetöpfe und -körbe zu befestigen. In den Vordergrund gehören kleinere Blumentöpfe mit Einjährigen und niederwüchsigen Stauden. Eine einzige, kompakte Gruppe von Gefäßen wirkt immer besser als zahllose, punktuell aufgereihte Töpfe entlang eines Balkons oder einer Terrasse. Große, attraktive Kübel – bepflanzt mit einer markanten Staude, einem hübschen Strauch oder Bäumchen – setzen auf einer Terrasse, in einem kleinen Garten oder Hinterhof einen deutlichen Blickpunkt. Sie ziehen die Blicke an, machen neugierig auf die Bepflanzung und verleihen dem Arrangement die notwendige Struktur.

Alle an einer Wand hängenden Pflanzgefäße müssen äußerst stabil verankert werden. Befestigen Sie die tragende Konstruktion mit großen Schrauben sicher an Stützpfosten oder der Mauer, denn das Gewicht eines bepflanzten, gewässerten Topfes ist nicht zu unterschätzen. Auch die

Wie man Pflanzgefäße bemalt
Wenn Sie gekaufte Gefäße selbst bemalen, erzielen Sie oftmals originelle und attraktive Ergebnisse. Streichen Sie einen Topf einheitlich einfarbig bzw. zwei- oder mehrfarbig gemustert an. Streifen sehen gut aus und lassen sich einfach auftragen. Scharf abgesetzte Streifen gelingen mit Klebeband, nach Augenmaß gemalte Streifen wirken rustikaler – ihr welliger Abschluß läßt die Töpfe lebendig und dekorativ erscheinen.

Bemalte Töpfe
Links: Dieser kleine Terrakotta-Topf mit einem jungen Buchsbaum wirkt in dieser Farbkombination etwas unglücklich.

Auswahl der Farben
Unten: Die abgebildeten Farben eignen sich für Pflanzgefäße. Noch besser wirken sie mit etwas Weiß oder Schwarz.

Ketten oder Seile, an denen Hängekörbe oder andere Pflanzgefäße aufgehängt werden, müssen stark genug sein, das Gewicht auszuhalten. Alle verwendeten Haken sollten aus Sicherheitsgründen lang genug sein und tief verschraubt werden.

Bemalte Pflanzgefäße

Es gibt viele Möglichkeiten, ein Pflanzgefäß nachträglich zu verändern, um es harmonisch auf die gewünschte Wirkung abzustimmen. Ein einfacher Anstrich mit Emulsion und Mattlack erzeugt eine matte, mit Ölfarben eine glänzende Oberfläche. Durch die Bemalung lassen sich unterschiedliche Gefäße vereinheitlichen, entweder mit Hilfe abgestufter Farbtöne oder in Form von Schattierungen derselben Farbe. Natürlich können Sie auch Ihre eigenen Farben mischen, beispielsweise Maler-Ölfarben mit konventionellen Ölfarben oder Acrylfarben mit Farben auf Wasserbasis. Gewöhnlich ist nur sehr wenig Maler- oder Acrylfarbe notwendig. Ehe Sie den Toner zur Farbe zugeben, versetzen Sie ihn mit etwas Weiß. Sie können das ganze Pflanzgefäß anstreichen oder es nur mit Mustern versehen. Ein Überzug aus Lack schützt die Farbe vor Verwitterung.

Wie man einen Topf „verwittern" läßt

Verwitterte Terrakotta-Töpfe sehen fast immer attraktiver aus als fabrikneue Exemplare. Diesen natürlichen Prozeß kann man beschleunigen, indem man die Oberfläche mit Joghurt anstreicht. Darauf siedeln sich rasch Algen und Flechten an.

Bestreichen Sie den Topf mit einer dicken Schicht Joghurt, und lassen Sie ihn etwa eine Woche im Freien trocknen. Schon bald ziert ihn eine attraktive grüne Patina.

Wie man Grünspaneffekt erzeugt

Kupfer, das im Freien steht, bildet auf seiner Oberfläche den attraktiv wirkenden, bläulich-grünen Grünspan. Diesen Effekt kann man mit Hilfe eines Anstrichs simulieren. Fragen Sie nach dem speziellen Farbton, oder mischen Sie ihn selbst zusammen – mit Hilfe von weißer Acrylfarbe und Künstlerfarben auf Acrylbasis.

1 *Säubern Sie den Eimer gründlich, und tragen Sie eine Metallgrundierung auf; trocknen lassen.*

2 *Dann wird der Eimer mit der Acrylfarbe (Grundfarbe) mit einem weichen Pinsel angestrichen.*

3 *Tupfen Sie den ersten Farbton aus Acrylfarben auf den Eimer auf; trocknen lassen; 2. Farbton auftragen.*

4 *Nachdem alles gründlich getrocknet ist, wird der Eimer mit farblosem Acryllack gestrichen.*

Der fertige Topf mit „Grünspaneffekt" (Bepflanzung siehe Seite 26).

Große Pflanzgefäße

Ob ein Pflanzgefäß „groß“ ist, darüber entscheiden weniger seine absoluten Ausmaße als vielmehr die Proportion. Im folgenden sind jedoch Gefäße von mehr als 45 cm Höhe und 45 cm Durchmesser gemeint. Manche großen Gefäße sind so schön, daß sie am besten als reine Dekorationsstücke ohne Bepflanzung zur Geltung kommen. Orientalisch anmutende Krüge sind ein gutes Beispiel: Ihre ansprechende Form wirkt bestens auch ohne zusätzliche Pflanzen (siehe Seite 14).
Wirklich große Gefäße wirken bereits durch ihr Ausmaß. Berücksichtigen Sie dies unbedingt bei der Bepflanzung. Die ausgewählte Pflanze braucht selbstverständlich nicht genauso groß zu sein, sie sollte nur Größe und Form des Gefäßes irgendwie widerspiegeln. Es gibt nichts Schlimmeres als einen schönen, großen Krug, in dem sich mickrig aussehende, schüttere Pflänzchen verlieren. Andererseits ist eine stattliche, großblättrige Funkie in einem angemessen großen, hübschen Terrakotta-Gefäß eine reine Augenweide. Entscheiden Sie sich im Zweifelsfall eher für eine einfache Bepflanzung.

Abgesehen von allen anderen Erwägungen bieten große Pflanzgefäße die Möglichkeit, stattliche, große Pflanzen zu ziehen, die in der Zwangsjacke eines kleineren Topfes nur kümmern würden. Kleine Bäume, wie der Japanische Schlitzblättrige Ahorn *(Acer palmatum* var. *dissectum)* oder eine zierliche Hängebirke (*Betula* 'Trost's Dwarf'), fühlen sich in größeren Gefäßen wohl. Das gleiche gilt für größere Palmen, etwa *Trachycarpus fortunei* mit Blättern, die an die Flügel einer Windmühle erinnern, oder den Australischen Baumfarn *(Dicksonia antarctica)*. Beschränken Sie sich bei großen Pflanzgefäßen auf wenige, markante Pflanzen, und verwenden Sie unruhige, gemischte

Kühle Farben
Rechts: Ein großer Terrakotta-Topf bildet den Blickpunkt dieses Stadtgartens. Er wurde in kühlen Farben wie Mauve, Grau und Weiß mit Honigstrauch (Melianthus), *Beifuß und* Malva sylvestris *'Primley Blue' bepflanzt. Silbrig-graue Blätter, wie jene von Honigstrauch und Beifuß, bilden die perfekte Kulisse für kühle und warme Blütenfarben.*

Warme Farben
Diese alte Waschschüssel wurde bemalt, lackiert und für den Sommer mit warm-farbenen Einjährigen und Stauden bepflanzt. Alle haben eine lange Blühperiode – besonders Tabak, Cuphea *und Stiefmütterchen blühen ausdauernd. Wird der Blütentrieb der Lupine vor dem endgültigen Verblühen zurückgeschnitten, treibt sie erneut Blüten aus.*

Bepflanzungen besser für Fensterkästen und Hängekörbe. Große Kübel bieten die Möglichkeit, auch aufregende, empfindlichere Pflanzen zu ziehen, z. B. solche mit riesigen Blättern und prachtvollen Blüten. Eine gute Wahl wäre etwa die zu den Bananen gehörende *Ensete* mit langen, dickrippigen Blättern oder ein Stechapfel *(Brugmansia* syn. *Datura* spec.*)* mit großen Blättern und riesigen, duftenden Blüten.

Jahreszeitliche Bepflanzung

Damit ein großer Kübel das ganze Jahr über seine Attraktivität behält, sollte er im Zentrum einen dauerhaften, strauchartigen Blickpunkt besitzen. Wechseln Sie die umgebenden Pflanzen je nach Jahreszeit aus. Am Rand gepflanzte, kriechende Pflanzen, wie beispielsweise Efeu, lockern das Erscheinungsbild zusätzlich auf.

Je nach Situation könnten Sie das ganze Jahr über das gleiche Farbthema verwenden – weiße Hyazinthen und Narzissen im Frühling, Fleißiges Lieschen, Lupinen, Geranien *(Pelargonium* cvs.*)* und Petunien im Sommer und weiße Chrysanthemen und Astern im Herbst. Es ist aber durchaus möglich, jahreszeitlich wechselnde Farbgebung anzustreben: Gelb und Blau im Frühling, Rosa und Rot im Sommer und Mauve und Graugrün im Herbst und Winter.

Frühling

Als Frühlingsbepflanzung dieses großen Terrakotta-Topfes dienen Narzissen, dazu Stiefmütterchen und Efeu für den Rand. Bei größeren Narzissen wäre eine Stütze erforderlich. Mit einem waagerechten Rechteck aus gespaltenen Bambusstangen, das an den Ecken verbunden wird, ginge dies problemlos.

Weitere Bepflanzungsvorschläge

Verwenden Sie ebenfalls den Efeu, nehmen Sie aber Tulpen statt der Narzissen. Lilienblütige oder Papageientulpen sind größer und wirken exotischer als Narzissen. Das zarte, frühlingshafte weiß-gelbe Farbthema wirkt jedoch frisch und kann auch mit Tulpen beibehalten werden. Eine gute Wahl wäre etwa die Lilienblütige Tulpe 'White Triumphator' mit reinweißen, zugespitzten Blütenblättern. Statt Stiefmütterchen bieten sich Primeln für den Rand des Topfes an.

Winter

Im Winter gehört eine Pflanze mit strukturell-architektonischer Wirkung in die Topfmitte. Dazu kommen kleinere, im Winter blühende Pflanzen. Zusätzlich zum Efeu wurde hier Zierkohl verwendet.

> Weitere Bepflanzungsvorschläge
> *Eine gänzlich andere Farbgebung beruht auf roten und grünen Tönen. Gut für den Winter geeignet ist eine Skimmie (rote Beeren im Winter), die von rosaroter Heide (*Erica carnea *'Gracilis'), einer niedrigwüchsigen Torfmyrte (*Pernettya*) oder tiefroten, winterharten Alpenveilchen umgeben werden könnte.*

Sommer

In dieser Sommerbepflanzung sorgt eine exotische, hohe Schönmalve für den zentralen Blickpunkt eines formalen Arrangements. Sie wird von sommerblühenden Stauden in gelben und weißen Tönen umgeben. Wesentlich lockerer wirkt das Ganze, wenn das Zentrum von Brachyglottis *mit üppigen, gelben Blütenständen eingenommen wird; dazu gelbe Sonnenröschen* (Helianthemum *cv.*), *die über den Topfrand kriechen.*

Kleine Pflanzgefäße

In einen kleinen Blumentopf paßt nur eine einzige Pflanze. Stellt man mehrere davon zusammen, entsteht dieselbe Wirkung wie bei einem großen, aufwendigeren Kübel. In der Tat stellt ein kleiner Blumentopf die charakteristischen Eigenschaften einer Einzelpflanze besser heraus, so daß eine besondere Wirkung entsteht. Eine Gruppe aus vier Töpfen, jeder beispielsweise mit einem einzigen, attraktiven Stiefmütterchen oder einem sauber beschnittenen, kugeligen Buchsbaum *(Buxus sempervirens)* bepflanzt, paßt genausogut auf eine Fensterbank wie ein durchgehender Kasten.

Kleine Töpfe müssen sehr gezielt aufgestellt werden, damit sich ihr Charme nicht verliert. Idealerweise gehören sie auf die Stufen einer Treppe, einer für jede Stufe. Scharlachrote Geranien *(Pelargonium* cvs.*)* eignen sich besonders gut zu diesem Zweck – gerade in ihrer einfachen Schlichtheit liegt ihre besondere Wirkung. Selbstverständlich kann dieses einfache Schema auch modifiziert werden: Eine Abfolge aus Schwarz und Weiß entlang einem Durchgang läßt sich mit schwarzen Stiefmütterchen und weißen *Bacopa* erzeugen.

Manche der kleinen Alpen- oder anderen Hochgebirgspflanzen sind außerordentlich attraktiv. Sie besitzen zierliche Eleganz und Charme und blühen häufig in ungewöhnlich schönen, glänzenden Farben. Pflanzen Sie kleine Gruppen von Alpenpflanzen in flache Schalen, achten Sie aber auf Harmonie. Setzen Sie Blattformen gezielt als Spannungselement ein, und versuchen Sie, Polsterpflanzen mit locker wachsenden Formen zu interessanten Arrangements zu kombinieren. Sofern sie nur auffällig genug plaziert werden, z. B. vor größeren Töpfen oder auf einer Treppe, haben solche Schalen den Charme von kostbaren Schmuckkästchen. Gute Beispiele wären Steinbrech, Fetthenne und Zwergnelken.

Fast alle Alpenpflanzen brauchen magere Erde mit einem hohen Kies- oder Sandanteil, damit das Wasser gut abläuft. Ist die Erde zu feucht, kann die Wurzel verfaulen und die Pflanze absterben. Nur wenn Sie mit Hilfe des

Pflanzen mit ausgeprägter Blütenwirkung

Die hier gezeigten Pflanzen können alle einzeln in kleine Töpfe gepflanzt werden, wo ihre zauberhaften, brillanten Blüten die ganze Aufmerksamkeit beanspruchen. Stellen Sie die Töpfe an gut sichtbaren Standorten auf.

Einfarbige Arrangements
Links: Ein Topf mit nur einer einzigen Blütenpflanze, in diesem Fall das fast schwarzblütige Stiefmütterchen Viola *'Molly Sanderson', zieht die Blicke wesentlich stärker auf sich als eine mischfarbige Bepflanzung. Diese Wirkung wird durch die attraktive, kuppelförmige Wuchsform noch unterstrichen.*

Substrates einen mageren, gut entwässerten „Alpenboden“ simulieren, werden Ihre Pflanzen gedeihen. Der beste Standort ist eine sonnige Terrasse, da sie gewöhnlich Sonne bis Halbschatten bevorzugen.
Ideal für ein kleineres Gefäß sind auch viele der Zwiebelpflanzen für den Frühling geeignet, insbesondere Zwergformen von Narzissen *(Narcissus* cvs.*)* oder kleine Tulpenarten, wie *Tulipa clusiana* mit offenen, sternförmigen Blüten. Es ist weitaus wirkungsvoller, jeweils Töpfe mit nur einer Art zu bepflanzen. Paarweise zusammengestellt wird der Eindruck noch verstärkt. Weiterhin gut geeignet sind Zwergformen von Schwertlilien, die ruhig einzeln in einem attraktiven Topf gepflanzt werden können. Sie brauchen gut entwässerte Blumenerde, und fast alle einen sonnigen Standort, außer vielleicht die winzige *Iris verna* mit lilablauen Blüten, die auch lichten Schatten toleriert.
Gerade bei kleinen Gefäßen kommt es darauf an, daß Topf und Pflanze eine gelungene Verbindung eingehen. Sowohl Gefäß wie sein Inhalt müssen von besonderer Schönheit sein – in bezug auf Form, Farbe und Umriß –, sonst werden sie schlicht übersehen. Einfarbige Arrangements oder hübsche, markant-architektonische Effekte ziehen eher die Blicke auf sich. Je nach Bedarf sollten Sie die Pflanzgefäße künstlich altern oder farblich verändern (siehe Seiten 36–37), so daß sie optimal mit der Bepflanzung harmonieren.
Scheuen Sie sich nicht, auch solche Pflanzen als Einzelstücke zu verwenden, die sonst nur für die Unterpflanzung in gemischten Arrangements genutzt werden. Die bescheidenen Lobelien, insbesondere die dunkelblaue Form, sehen in einem kleinen Topf ungewöhnlich attraktiv aus. Das gleiche gilt für die kleine *Sutera diffusa* oder ein einfaches Gänseblümchen *(Bellis perennis)*. Nur wenn eine solche Pflanze einzeln präsentiert wird, erkennt der Betrachter ihren schlichten, oft übersehenen Reiz. Selbst ein unscheinbares Steinkraut kann zu einem bemerkenswerten Blütenhügel heranreifen, der kriechend über den Rand des Topfes wuchert.
Im Herbst, als Alternative zu den vorhergehenden Frühlings- und Sommerpflanzen, bieten sich Blumentöpfe mit Zwergchrysanthemen oder herbstblühenden Krokussen an. Gute Kandidaten für den Winter sind Alpenveilchen mit kleinen, zurückgebogenen Blüten in weißen, roten oder rosa Tönen und dunkelgrünen, gefleckten Blättern. Die Schneeheide (*Erica carnea* 'Gracilis') bildet mit kräftig rosa gefärbten Blüten dichte, buschige Sträucher. Natür-

Kleinblütige Pflanzen
Kuppelförmig wachsende Pflanzen, wie hier Sutera diffusa *(im Handel auch als* Bacopa *'Snowflake'), eignen sich gut für kleine Pflanzgefäße. Räumen Sie verblühte Exemplare aus dem Blickfeld. Natürlich können Sie den Topf gleich wieder neu bepflanzen, damit Sie später im Jahr erneut Blüten haben (siehe Seiten 44–45).*

Kleine Pflanzgefäße
Einige Pflanzenbeispiele für kleine Töpfe zeigt die folgende Liste.

Rosa und Rot
Kleine Formen von Gartenwicken (Lathyrus odoratus *'Knee Hi')*
*Fleißiges Lieschen (*Impatiens *Neuguinea-Hybriden)*
Iberis umbellata
Schizanthus *Hit Parade*
*Levkojen (*Matthiola *Brompton-Hybriden)*

Weiß
Dimorphotheca pluvialis
Gypsophila elegans
Lavatera trimestris *'Mont Blanc'*

Gelb
Limnanthes douglasii
Tagetes *'Gold Coin'*
Coreopsis tinctoria

Blau und Mauve
Brachyscome iberidifolia
Felicia bergeriana
Anchusa azurea *'Blue Angel'*
Lobelia erinus *'Crystal Palace'*
Convolvulus tricolor *'Blue Flash'*

lich eignen sich auch zu kleinen Pyramiden oder Kugeln beschnittene Buchsbäume *(Buxus sempervirens)* als Hintergrund für ein winterliches Arrangement. Da Buchsbaum sehr langsam wächst, braucht er nur selten umgetopft zu werden. Man kann ihn aus Stecklingen leicht selbst vermehren.
Küchenkräuter passen gleichfalls gut in kleine Blumentöpfe, insbesondere kleinwüchsige Formen, wie Thymian und Petersilie. Sie bilden gute Begleitpflanzen für Blumen: So passen blaue Stiefmütterchen hervorragend zu den gekräuselten Blättern der Petersilie. Mit einzelnen, mit Heiligenkraut bepflanzten Blumentöpfen lassen sich Wege und Treppen säumen.

Kleine Frühlingsblumen
In kleinen, dicht beieinander stehenden, gleichartigen Blumentöpfen wirken solche kleinen, weiß und mauve gefärbten Krokusse sehr attraktiv. Eine Moosauflage auf der Erde unterstreicht die Wirkung und schützt die Krokuszwiebeln.

Form und Größe von Pflanzgefäßen

Kleine Töpfe sind meist schmal und tief oder flach und breit. Wählen Sie die Pflanzen so aus, daß sie gut zur Form Ihres Topfes passen. Kleine, schmale Töpfe eignen sich vor allem für formal aussehende Pflanzen, wie in Form geschnittene Immergrüne, winzige Hochstämme, z. B. *Coprosma* x *kirkii*, oder eine kleine Canna. Flache, breite Gefäße eignen sich besser für lockere Arrangements aus blühenden Pflanzen, wie *Diascia*, Verbenen oder *Brachyscome* mit zarten Blüten und weichen Stengeln. In flache Schalen gepflanzte Hauswurz kann sehr markant wirken.

Jahreszeitliche Bepflanzung

Kleine Pflanzgefäße eignen sich hervorragend für eine jahreszeitlich wechselnde Bepflanzung: Zwiebeln für das Frühjahr, Einjährige im Sommer und kleinblütige Stauden im Winter. Die beste Wirkung erzielen Sie mit einfach gehaltenen Arrangements – eine, höchstens zwei Farben. Der Gesamteindruck wird noch gesteigert, wenn Sie jeweils mehrere Töpfe gleichartig bepflanzen und diese entlang einer Terrasse, einem Weg oder auf der Fensterbank aufstellen.

Winter
In dieser flachen Pflanzschale (15 cm hoch, Durchmesser 23 cm) wurden winterblütige Primeln in zwei Farben und eine Winterheide gepflanzt. Die Heide bildet den perfekten Hintergrund und hebt die kräftig gefärbten Primelblüten hervor.

Winterheide
Erica carnea *'Gracilis'*

Primeln (Primula *cv.*) *und Hohe Schlüsselblume* (P. elatior)

Weitere Bepflanzungsvorschläge
Im Winter ist die Auswahl an Topfpflanzen natürlicherweise eingeschränkt, doch Alpenveilchen und Heiden sind eine gute Wahl. Wenn Sie mögen, können Sie aus diesen beiden ein rein-rosa oder rein-weißes Arrangement konzipieren. Die Heide gehört stets ins Zentrum, die Alpenveilchen an den Rand, vielleicht noch ein Efeu, der über den Topfrand kriecht. Die Torfmyrte mit ihren kräftig rosa gefärbten, wachsigen Beeren oder ein Zierkohl (Brassica oleracea) *mit weiß- oder rosa-schattierten Blättern bieten sich gleichfalls für die winterliche Topfbepflanzung an.*

Frühling

Eine Schale mit nur einer einzigen Pflanzenart oder -sorte – hier Cardamine trifolia *– ist außerordentlich wirkungsvoll und kann später leicht gegen andere Pflanzen ausgetauscht werden. Die hier gezeigte, kriechende Staude ist ideal für Pflanzgefäße, da sie sich in einem Beet allzu frei ausbreitet.*

Weitere Bepflanzungsvorschläge
Folgende Pflanzen können allein oder in Kombination – z. B. Traubenhyazinthen und Narzissen – gepflanzt werden. Die zierlichen Blüten von Krokussen und Schneeglöckchen kommen allerdings einzeln etwas besser zur Geltung.

Traubenhyazinthen (Muscari *spec.*)
Schneeglöckchen (Galanthus nivalis)
Scilla *spec.*
Crocus *cvs.*
Zwergtulpen (wie Tulipa clusiana*)*
Zwergiris (wie Iris gracilipes*)*
Zwergnarzissen (wie 'Tête-à-Tête' oder 'Bridal Veil')

Sommer

Gauklerblumen (Mimulus *spec.*) *dürften mit ihren verschwenderisch gebildeten, Löwenmäulchen-artigen Blüten zu den attraktivsten Sommerblumen gehören. Am besten pflanzt man sie einzeln, da sie ein feuchtes Substrat brauchen, während viele sommerblütige Einjährige trockene Böden bevorzugen. Die Malibu-Gruppe von* Mimulus *wird als Einjährige gezogen und blüht in Schattierungen von Gelb, Rot und Orange.*

Weitere Bepflanzungsvorschläge
Die folgenden Pflanzen kommen am besten ohne Konkurrenten zur Geltung. Brachyscome *hat eine buschige Wuchsform mit Gänseblümchen-artigen Blütenköpfchen, während* Lewisia *eher polsterförmig wächst.*

Lewisia *spec.*
Saxifraga *cvs.*
Sedum *spec.*
Gentiana *spec.*
Brachyscome *spec.*
Erigeron karvinskianus

Hängekörbe

Hängekörbe ziehen wie keine andere Pflanzweise den Blick auf sich. Darin liegen Vor- wie auch Nachteile. Der größte Vorteil ist sicher, daß ein Hängekorb immer als isoliertes Einzelstück eingeplant werden kann; der größte Nachteil hängt unmittelbar damit zusammen: Jeder Fehler, jede Schwäche fällt unmittelbar auf.

Das Angebot an Materialien für Hängekörbe ist recht groß: verzinkter Draht, Rattan oder Plastik (siehe Seiten 34–35), wobei die besten Körbe selbst überhaupt nicht auffallen. Vorrangiges Ziel jeder Bepflanzung sollte daher sein, den Korb zu verbergen.

Hüten Sie sich vor allzu grellen, schreienden Blüten. Sie fallen zu stark ins Auge und verlieren dann scheinbar an Brillanz. Am erfolgreichsten sind Pflanzen mit wenigen Blütenfarben, dazu attraktiv kontrastierende Strukturen – Blattfarben und -formen müssen neben den Blüten bestehen können.

Gänzlich grün gehaltene Hängekörbe stellen eine überraschende Alternative dar. Dafür sind Farne die Pflanzen der Wahl. Sie haben eine natürlich abgerundete Wuchsform und sehen von allen Seiten gleich gut aus. Da sie mit wenig Licht zurechtkommen, eignen sie sich hervorragend für kühle, schattige Plätze – schattige Terrassenecken oder Durchgänge.

Im Unterschied zu den übrigen Pflanzgefäßen, die das ganze Jahr über sinnvoll genutzt werden können, sind Hängekörbe eine typische Erscheinung des Sommers. Aufgrund ihrer Form und der exponierten Lage braucht man viel Blattgrün, um die Korbstruktur zu verbergen. Das ist während der Wintermonate kaum möglich, mit Ausnahme vielleicht einer dichten Grundbepflanzung mit Efeu, der winterblütige Stiefmütterchen als Farbtupfer beigegeben werden. Nur der Sommer bietet jedoch eine breite Auswahl an kriechenden Pflanzen für Hängekörbe (siehe Seite 49). In dieser Jahreszeit läßt sich eine regelrecht luxuriös-üppige Auswahl an Blüten treffen, deren Wirkung durch mannigfache Blattfarben und -strukturen noch unterstrichen wird. Bei einem Metallsieb oder Netz aus Schnüren ist das Problem, den eigentlichen Korb zu verstecken, nicht so groß. Dann können Sie Ihren Hängekorb leichter auch ganzjährig bepflanzen.

Arrangements mit Strukturwirkung
Oben: Farne eignen sich hervorragend für Hängekörbe. Suchen Sie einen attraktiven Korb aus, da Farne die Basis des Korbes nicht überwuchern und verbergen.

Arrangements in Pastelltönen
Rechts: Die sanften Farben dieser gemischten Bepflanzung wurden genau auf das goldgelbe Mauerwerk abgestimmt. Begonien, Lobelien und Strohblumen bilden den Kern dieses Arrangements.

Wie man Hängekörbe bepflanzt

Um einen abgerundeten Hängekorb problemlos bepflanzen zu können, stellen Sie ihn auf einen Eimer oder großen Blumentopf. Kleiden Sie den Korb mit einer Lage von Torfmoos aus, und legen Sie eine Plastikfolie darüber. Darauf kommt Blumenerde für die eigentliche Bepflanzung.

1 *Drücken Sie das Torfmoos tief in den Korb hinein, so daß der gesamte Rahmen bedeckt ist.*

2 *Legen Sie eine schwarze Plastikfolie darüber (am Grund und an den Seiten mit Löchern). Schieben Sie die Pflanzen von außen hinein.*

3 *Füllen Sie das Innere des Korbes mit etwas Blumenerde auf. Achten Sie bei der seitlichen Bepflanzung darauf, die Wurzeln mit Erde zu bedecken.*

4 *Zum Abschluß wird die Oberseite bepflanzt. Sie sollte einen leichten Hügel bilden. Prüfen Sie dann, ob alle Seiten des Hängekorbes gleichmäßig bedeckt sind*

Frühling
Dieses frühlingshafte Arrangement besteht aus Stiefmütterchen, Zwiebelpflanzen und Efeu in einem mauve und gelb gehaltenen Thema. Primeln, Stiefmütterchen, kleine Narzissen und Taubenhyazinthen passen gut in jede Frühlingsbepflanzung. Im Frühsommer werden die Zwiebeln gegen Korbblüter ausgetauscht. Verändern Sie die Bepflanzung je nach Jahreszeit; tauschen Sie jedoch niemals alle, sondern nur einige Blumen aus, damit Ihr Arrangement stets in voller Blüte bleibt. Efeu, der attraktiv über Rand und Basis des Korbes fließt (*siehe Seite 65*)*, verbleibt ständig im Korb.*

Weitere Bepflanzungsvorschläge
Mit Scilla, *Primeln und blauen bzw. rosa Stiefmütterchen können Sie ein rosa-blaues Farbthema erzeugen, doch sollte auch hier Wert auf attraktives Laub gelegt werden.*

Bepflanzung

Denken Sie daran, daß jeder Hängekorb zumindest teilweise von unten sichtbar ist. Daher sollte jede Bepflanzung so ausgelegt sein, daß Boden und Seiten des Korbes unsichtbar werden. Es gibt nichts Schlimmeres als einen Hängekorb mit prachtvollen Blüten auf der Ober- und bräunlichen, toten Moosblättchen auf der Unterseite und den Flanken.

Damit der Hängekorb vollständig bedeckt ist, lohnt es sich, auch die Seiten zu bepflanzen. Kleine Container aus Preßmaterial („Jiffy-Töpfe") eignen sich besonders gut für die Bepflanzung von Hängekörben (Pflanzen selbst anziehen oder kaufen). Sie können an jeder beliebigen Stelle des Korbes eingesetzt werden. Nach einiger Zeit erfüllt das Wurzelwerk den Container und wächst bis zur Erde des Korbes durch. Sie sollten den bepflanzten Korb nicht gleich aufhängen, sondern ihn zunächst einige Wochen auf einem Eimer stehen lassen. Erst wenn sich Blätter und Blüten üppig genug entwickelt haben, hängt man den Korb an seine endgültige Position. Für einen normalen Hängekorb (etwa 30 cm Durchmesser) braucht man sechs bis sieben Container-Pflanzen, die in drei bis vier Wochen den gesamten Korb ausfüllen.

Eigentlich sind kriechende Pflanzen ein Muß für jeden Hängekorb (siehe Vorschläge auf Seite 51). Sie wuchern über die Seiten des Korbes, so daß seine eigentliche Konstruktion unsichtbar wird. Verbenen, Kapuzinerkresse, Strohblumen, *Diascia*, Stiefmütterchen und Begonien, Fuchsien, Lobelien und Geranien *(Pelargonium* cvs.*)* eignen sich gut für diesen Zweck. Mit dem schönen Laub verschiedener Efeusorten *(Hedera* cvs.*)*, *Helichrysum petiolare* und *Tolmiea menziesii* können Sie die wenig attraktive Unterseite und die Flanken von Hängekörben ebenso geschickt kaschieren.

Sommer

Die Wirkung dieses Arrangements beruht auf stark kontrastierenden Farben, wobei die üppigen, dunklen Blätter von Tradescantia *eine ideale Kulisse für die großblütigen, rosa und weißen Petunien bilden. Die runde Form entsteht, wenn die Pflanzen seitlich und von oben in den Korb eingepflanzt werden. Als Alternative bieten sich Lobelien an, die jedoch leicht austrocknen. Im Sommer können Sie auch empfindlichere Zimmerpflanzen, wie etwa eine* Kalanchoe, *verwenden. Schönes Laub haben Efeu, Strohblumen und* Tolmiea.

Weitere Bepflanzungsvorschläge
Da im Sommer viele kriechende Pflanzen blühen, steht Ihnen zu dieser Jahreszeit ein breiteres Angebot an Blumen zur Verfügung. Gute Beispiele wären etwa kriechende Geranien (Pelargonium *cv.*), *Kapuzinerkresse, Kapastern* (Felicia), Diascia, *Verbenen und Fuchsien.*

Die Pflege von Hängekörben

Bedingt durch ihren exponierten Standort trocknen Hängekörbe äußerst schnell aus. In der heißen Sonne müssen sie daher zweimal täglich gewässert werden. Da sie aus optischen Gründen gewöhnlich überkopfhoch aufgehängt werden, entsteht in der Tat ein Problem. Mit Hilfe einer verlängerten Brausedüse für Ihren Gartenschlauch bzw. Gießkanne oder einer Bambusstange, die Sie ans Ende des Gartenschlauchs anbinden, läßt sich dieses Problem jedoch lösen (siehe Seite 89).

Das Gewicht eines vollen, bewässerten Hängekorbes ist beträchtlich. Er sollte daher sorgfältig an einer fest verankerten Stütze aufgehängt werden. Für üppiges Wachstum ist eine Düngergabe alle zwei Wochen erforderlich. Nach zwei bis drei Wochen haben sich die Pflanzen in der Regel kräftig entwickelt. Sollte der Korb dennoch „Löcher" aufweisen, müssen Sie an dieser Stelle nachträglich einen Jiffy-Topf einfügen (siehe rechts).

Wie man Lücken füllt

Es ist schwierig, die gleichmäßig abgerundete Form eines Hängekorbes zu bewahren, da einige Pflanzen schneller wachsen als die übrigen. Jiffy-Töpfe, die nachträglich seitlich in den Korb gesetzt werden, sind da das Mittel der Wahl.

Schneiden Sie ein Loch in die Plastikfolie, und schieben Sie den Jiffy-Topf seitlich in den Korb. Haben die Wurzeln den Container durchwachsen, verankern sie sich in der Blumenerde.

Fensterkästen

Die langrechteckige Form normaler Fensterbänke schränkt das Spektrum der Gestaltungsmöglichkeiten natürlicherweise ein. Hinzu kommt, daß das Arrangement ein dahinterliegendes Fenster ansprechend einrahmen oder unterstreichen sollte. Die Auswahl an passenden Blumenkästen aus unterschiedlichen Materialien in verschiedenen Stilen ist recht groß. Die ausgesprochen hübschen, handgearbeiteten Terrakotta-Kästen (siehe Seiten 32–33) passen zu fast jeder Situation. Streichen Sie vorhandene Kästen an, damit sie besser mit der Architektur harmonieren. Selbst preiswerte, weiße Plastikkästen gewinnen an Reiz, wenn sie dunkelgrün oder mittelgrau angestrichen werden.

Denken Sie vor der eigentlichen Bepflanzung an die farbliche Gestaltung des Raumes hinter dem Fenster. Ein Blumenkasten mit grellfarbigen, purpurnen Petunien oder scharlachrotem Salbei würde ein in Pastelltönen gehaltenes Wohnzimmer zu stark dominieren. Ebenso wichtig ist der Anblick von außen, denn Stil und Größe des Blumenkastens müssen zur Architektur passen. Zu kurze Kästen wirken auf einer breiten Fensterbank verfehlt. Zu hohe Pflanzen können das Fenster „erschlagen" und nehmen dem dahinter liegenden Raum zu viel Licht weg.

Für welchen Pflanzstil Sie votieren – formale und einfarbige Arrangements oder locker gruppierte, üppige Bepflanzung im Bauerngartenstil aus Kräutern, kleinblütigen Stauden und Einjährigen –, hängt vorwiegend von Ihrem persönlichen Geschmack ab. Da Fensterkästen in der Regel mehrmals im Jahr neu bepflanzt werden, können Sie Stil und Farbe ruhig mehrfach wechseln.

Sofern Sie mögen, können Sie ein Rückgrat aus einigen markanten Pflanzen dauerhaft stehen lassen – beispielsweise kriechender Efeu, der die Ränder des Kastens verschwinden läßt oder kleine Strauchveronica *(Hebe)* als hohen Hintergrund. Wechseln Sie nur die umgebenden Pflanzen aus, z. B. Alpenveilchen im Winter, Stiefmütterchen oder Zwiebelpflanzen im Frühling, Geranien *(Pelargonium* cvs.*)* und Petunien im Sommer, um nur einige zu nennen. Die im Kapitel über kleine Pflanzgefäße vorgestellten Pflanzen eignen sich alle auch für Fensterkästen. Versuchen Sie jedoch stets, einige kriechende Pflanzen unterzubringen, um die harten Kanten des Kastens zu brechen. Auf der nebenstehenden Seite sind einige Beispiele gezeigt. Wie immer sollten Sie auch über Blattformen und -farben nachdenken. Das Laub muß harmonisch zu dem Farbthema passen: Kräftig blaue Stiefmütterchen und/oder *Scilla* sehen gut neben silberblättrigen Pflanzen aus, während Gelb und Orange besser mit dunkelgrünem Laub kombiniert werden sollte.

Die beliebte Kombination von Weiß mit Grün wirkt gegen eine weiße Wand langweilig. In diesem Fall wäre ein grüngelbes Farbthema oder eine Mischung von Pastelltönen besser geeignet. Rote Geranien sehen eigentlich nur vor goldgelben Ziegeln gut aus. Sie kontrastieren zu grell mit einem weißen Anstrich. Sollten Sie jedoch in einer sonnensicheren Gegend mit strahlend blauem Himmel leben,

Grelle Farben
Links: Hier wird ein üppig bepflanztes, sommerliches Arrangement – darunter Osteospermum *cv. – durch panaschierte Buntnesselblätter hervorgehoben und von hell-lila Glyzinen, pfirsichfarbenen Kletterrosen und lila* Agapanthus *eingerahmt.*

Zweifarbiges Thema
Rechts: Der dunkle Fensterkasten nimmt die Farbe der Fensterläden auf, so daß sich das Interesse auf die Bepflanzung konzentriert – Geranien (Pelargonium *cvs.*)*, Petunien und Efeu – alle in weißen und rosa Tönen. Die großzügigen Ausmaße des Kastens und die üppige Bepflanzung stehen in gutem Gegensatz zu der strengen Farbgebung.*

Kriechende Pflanzen
Kriechende Pflanzen brechen die strengen Kanten eines Fensters. Die Auswahl ist recht groß, einige Beispiele sind hier gezeigt. Weitere gute Möglichkeiten bieten kleine, kriechende Glockenblumen, Co*lumnea,* Tradescantia zebrina, *Kapuzinerkresse* (Tropaeolum *cvs.*) *und* Lysimachia nummularia.

lenkt das Sonnenlicht genügend von der Signalfarbe ab.

Pflege der Fensterkästen

Leider vergißt man immer wieder, den Blumenkasten am Fenster regelmäßig zu gießen. Dabei gibt es nichts Schlimmeres als vertrocknete, absterbende Blumen an solch auffallender Stelle. Denken Sie daher regelmäßig an ausreichende Bewässerung. Es ist erstaunlich, wie viel Wasser Blumenkästen benötigen, insbesondere an heißen Tagen, wenn die Pflanzen stark transpirieren – die geringe Tiefe der Kästen reduziert ebenfalls die Menge gespeicherten Wassers. Blumenkästen müssen regelmäßig gedüngt werden. Als Faustregel gilt eine zweiwöchige Düngung mit flüssigem Blumendünger. In der Stadt sollten Sie an heißen Tagen ab und zu die Blätter mit einem feuchten Tuch von Staub und Schmutz befreien. Nur mit kräftigen, gesunden Pflanzen sieht ein Blumenkasten attraktiv aus – mickrige Pflanzen mit toten, gelben Blättern wirken weder einladend noch ansprechend.

Befestigung von Fensterkästen

Denken Sie daran, Fensterkästen – wie alle höhergelegenen Pflanzgefäße – sorgfältig zu befestigen. Andernfalls können Sie haftbar gemacht werden, wenn ein Sturm den Kasten von der Fensterbank weht und jemand verletzt

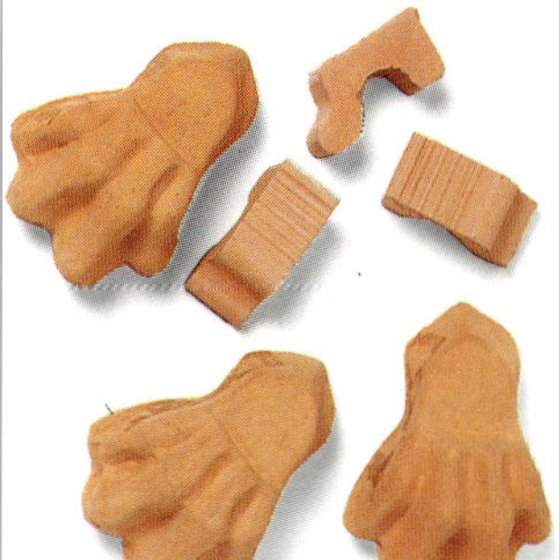

Untersetzer
Diese und ähnliche Untersetzer werden – meist an den Enden – unter die Blumenkästen gestellt. So kann sich kein Stauwasser ansammeln, die Fensterbank wird geschont, und die Luft kann frei zirkulieren, um Pflanzenkrankheiten vorzubeugen.

wird. Normalerweise nimmt man Winkeleisen, die auf die Fensterbank oder den Rahmen geschraubt werden. Wenn Sie Ihre Kästen selbst bauen, denken Sie an Drainagelöcher im Boden, und verwenden Sie dickes Holz (mindestens 2 cm).

Natürlich können Sie Blumenkästen auch mit Klammern am Geländer eines Balkons befestigen. So sorgen Sie für Blütenpracht und Spannung in der Höhe, ohne daß Bodenfläche verlorengeht. Auch hier müssen die Klammern absolut sicher befestigt sein.

In einer Wohnung ohne Garten können Sie die Fensterbank sogar dazu nutzen, etwas Eßbares anzupflanzen. Küchenkräuter gedeihen recht gut in Blumenkästen, vorausgesetzt die Erde ist nicht zu fett und gut entwässert (fügen Sie etwas Sand oder Kies hinzu), und das Fenster ist nach Süden oder Westen gerichtet. Es gibt nichts Schöneres, als einfach aus dem Küchenfenster zu greifen und ein paar frische Kräuter zu pflücken: Thymian, Basilikum, Estragon, Majoran oder Pfefferminze. Selbst Gemüse kann man in Blumenkästen ziehen, z. B. im Wechsel mit Küchenkräutern. Italienischer Salat – die Varietäten ‚Lollo' oder 'Lollo Rosso' sehen mit ihren gekräuselten Blättern hervorragend aus – gedeiht in der Sonne mit etwas Dünger und reichlich Wasser. Möglich wären auch Radieschen oder kleine Möhren.

Frühling

Als Alternative zu der üblichen Frühlingsbepflanzung mit Zwiebelgewächsen – vor allem wenn Sie ein rosa und rotes Farbthema anstreben, das mit Zwiebelpflanzen kaum möglich ist – bietet sich ein Blumenkasten mit Schlüsselblumen, Anemonen, Primeln und Zinerarien an (die beiden letzteren sind empfindlich).

Wie Fensterkästen befestigt werden

Sollte Ihre Wohnung keine festen Fensterbänke besitzen, müssen Sie die Kästen an Ketten und L-förmigen Winkeln befestigen. Verwenden Sie starke Schrauben, die das Gewicht der Kästen aushalten, und sorgen Sie für eine stabile Verankerung in der Wand.

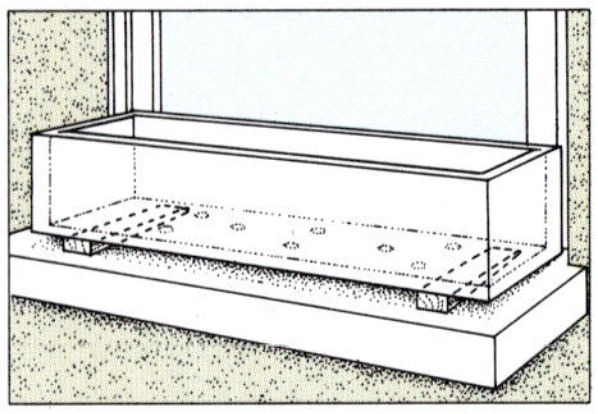

Links: Zur besseren Drainage sollte ein Blumenkasten auf zwei Holzbrettchen oder speziellen Untersetzern stehen (aus Holz oder Ton). So bildet sich keine Staunässe.

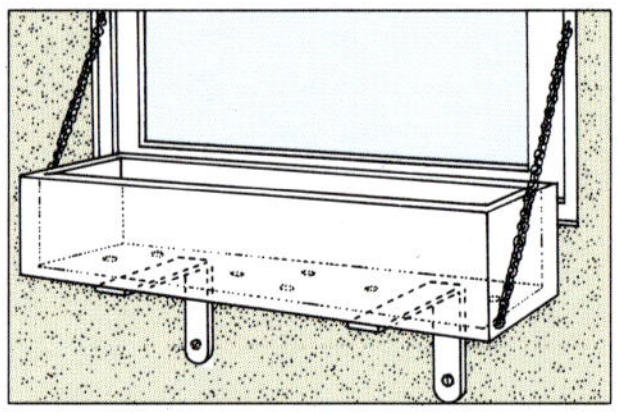

Links: An Häusern ohne feste Fensterbänke sollten Sie Kästen mit L-förmigen Winkeln befestigen, die mit Ketten und Schrauben am Fensterrahmen verankert werden.

Sommer

Diese üppige, tiefrosa Bepflanzung ist einfach und wirkungsvoll zugleich. Dazu tragen Verbena-Hybriden, *Edelgeranien und Sauerklee bei. Efeu kriecht über die Ränder, Verbenen und Geranien sind in mannigfachen Farbtönen erhältlich, von Weiß bis Mauve, so daß das Farbthema jeder Umgebung angeglichen werden kann.*

Winter

Der besondere Reiz dieses winterlichen Arrangements liegt in seinem Duft. Die Blätter von Sarcococca hookeriana *strömen einen zarten Duft nach Orangenblüten aus. Heide und* Gaultheria *sorgen für Farbe, Efeu bildet wiederum den konstanten Hintergrund.*

Ungewöhnliche Pflanzgefäße

Neben den traditionellen Gefäßen aus Terrakotta, Blei oder Holz eignen sich eine Reihe anderer Behälter dazu, Pflanzen aufzunehmen: Schubkarren und spezielle Kräutertöpfe, Siebe für Hängekörbe, halb durchgesägte Fässer für einen Wassergarten sowie Schornsteinaufsätze und alte Waschbecken. Es ist zwar durchaus im Sinne des Umweltschutzes – und preiswert –, solche Behälter zu recyclen, Sie sollten jedoch unbedingt vermeiden, eine wilde Mischung verschiedenster Behälter anzusammeln.

Ungewöhnliche Pflanzbehälter finden Sie für wenig Geld auf dem Flohmarkt oder bei Entrümpelungen, wo von alten Schornsteinaufsätzen bis zu Abwasserrohren alle möglichen Dinge anfallen. Töpfereien sind eine weitere gute Quelle, hüten Sie sich aber vor allzu „niedlichen" Formen. Zu Anfang mag ein Boot aus Ton, bepflanzt mit hübschen Blüten, durchaus seinen Reiz haben, doch das vergeht.

Etwas ganz anderes sind wirklich dekorative Gefäße. Die Suche nach gefällig verzierten Pflanzgefäßen lohnt die Mühe. Manchmal finden sich alte Wasserzisternen aus Blei, die sich hervorragend in einen Garten einfügen. Bei Hausrenovierungen oder in alten Scheunen fallen gelegentlich noch solche kostbaren Einzelstücke an.

Praktische Erwägungen

Der wichtigste Gesichtspunkt bei der Auswahl ungewöhnlicher Pflanzgefäße sollte sein, daß sie ihren Zweck erfüllen – sie müssen witterungsbeständig sein und einen Wasserablauf haben –, außerdem brauchen sie einen Standort in Ihrem Garten, an dem sie sinnvoll zur Geltung kommen. Der zweite Gesichtspunkt betrifft die Gestaltung: Das ungewöhnliche Gefäß muß entweder ansprechend präsentiert oder möglichst verborgen werden. Seine Vorteile sollten voll ausgespielt und die Nachteile weitgehend verborgen werden. Drei oder vier alte Ölkanister in unterschiedlichen Größen, jeder bemalt, z. B. mit Grünspaneffekt, können durchaus harmonisch wirken. Ein alter Schornsteinaufsatz, der einen ganz eigenen Reiz besitzt, sollte jedoch den alleinigen Blickpunkt bilden.

Ein Wassergarten
Rechts: Ein halb durchgesägtes Faß bildet den idealen Wassergarten für eine Auswahl von Pflanzen mit unterschiedlichen Blattformen. Hier wurde, neben Bach-Nelkenwurz (Geum rivale), Pontederia cordata *und* Acorus gramineus *'Variegatus' eingepflanzt.*

Asiatischer Stil
Rechts: Eine faszinierende Möglichkeit, ungewöhnliche Objekte mit größtmöglicher Wirkung zu präsentieren, stellen japanische Gärten dar. Alle Bestandteile – sowohl Pflanzen wie Felsen, Wasser oder Kieselsteine – werden sorgfältig ausgewogen und zueinander in Beziehung gesetzt, wie diese Schüssel mit Hauswurz (Sempervivum *cvs.*) *vor einem Meer aus Kieseln und Felsinseln eindrucksvoll demonstriert.*

Weitere Bepflanzungsvorschläge
Wassergärten in großen Gefäßen sollten mit Pflanzen in unterschiedlichen Formen bepflanzt werden, um eine maximale Wirkung zu erzielen. Hier einige Beispiele:

Schwertförmige Blätter
Acorus calamus *'Variegatus'*
Butomus umbellatus
Schwertlilien:
Iris ensata
Iris pseudacorus
Iris pallida
Typha latifolia

Runde Blätter
Calla palustris
Caltha palustris
Mimulus guttatus
Sagittaria japonica

Pflanzen mit Schwimmblättern
Aponogeton distachyos
Hydrocharis morsus-ranae
Nymphaea pygmaea

Sauerstoffproduzierende Pflanzen
Elodea canadensis
Lemna minor
Potamogeton crispus

Was immer Sie auch verwenden, achten Sie auf ein einfaches Thema, und vermeiden Sie eine Ansammlung kurioser Formen oder unterschiedlicher Farben. Sie wirken fast immer unschön, es sei denn, Sie verfügen wie ein Künstler über den besonderen Blick, aus verschiedensten Einzelstücken ein wirkungsvolles Ganzes zu zaubern.

Bepflanzung

Die Art der Bepflanzung muß sich dem Stil des Behälters unterordnen. Eine Schubkarre oder anderes bäuerliches Utensil verlangt nach einer lockeren Bepflanzung – Kräuter oder kleinblütige Arten –, die sich in üppigen Kaskaden über die Ränder ergießt. Da das Innere durch die Seitenwände verdeckt ist, können Sie die Pflanzen ruhig in einfachen Plastikcontainern belassen. So ergibt sich die Möglichkeit, je nach Jahreszeit Verblühtes stets durch neue Pflanzen zu ersetzen.

Wassergärten und Moorbeete

Mit Hilfe eines kleinen Wassergartens können Sie die Bandbreite Ihrer Pflanzenauswahl wirkungsvoll erweitern, denn fast alle Topfblumen sind eher für Trockenheit als für feuchten Boden geeignet. Da die meisten Töpfe aus porösem Material bestehen, trocknet die Erde weitaus rascher aus als in einem Beet. Daher ist die Auswahl an Feuchte-liebenden Pflanzen für ein Pflanzgefäß sehr beschränkt – es sei denn, Sie haben genügend Zeit, häufiger zu gießen.

Suchen Sie nach einem wirklich ungewöhnlichen Behälter? Dann entscheiden Sie sich doch für einen Wassergarten aus einem halb durchgesägten Faß. Es bietet genügend Platz für eine Reihe von Wasserpflanzen, z. B. Zwergformen der Seerose. Bevor Sie jedoch das Faß bepflanzen, müssen Sie es gründlich wässern (siehe Seite 103), nur so dehnen sich die Faßdauben und werden wasserdicht. Dann wird das Faß mit Wasser gefüllt und bepflanzt, beispielsweise mit *Pontederia cordata* mit attraktiven, blauen Blüten und pfeilförmigen Blättern, Schwertlilien wie *Iris laevigata* und *I. ensata*, Seerosen und Schilf. Denken Sie jedoch stets auch an sauerstoffproduzierende Wasserpflanzen (Liste auf Seite 54), sonst wird das Wasser rasch faulig.

Wasserpflanzen werden in spezielle, offene Gitterkörbe gesetzt, so daß die Wurzeln durchwachsen können. Jede Wasserpflanze ist an eine bestimmte Wassertiefe angepaßt, daher müssen die Körbe auf Unterlagen (z. B. Ziegelsteine) gestellt werden, insbesondere jene für Flachwasserpflanzen, die es lieben, nur ihre „Füße im Wasser" stehen zu haben. Häßliche Körbe werden mit schwimmendem Algenfarn *(Azolla)* verdeckt. Verwenden Sie nur spezielle Teicherde, und decken Sie den Boden und die

Klassische Tröge
Die tiefrosa und dunkelroten Töne – wesentlich durch Petunien und Verbena *'Sissinghurst' bedingt –, in farblich wundervoll abgestimmtem Arrangement, bringen diesen alten Steintrog perfekt zur Geltung.*

Erdoberfläche mit Kieselsteinen als Beschwerung ab. Auch Grassoden sind ein gutes Mittel, die Pflanzerde in den Körben festzuhalten.
Moorbeete kommen auf Terrassen oder Hinterhöfen besonders gut zur Geltung, denn dort überwiegen gewöhnlich glatte, harte Oberflächen. Außerdem schwächen sie die Wirkung der unruhigen, kleinblütigen Blumen ab, die dort viel zu häufig zu finden sind. Die großen, grünen Blätter dieses Gartentyps schaffen eine üppige Atmosphäre. Da die meisten dieser großblättrigen Formen zu den Schattenpflanzen gehören, eignen sie sich perfekt für kleine Hinterhöfe, wo hohe Wände das Sonnenlicht abhalten. Typische Feuchte-liebende Pflanzen sind *Ligularia* und Schaublatt *(Rodgersia)*, die beide durch attraktives Laub bestechen. Das einfachste Moorbeet ist ein Faß, das innen mit Plastikfolie ausgeschlagen wird. Am Grund sollte die Folie für eine bessere Belüftung durchlöchert werden. Füllen Sie das Faß mit nährstoffreicher, fetter Erde, die ständig feucht gehalten werden muß. Installieren Sie, wenn möglich, eine Tröpfchenbewässerung.

Tröge für Alpenpflanzen

Alte, flache Keramikausgüsse lassen sich zu idealen Trögen umgestalten. Sie werden mit einem starken Klebstoff angestrichen, auf den man mit einer Maurerkelle eine leicht angefeuchtete Mischung aus Torf, Sand und Zement aufbringt. Das Ganze wird mit einem angefeuchteten Sack bedeckt und muß dann einige Tage aushärten (vor Regen schützen).
Die große, flache, rechteckige Form bildet einen idealen

Wie man ein kleines, flaches Gefäß bepflanzt

Für Alpenpflanzen brauchen Sie ein gut wasserdurchlässiges Substrat und ein Gefäß (Dachziegel) mit Drainagelöchern. Diese Bedingungen sind für die hier abgebildeten Pflanzen – Nelken, Fetthenne und Hauswurz – ideal.

1 *Füllen Sie in die Mitte des Gefäßes eine Mischung aus Blumenerde und grobem Sand bzw. sehr feinem Kies im Verhältnis 50:50.*

2 *Setzen Sie die Pflanzen ein, in diesem Fall eine Fetthenne, und achten Sie darauf, die Wurzeln vorsichtig auszubreiten, ohne sie zu beschädigen.*

3 *Nun folgen die übrigen Pflanzen. Streuen Sie stets etwas Kies um die eingesetzten Pflanzen, um eine bessere Drainage zu erreichen.*

4 *Fahren Sie fort, bedecken Sie zum Abschluß die gesamte Oberfläche mit Kies, und wässern Sie gut.*

Hintergrund für die kleinen, juwelenartigen Alpenpflanzen. Noch besser sind echte Tiertränken aus Stein geeignet. Das Substrat für die Pflanzen muß mit einem hohen Anteil grobem Sand angereichert werden, denn die Wurzeln der Alpenpflanzen verrotten leicht, wenn sich Staunässe bildet. In kleinerem Maßstab kann man einen Alpengarten auch aus einem alten Dachziegel herstellen (siehe Seite 57). Fast alle Alpenpflanzen wachsen sehr langsam, daher sollten sie dicht an dicht gepflanzt und die Lücken zunächst mit Kieselsteinen gefüllt werden, um den Wasserverlust zu reduzieren.

Objets trouvés

Ein objet trouvé, z. B. die unten und rechts abgebildeten Wurzeln, eignet sich ebenfalls für Alpenpflanzen, sofern Sie den Stamm leicht aushöhlen, um Raum für Erde zu schaffen. Wenn Sie die Bepflanzung jahreszeitlich austauschen, sieht ein solches „Gefäß" stets attraktiv aus: Alpenveilchen im Winter, Blausternchen oder Zwergnarzissen im Frühling, Anemonen im Frühsommer und schließlich Zwergchrysanthemen im Herbst.
Farbeimer oder Ölkanister wären ebenso möglich – sie müssen vor dem Anstrich gründlich gesäubert werden – wie bemalte Plastiktöpfe. Voraussetzung ist jedoch, daß solche Behälter Drainagelöcher enthalten. Bohren Sie mit einer Bohrmaschine Löcher in den Boden, im Fall von Plastiktöpfen geht dies auch mit einem über einer Flamme heiß gemachten Schraubendreher. Achten Sie darauf, sich nicht zu verbrennen.

Küchengeräte

Ein altes Metallsieb läßt sich in einen Hängekorb verwandeln, seine Löcher sorgen für Drainage. Um den ungewöhnlichen Korb zu betonen, bietet sich eine unaufdringliche, einfache Bepflanzung an, z. B. mit panaschiertem Gundermann (*Glechoma hederacea* 'Variegata') oder dunkelroter Kapuzinerkresse. Natürlich können Sie das Sieb auch mit einer passenden Farbe anstreichen – Dunkelgrün etwa oder Dunkelblau.
Andere Küchengeräte, wie alte, eiserne Kochtöpfe oder Waschwannen, lassen sich gleichfalls in ungewöhnliche Pflanzgefäße verwandeln, vorausgesetzt, sie werden ansprechend bemalt. Sie sehen mit einer Ton in Ton gehaltenen Bepflanzung äußerst attraktiv aus.

Frühling
Da wegen der geringen Tiefe der Stammhöhlung nur wenig Blumenerde vorhanden ist, brauchen Sie flachwurzelnde Pflanzen. Pflanzen des Waldbodens sind hier ideal geeignet, da sie mit dem Holz eine harmonische Einheit bilden. Alpenpflanzen, die wegen ihrer flachen Wurzeln ebenfalls in Frage kämen, sind zumeist allzu kräftig gefärbt.

Sommer

Zarte, kleine Blüten und panaschierte Blätter in Grün und Gold bilden eine hübsche sommerliche Kombination. Ein ebenso wirkungsvolles Arrangement erzielen Sie mit rosa- und weißblütigen Erigeron karvinskianus *oder – für ein blaues Farbthema – mit kleinen Glockenblumen, wie* Campanula portenschlagiana *'Aceana', die mit silbrigem, kleinblättrigem Laub überzeugt.*

Winter

Im Winter bepflanzen Sie den Stamm mit winterblütigen Stiefmütterchen – im Idealfall solche mit kleinen Blüten, wie die dunkle 'Molly Sanderson' (siehe Seite 42) – oder, wie hier, mit Alpenveilchen. Kleinblättrige Formen von Efeu oder Farnen sind die perfekten Begleiter der juwelenartigen Blüten.

MIT PFLANZEN GESTALTEN

In diesem Kapitel stehen Blätter und Blüten einer Pflanze im Vordergrund und welche Rolle sie bei der Gestaltung und Gruppierung von Pflanzgefäßen spielen.

Leider werden Blätter als eigenständiges Gestaltungsmerkmal allzuoft ignoriert, dabei eröffnet gerade die Vielzahl von Pflanzen mit attraktivem Laub wunderbare Möglichkeiten. In diesem Kapitel erfahren Sie, wie man ihre natürliche Schönheit optimal einsetzt, entweder als dekorative Einzelstücke oder als Hintergrund für kräftig gefärbte Blütenpflanzen. Außerdem werden Techniken zum Formschnitt bzw. zur Unterstützung von Pflanzen vorgestellt.

Daß Blüten attraktiv sind, versteht sich von selbst, es lohnt sich jedoch, über erfolgreiche Gestaltungsmöglichkeiten nachzudenken: Harmonisch abgestimmte oder kontrastierende Farben tragen entscheidend zur Wirkung eines Pflanzgefäßes bei. Hier finden Sie zahlreiche Ideen, wie Blüten optimal zur Geltung kommen – entweder in bewußter Beschränkung auf einfarbige Arrangements oder in Form einer Bepflanzung mit in Ton-in-Ton gehaltenen bzw. kontrastierenden Blütenfarben.

Links: Die rostbraunen Blätter von Pelargonium *'Vancouver Centennial' haben einen leuchtend grün gefärbten Rand.*

Oben: In dieser eleganten Steinurne kommen die schwertförmigen, silbergrünen Blätter von Astelia chathamika *perfekt zur Geltung.*

Blätter als Gestaltungsmittel

Leider vernachlässigen viele Menschen das Laub einer Pflanze vollständig. Sie lassen sich allein von Blütenfarben beeindrucken. Nach einiger Zeit gewöhnt sich das Auge jedoch an kräftige Farben, die Aufmerksamkeit läßt nach, und man sehnt sich nach ruhigen entspannten Tönen. Gerade die ausgewogene Mischung üppigen Laubes ist jedoch einer der Gründe, warum uns die Natur anzieht – mit Myriaden von Blattfarben und -formen. Dennoch lassen sich viele Gärtner nur unwillig von der Qualität solchen Blattwerks überzeugen.

Versuchen Sie einmal, jene Bilder in Gartenbüchern zu analysieren, die Sie besonders ansprechen. Sie werden feststellen, daß den Farben und Formen der Blätter für den Gesamteindruck eine ebenso große Bedeutung zukommt wie den Blütenfarben. In der Tat könnten Sie sogar gänzlich auf Blütenfarben verzichten, denn die Natur und die Pflanzenzüchter haben uns eine unglaubliche Vielfalt von Pflanzen mit wunderbarem Laub beschert – die riesigen, dickrippigen Blätter mancher Funkien, die glänzenden, geteilten Blätter der Orangenblume *(Choisya ternata)* oder die leicht silbrigen, filigranen Blätter des Beifußes *(Artemisia* spec.*)*.

Blätter sind weit mehr als nur Kulisse für Blütenfarben, ihre Form, Struktur und Farbe kann und sollte eine zentrale Rolle bei der Gestaltung spielen. Suchen Sie nach Pflanzen mit natürlicherweise ansprechender Wuchsform, z. B. *Hosta sieboldiana* var. *elegans* mit ihren weit ausgebreiteten Kuppeln riesiger, blaugrauer, gerippter Blätter, schneiden Sie immergrüne, kleinblättrige Pflanzen, wie Buchsbaum *(Buxus sempervirens)* selbst in klare, geometrische Formen, oder ziehen Sie Kletterpflanzen wie den Efeu über ein stützendes Gitter.

Kletterpflanzen gehören zu den wichtigsten Bestandteilen wirkungsvoller Pflanzgefäße. Vor allem, wenn Ihnen nur wenig Platz zur Verfügung steht und Sie daher auf Gefäße angewiesen sind, sorgen Kletterpflanzen, die über ein Wandgitter gezogen werden – etwa als Bogen oder Pergola – für die notwendige Spannung in größerer Höhe. Im Garten übernehmen Sträucher oder Bäume diese Aufgabe. Eine gute Wahl wäre z. B. die kletternde *Actinidia kolomikta*, deren herzförmige, grüne oder panaschierte Blätter einen üppigen, interessanten Laubvorhang bilden, sowie Pfeifenwinde *(Aristolochia durior* syn. *A. macrophylla)*, gleichfalls mit herzförmigen Blättern. Auch Wein ist eine hervorragende Kletterpflanze mit hübschen Blättern, beispielsweise *Vitis coignetiae*, dessen reiches, rubinrotes Laub den Herbst durch farbige Akzente bereichert. Noch beliebter und ebenso gut geeignet sind die zahlreichen Efeusorten, deren Laub in mannigfachen Farbtönen und Formen überzeugt: Von den großen, weiß gesprenkelten Blättern der *Hedera helix* 'Sulphur's heart' bis hin zu den winzigen, hübschen, pfeilförmigen, dunkelgrünen Blättern von *Hedera helix* 'Sagittifolia'. Sie bilden während des ganzen Jahres perfekte, unaufdringliche Kulissen für blühende Pflanzen.

Blätter für Hecken und Windschirme

Aus einer Reihe von Blattpflanzen lassen sich Hecken in Gefäßen ziehen, die auf exponierten Balkonen oder Dachgärten als Windschirm genutzt werden können und andere, empfindlichere Pflanzen schützen. Geeignet sind alle kleinblättrigen Immergrünen, wie Buchsbaum, Eibe oder Liguster. Da Liguster weitaus schneller wächst als Eibe

Dunkelblättrige Pflanzen

Es gibt eine ungewöhnlich große Auswahl an dunkelblättrigen Pflanzen für ein Pflanzgefäß, einige sogar in tief purpurnen Tönen. Weitere, hier nicht gezeigte, purpurblättrige Pflanzen sind bestimmte Sorten von Cotinus *und* Berberis *und der Staude* Heuchera, *dessen Sorte 'Palace Purple' besonders geeignet ist.*

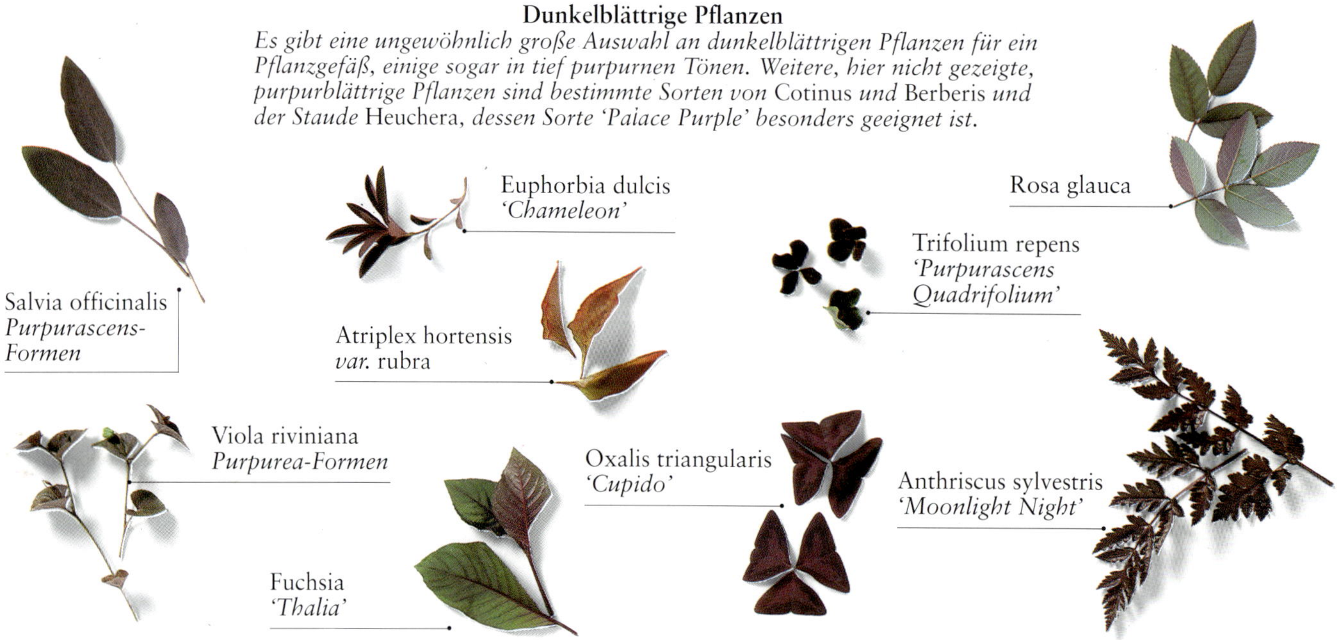

oder Buchsbaum und in einer attraktiven, goldblättrigen Varietät erhältlich ist, bietet er sich besonders an. Mit gut beblätterten Kletterpflanzen läßt sich eine eher lockere Hecke erzeugen, indem man sie über Gitterwerk oder hölzerne Stützen klettern läßt. Hier wären Wein, goldblättriger Hopfen, Efeu, *Parthenocissus* oder Pfeifenwinde *(Aristolochia)* zu nennen.
Auch in großen, chinesischen Keramiktöpfen gezogener Bambus bildet dichte Schirme. In der Tat ist Bambus bestens für Pflanzgefäße geeignet, denn er neigt dazu, sich im Garten üppig auszubreiten. Sie müssen ihn allerdings alle paar Jahre herausnehmen und teilen, ansonsten wird das Wurzelwerk zu groß für das Gefäß.

Blattfarbe und -form

Blätter gibt es in den unterschiedlichsten Größen, von winzigen, runden Formen, die kaum 1 cm erreichen, bis hin zu den mächtigen, handförmigen Blättern der riesigen Gunnera, die leicht 1,40 cm messen können. Manche sind aus winzigen Teilblättchen zusammengesetzt, wie bei der Robinie (*Robinia pseudoacacia*), oder sie sind lang und schlank, wie die Blätter der Schwertlilien. Auch die Farben sind äußerst variabel. Sie reichen von einfachem Grün bis zu allen seinen Schattierungen, von gelben bis silbrig-blauen Tönen, über panaschierte (Grün mit Flecken anderer Farben, siehe unten) bis zu tief purpurnen Farben (siehe Seite 62). Jede Komposition eines wirkungsvollen Pflanzgefäßes basiert auf der richtigen Kombination von Farbe und Form, und es ist durchaus möglich, ein bestechendes Arrangement ausschließlich aus Blättern zu komponieren.

Kontrastfarben
Dieser Terrakotta-Topf wurde wirkungsvoll bepflanzt: große, blaugrüne Blätter von Hosta *'Halcyon' und gelblich-grüne, handförmig eingeschnittene Blätter von* Tellima grandiflora.

Blätter als Hintergrund

Eingetopfte Blattpflanzen bilden einen guten Hintergrund für die farbigeren Blumen und tragen mit ihrer Struktur und Form wesentlich zum Gesamteindruck bei. Versuchen

Panaschierte Blätter

Die Auswahl an Pflanzen mit panaschierten Blättern ist recht groß, die meisten brauchen jedoch einen sonnigen Standort. Achten Sie bei der Pflege panaschierter Sträucher auf Triebe mit ursprünglicher, einfarbig grüner Blattfärbung, und schneiden Sie diese regelmäßig zurück.

Efeu (Hedera colchica *'Dentata Variegata'*)

Goldene Taubnessel (Lamium *cv.*)

Panaschierter Giersch (Aegopodium podagraria *'Variegatum'*)

Minze (Mentha suaveolens *'Variegata'*)

Lamium maculatum

Cotoneaster atropurpurea *'Variegata'*

Hosta fortunei *var.* aureomarginata

Gemischte Gruppe
Der Goldene Hopfen klettert über ein Gestell aus Birkenzweigen. Als Begleitpflanzen in eigenen Töpfen dienen Petersilie (Petroselinum crispum) *und eine panaschierte Funkie.*

Sie, sowohl Blattformen und -farben als auch die Höhe der Pflanzen zu variieren, um eine attraktive Wirkung zu erzielen. Besonders gut sind Pflanzen mit markanten Formen geeignet – in anderen Worten, jene mit hübschen Umrissen. Funkien, Farne, Tränendes Herz, *Zantedeschia* und Klivien bilden ausgezeichnete Kulissen in geringer Höhe, kugelig geschnittener Buchsbaum oder Liguster erfüllen denselben Zweck. An größeren Pflanzen stehen *Choisya ternata*, kleine Bäume mit ausgeprägter Form wie schlitzblättrige Ahornarten, *Rheum palmatum, Macleaya cordata*, Palmen wie *Trachycarpus fortunei* und der Baumfarn *Dicksonia antarctica* zur Verfügung. Von ähnlicher Form wie der Baumfarn sind schwertblättrige Pflanzen wie Yuccas und Keulenlilien aus Amerika und Australasien, die jedoch nur in gut geschützten Lagen gedeihen. Keulenlilien kommen ganz gut mit Halbschatten zurecht, Yuccas brauchen volle Sonne.

Blattfarben

Wenn man eine Blattpflanze an ihrem endgültigen Standort in Ruhe betrachtet, fällt rasch auf, daß ihre Blätter weitaus farbiger sind als erwartet. Das liegt daran, daß die kräftigen Farben vieler Blumen die eher kühlen, subtileren Blattfarben unterdrücken. Wird man nicht durch Blüten abgelenkt, fallen Qualität und Farbe der Blätter stärker ins Auge. Für schattige Stellen ist man ohnehin weitestgehend auf Blätter angewiesen, daher beginnt die Wertschätzung für attraktives Laub häufig mit der Gestaltung schattiger Gartenbereiche.

Die Farben reichen von silbrig-grau bis hin zu tiefem Purpurrot, und die Blätter vieler Pflanzen verwandeln sich im Herbst in ein brillantes Farbenspiel, insbesondere bei einigen Japanischen Ahornen, Wein und Schlingpflanzen.

Wie man eine Efeupyramide erzieht

Für eine Efeupyramide brauchen Sie einen mittelgroßen Topf – hier 23 cm im Durchmesser –, ein kegelförmiges, 60 cm hohes Gestell (ggf. aus dünnen Bambusrohren) und zwei bis drei kleinblättrige Efeupflanzen.

Mit nur wenig Aufwand an Material können Sie eine Pyramide mit überraschender Wirkung erziehen.

1 *Pflanzen Sie den Efeu ein und setzen den Kegelrahmen mit Bindedraht auf den Rand des Topfes.*

2 *Verteilen Sie die Triebe über den Rahmen, und binden Sie die Triebe locker am Rahmen fest.*

Die fertige Efeupyramide

Zwar ist es kaum möglich, das Bild durch „schrille" Blattfarben zu verderben, am sichersten ist jedoch immer noch eine Auswahl unterschiedlicher Grünschattierungen. Achten Sie unbedingt darauf, die subtile Farbgebung graugrüner Pflanzen, wie *Hosta sieboldiana* var. *elegans* oder *Senecio* 'Sunshine' nicht durch zu viele grasgrüne Blätter abzuschwächen. Wichtig ist vor allem das Zusammenspiel der Farben, ordnen Sie daher die Blattfarben genauso harmonisch wie ein Maler seine Palette. Grün entsteht aus der Mischung von Gelb und Blau, aber einige Grüntöne enthalten mehr gelbe, andere mehr blaue Bestandteile.

Struktur und Form

Auch Blattstruktur und -form nehmen Einfluß auf die Wirkung der Farben, daher sollten diese Eigenschaften bei der Planung eines Arrangements mit berücksichtigt werden. Manche Blätter sind kräftig und glänzend – die wachsartigen, immergrünen Blätter von Kamelien, Magnolien und *Choisya* beispielsweise – während andere weichfilzig aussehen, z. B. die des Filz-Ziestes *(Stachys byzantina)* oder jene von *Lychnis coronaria*, beide silbriggrau gefärbt. Mit Hilfe von silbergrauen, filzigen oder geteilten Blättern der Pflanzen aus sonnigeren Regionen können Sie ein mediterranes Flair erzeugen, während die großen, dicken, glänzenden Blätter von Pflanzen aus feuchteren Zonen Ihrem Stadtgarten die Atmosphäre eines Dschungels verleihen. Achten Sie sorgfältig darauf, keine Pflanzen aus unterschiedlichen Klimazonen zu mischen – Sie passen nicht zueinander. Hinzu kommen ihre unterschiedlichen Bedürfnisse: Manche brauchen regelmäßiges Wässern, während andere schon mit geringsten Wassermengen zurechtkommen. Zu viel oder zu wenig Gießwasser führt zum raschen Absterben vieler Topfpflanzen (siehe Seiten 88–89).

Panaschierte Blätter – mit silbernen, weißen, goldenen oder silbernen Flecken – brechen die Monotonie einer reinen Laubkomposition und lockern und lichten die Wirkung allzu schwermütig-düsteren, immergrünen Laubes

Wie man eine Efeukugel erzieht

Anstatt eines leeren Rahmens kann man auch eine mit Moos gefüllte Drahtkugel mit Efeu überwachsen lassen. Darin finden die Efeuwurzeln sicheren Halt.

1 Bepflanzen Sie den Topf in der üblichen Weise, so daß der Efeu über den Rahmen kriechen kann. Achten Sie darauf, das Moos ständig feucht zu halten.

2 Sobald der Efeu die Kugel überwuchert hat, müssen Sie mit einer scharfen Gartenschere unordentlich wachsende Triebe entfernen.

Die fertige, getrimmte Efeukugel
Damit die Kugel ihr glattes, rundes Aussehen behält, sollten Sie wuchernde Triebe regelmäßig abschneiden und den Topf ab und zu drehen. Für ein gesundes, kräftiges Wachstum sind gelegentliche Düngergaben für Blattpflanzen erforderlich (siehe Seite 86).

Verschiedene Efeu-Sorten

*Efeu (*Hedera *cvs.) gehört zu den besten Blattpflanzen. Er ist in vielen Formen und Farben erhältlich und ist ein unverzichtbarer Bestandteil von Fensterkästen.*

Formale Arrangements
In diesem kleinen, von beschnittenen Eibenhecken umgebenen, Innenhof sorgen glatt getrimmte Buchsbaumkugeln und -spiralen für eine formale Atmosphäre. Die niederen Buchsbaumhecken um die beiden geometrischen Beete unterstreichen noch diesen Eindruck.

auf. Stellen Sie eine Reihe Töpfe mit silberblättrigen, panaschierten Blättern (z. B. *Coprosma*, gezogen als Hochstamm) in bewußten Kontrast zu einem Hintergrund aus beschnittenem, immergrünem Liguster oder Eibe, und Sie werden sehen, wie die dichte, dunkle Struktur der letzteren eine phantastische Kulisse für die lichtreflektierenden Eigenschaften der ersteren erzeugt. Blütenfarben sind nicht nötig. Wenn Sie die Farbpalette so einfach halten, wird das Auge zwangsläufig von der Form der Pflanzen angesprochen – die ideale Präsentation eines Hochstammes, bei dem es allein auf die markante Form ankommt.

Jahreszeitlicher Laubwechsel

Die Veränderung der Laubfarbe mit den Jahreszeiten, wenn die Pflanze reift, gehört zu den faszinierendsten Eigenschaften eines Blattarrangements. Manchmal erscheint frisches Laub in rosa überlaufenen oder hellgrünen Tönen, und auch die sterbenden Blätter des Herbstes mit ihren wunderschönen, von kräftigem Gold bis zu Rostbraun spielenden Schattierungen und Farbtönen können sehenswert sein. Zu den Pflanzen mit den schönsten Herbstfarben gehört der Japanische Fächerahorn *(Acer palmatum* var. *dissectum)* und seine Verwandten mit zierlichen, filigran eingeschnittenen Blättern. Einige Sorten haben wunderschöne Herbstfarben. Da sie weder besonders groß noch wüchsig sind und eine attraktiv verzweigte Wuchsform haben, eignen sie sich hervorragend für ein Pflanzgefäß. Sie bilden ideale Blickpunkte auf Sitzplätzen oder Terrassen. Unter ihrem leichten Schatten finden andere Pflanzen Schutz, ohne benachteiligt zu werden.

Es lohnt sich fast immer, unterschiedliche Blattformen zu kombinieren. Bestens für diese Art Kontrast sind schwertblättrige Pflanzen geeignet, insbesondere die großen, markanten Keulenlilien, Yuccas, Agaven und Drachenbäume, aber auch kleinere Stauden mit bandförmigen Blättern wie Schwertlilien, Montbretien, *Crinum* x *powellii* (mit attraktiven, sternförmigen, rosa Blüten) und die empfindliche, aber äußerst spektakuläre *Clivia minata*. In Kombination mit runderen, weichen Blättern, etwa von *Alchemilla mollis* oder den gefältelten Blättern von *Tellima grandiflora* kommen längliche Blattformen besonders gut zur Geltung. Auch die spatelförmigen Blätter vieler Funkien, in einer Vielzahl von Farben, Größen und Strukturen, sorgen für guten Kontrast. Sicher sind Funkien die besten Blattpflanzen überhaupt. Da sie bei Schnecken sehr beliebt sind, reduziert ein Pflanzgefäß die Gefahr des Schneckenfraßes merklich. Die Krone unter den Blattpflanzen kommt zweifellos *Hosta sieboldiana* var. *elegans* zu. Sie wächst zu einer stattlichen, 1,20 m hohen Kuppel aus riesigen, dickrippigen, blaugrünen Blättern aus.

Formschnitt

Nur mit dichtem Laub lassen sich skulpturale Formen und Strukturen erzeugen. Seit dem 17. Jahrhundert ist die Technik, Bäume und Sträucher in geometrische Formen zu beschneiden, in der Gartenkunst verbreitet. Ihren Höhepunkt erreichte diese Technik unter der Ägide des französischen Gartenkünstlers André Le Nôtre. Auf Gemälden dieser Epoche wimmeln die Gartenlandschaften geradezu von kleinen, beschnittenen Bäumen in Versailles-Kübeln (siehe Seite 32) – kubische Behälter, deren geometrische Strenge die hübsch beschnittenen Pflanzen ideal unterstreicht.

Langsam wachsende, kleinblättrige Immergrüne, wie Buchsbaum *(Buxus sempervirens)* oder Eibe *(Taxus baccata)* bieten die besten Voraussetzungen für einen Formschnitt. Auch andere Immergrüne, etwa Liguster *(Ligustrum* spec.*)*, Myrte *(Myrtus communis)* und Stechpalme *(Ilex* spec.*)*, lassen sich beschneiden. Ilex ist jedoch weniger dicht. Streben Sie ein rasches Erfolgserlebnis an, sollten Sie sich für Liguster entscheiden, denn sowohl Buchsbaum wie Eibe wachsen sehr langsam. Buchsbaum – vorausgesetzt Sie beginnen mit einer bereits etwas größeren Pflanze – braucht etwa zwei bis drei Jahre, ehe Sie Ihre kleine Kugel oder Pyramide bewundern können. Einfache Formen, z.B. geometrische Figuren, können Sie nach Augenmaß erziehen und beschneiden, bei komplizierteren Formen empfiehlt sich ein vorgeformtes Drahtgitter (siehe rechts).

Geometrische Formen aus erzogenen Pflanzen

Nicht jeder bringt die notwendige Geduld auf, einen Buchsbaum zu einer geometrischen Form zu erziehen und zu schneiden – immerhin dauert es rund drei Jahre, bis ein Steckling zu einem 60 cm hohen Busch herangewachsen ist. Dabei gehört Buchsbaum zu den Pflanzen, bei denen ein junger, in feuchte Erde gesteckter Trieb problemlos angeht. Für Ungeduldige gibt es jedoch eine Alternative: Kletterpflanzen, beispielsweise Efeu, lassen sich genauso erziehen, als seien sie beschnitten. Kaufen oder biegen Sie die gewünschte Grundform aus Draht, und pflanzen Sie mehrere Efeupflanzen rund herum ein. Nach rund 18 Monaten haben die Pflanzen die Form umhüllt. Außerdem sieht Efeu bereits während des Wachstums hübsch aus, noch ehe die Drahtform unter dem Laub verschwindet. Efeu läßt sich einfach vermehren: Schneiden Sie kurze Sproßstücke mit Wurzeln ab, und stecken Sie diese rund um die Form in die Erde. Bei guter Bewässerung etablieren sich die Stecklinge rasch.

Wie man geometrische Gerüste nutzt

Der Handel bietet eine Reihe von Gerüstformen aus Metall oder Draht an – darunter Kegel, Pyramiden, Kugeln und Spiralen –, die als Grundlage für eine Formschnitt-Komposition dienen. Lassen Sie entweder eine klassische Formschnittpflanze darüber wachsen, die nach und nach in Form geschnitten wird, oder nutzen Sie kletternde Pflanzen wie Efeu (siehe Seiten 64–65), um diesen Effekt zu simulieren. Streben Sie eine weniger formale Wirkung an, dann bauen Sie sich ein eigenes Gerüst aus gebogenen und verflochtenen Birkenzweigen (siehe Seite 64 oben).

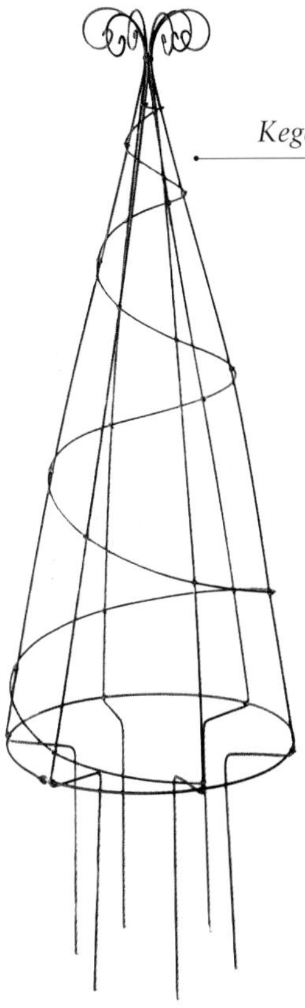

Kegelform

Spiralform

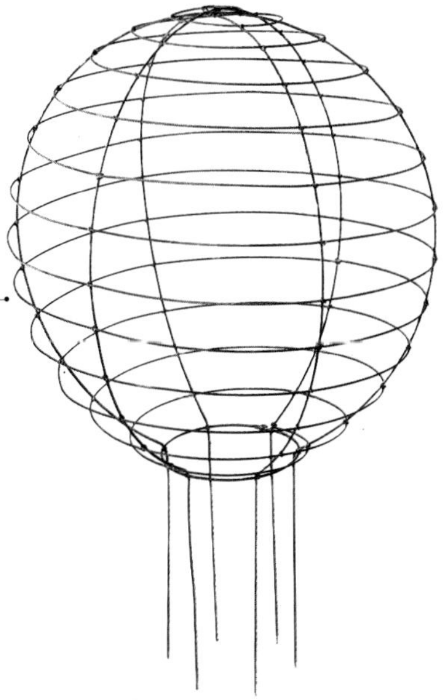

Kugelform

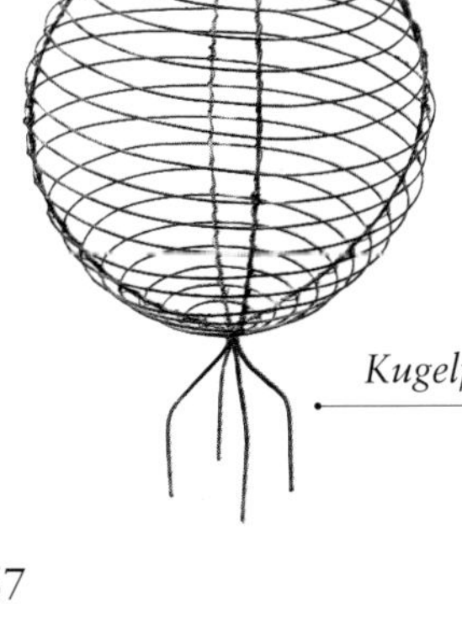

Kugelform

Blüten als Gestaltungsmittel

Für viele Hobbygärtner sind Blütenfarben der wichtigste Grund, Pflanzgefäße aufzustellen. Damit bringen sie, völlig zu Recht, brillante Farbtupfer vor eher unscheinbaren, harten Oberflächen in Innenhöfen, auf Kiesterrassen oder Stufen ansprechend zur Geltung. Das Geheimnis des Erfolges liegt in der geschickten Auswahl unterschiedlicher Blütenfarben, die miteinander harmonieren und die Wirkung anderer Pflanzen unterstreichen. Es gibt nichts Schlimmeres, als eine brillante Blütenfarbe, die alle übrigen Farben dominiert oder unterdrückt – eine Signalfarbe, welche die ruhige Harmonie konterkariert. Dennoch können auch starke Signalfarben durchaus wirkungsvoll sein. Sie müssen sich nur sinnvoll in den Gesamteindruck des Gartens einfügen, daher gehören sie vorzugsweise auf begrenzte Standorte: beispielsweise auf Treppenstufen oder in Fensterkästen. Sicher zieht eine unruhige Kombination unterschiedlichster Pflanzgefäße, von Hängekörben bis zu Plastiktöpfen in vielen Formen bepflanzt mit üppigen Massen von Petunien, Geranien und Kapuzinerkresse – vordergründig die Blicke auf sich und ist daher äußerst beliebt. Sobald Sie jedoch erkannt haben, welchen Charme eine Kombination aus sorgfältig abgestimmten, harmonischen Blütenfarben besitzt, werden Sie anders über eine wirkungsvolle Präsentation denken.

Die wichtigste Grundregel besteht darin, sowohl Blütenformen wie -farben zu berücksichtigen, denn große, kräftig gefärbte Blüten unterdrücken die Wirkung kleinerer, ruhigerer Blüten und lenken zu stark ab. Die Atmosphäre eines Bauerngartens, gefüllt mit Massen kleinblütiger Pflanzen, deren gemischter Blütenteppich als Ganzes wirkt, ohne daß einzelne Blüten die Aufmerksamkeit beanspruchen, entspricht genau diesem Prinzip. Sobald eine einzige, großblütige Hybride wie ein Leuchtturm zwischengepflanzt wird, geht dieses Flair verloren. Daran sollten Sie auch bei der Planung Ihrer Pflanzgefäße denken: Die einzelne Pflanze muß die gesamte Komposition in Form und Farbe harmonisch unterstreichen und darf nicht zu stark die Aufmerksamkeit beanspruchen, sonst verdirbt sie die angestrebte Wirkung.
Zwar gibt es eine schier unglaubliche Vielfalt von Topfpflanzen, Sie sollten jedoch auch mit den weniger augenfälligen Vertretern experimentieren. Dennoch gehören Geranien *(Pelargonium* spec.*)* sicherlich zu den beliebtesten Topfpflanzen, dicht gefolgt von Fuchsien und Petunien. Durchstöbern Sie in Ruhe die Gärtnereien, und suchen Sie nach passenden Pflanzen. Besonders Geranien und Fuchsien werden in einer Unzahl von Arten und Sorten angeboten, einige mit unaufdringlichem und dennoch hintergründigem Charme. Die Vorteile von duftenden Ge-

Abgestufte Farbtöne – kühle Farben
Alle Farben mit einem hohen Blauanteil wirken viel kühler als solche mit einem hohen Rot- oder Gelbanteil. Die hier gezeigten rosa Blüten besitzen alle einen leichten Blauton und harmonisieren in einem pastellfarbenen Arrangement gut mit weißen, blauen und mauve-farbenen Blüten.

Veilchen in Blau
Die kühlen Töne der Petunien- und Begonienblüten in Mauve und tiefem Purpur bilden vor einer Kulisse aus Stiefmütterchen eine perfekte Harmonie. Blüten in nur einer Grundfarbe vereinheitlichen jede gemischte Bepflanzung.

ranien mit efeuartigen Blättern, in vielen Duftnoten von Zitrone bis Pfefferminze sind nicht zu unterschätzen (auf Seite 142 finden Sie weitere Informationen).

Blütenfarbe

Einer der größten Vorteile von blühenden Topfpflanzen ist ihre Beweglichkeit innerhalb eines gegebenen Arrangements. Eine gerade blühende Schönheit kann leicht in den Vordergrund gesetzt werden, wo sie optimal zur Geltung kommt, während Verblühtes unauffällig im Hintergrund verborgen wird. Mit Hilfe von unterschiedlich großen Töpfen und Pflanzen in verschiedenen Höhen läßt sich auf kleinstem Raum ein großer, wirkungsvoller Blickfang schaffen.
Damit solch ein Arrangement wirklich überzeugend gerät, brauchen Sie bereits vor dem Bepflanzen eine genaue Vorstellung über das gewünschte Ergebnis. Wie bei einem Beet müssen Sie sich darüber im klaren sein, wie der Gesamteindruck sein soll, welche Elemente gut zueinander passen und wie Sie einen Hintergrund schaffen, der sowohl als Rahmen wie als Kulisse für die geplanten Farben dient. Dunkle Hecken aus Eibe oder Buchsbaum bilden

Hübsches Rosa
Rechts: Christrosen, Hyazinthen und Primeln in subtil abgestuften Schattierungen von Rosa kommen in diesem Terrakotta-Kübel hervorragend zur Geltung. Die braune Erdfarbe des Topfes gibt dem Arrangement Substanz und Tiefe und hebt sich wohltuend von den warmen Rosatönen ab.

Abgestufte Farbtöne – warme Farben
Die hier gezeigten Blüten besitzen einen hohen Gelb- und Rotanteil und lassen sich gut mit anderen gelben, roten oder orangen Tönen zu einem abgestuften Farbenspiel arrangieren.

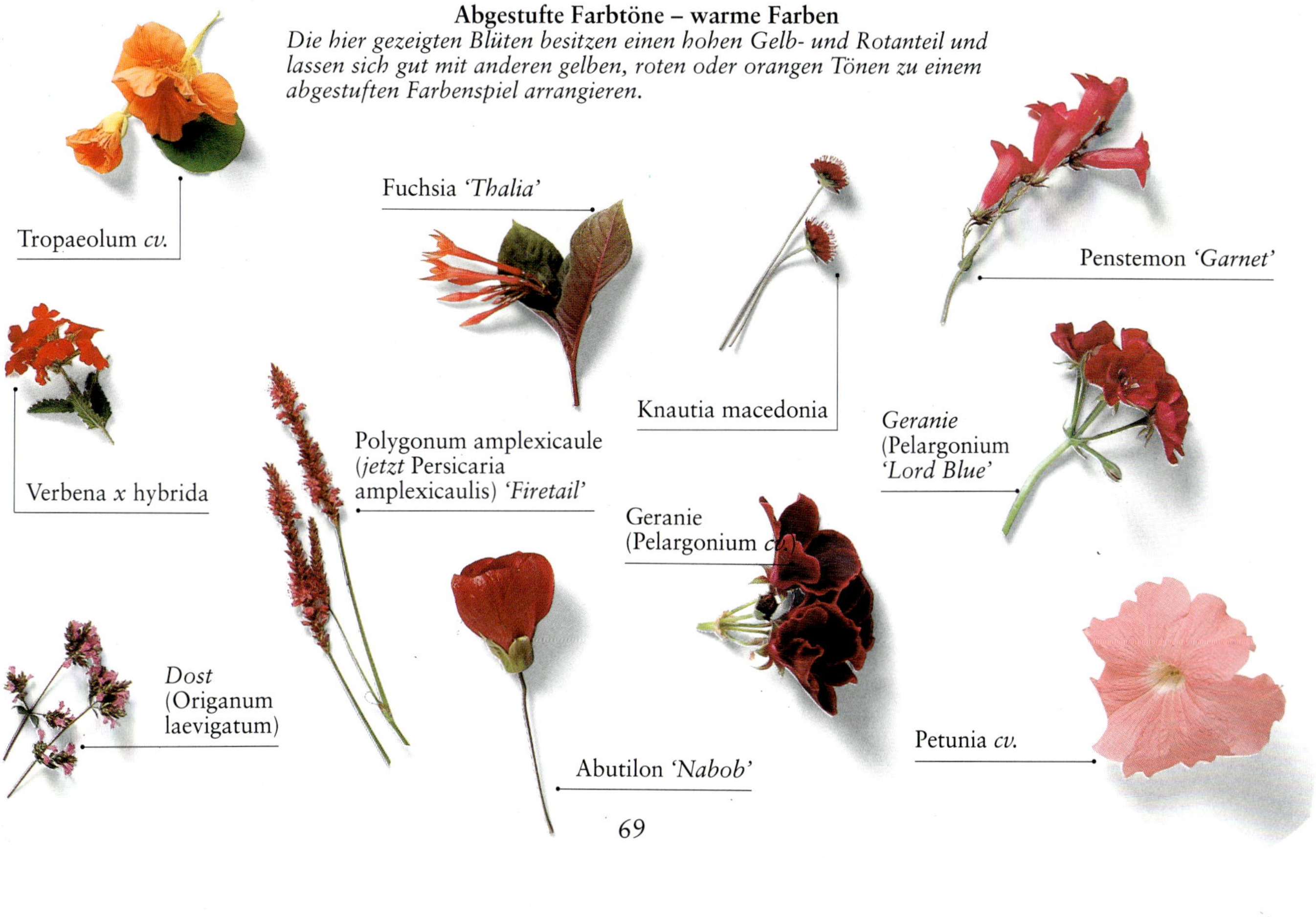

Abgestufte Farbtöne
Links: Nelken (Dianthus *spec.*) *und eine Geranie* (Pelargonium *cv.*) *in der vorderen Schale nehmen den Farbton der alten Rose 'Roseraie de l'Hay' in dem Krug und der rosa Königskerze (*Verbascum phoeniceum-*Hybride) im Hintergrund auf.*

Schattierungen von Rosa
Oben: Stärker im Kontrast, aber dennoch Ton-in-Ton, ist dieses Arrangement aus Edel-, 'Angel' und duftblättrigen Geranien (Pelargonium). *Die Abbildung zeigt, wie man mit Hilfe einer Grundfarbe eine tonale Wirkung erzielt, ohne Langeweile zu erzeugen.*

Farbharmonie
Rechts: Die rundliche Form der Blütenstände einer dichtkopfigen Hortensie kontrastiert hervorragend mit den langen, spitzen Blütenständen eines weißen Schmetterlingsstrauches. Die Farbe des alten, grünspanigen Kupfertopfes steht mit den Blütenfarben in perfekter Harmonie.

stets einen guten Hintergrund. Denselben Zweck erfüllen aber auch einige großblättrige Pflanzen, die gewissermaßen den Chor für die Blüten-Primadonnen darstellen. Zäune und Mauern eignen sich gut als Kulisse, die Blütenfarben des Arrangements sollten aber auf deren Farben abgestimmt sein. Ein in Gold und Weiß gehaltenes Thema belebt eine dunkle Ziegelsteinmauer, während die Türfarbe sich farblich in den Blüten des Eingangsbereiches widerspiegeln könnte.

Farbe in verschiedenen Höhen erzeugen Sie mit blühenden Kletterpflanzen oder Sträuchern. Denken Sie aber daran, daß Blüten nur während einer kurzen Periode ausgebildet werden, und planen Sie entsprechend eine besonders eindrucksvolle Wirkung. Entscheiden Sie sich nach Möglichkeit für Pflanzen, die nicht nur durch attraktive Blüten, sondern auch durch schöne Blattformen überzeugen. Unter diesem Gesichtspunkt sind blühende Immergrüne eine gute Wahl, insbesondere Kamelien mit glänzend grünen Blättern und einem breiten Spektrum von Blüten in ansprechenden Farben, Größen und Formen. Als Frühblüher sind sie besonders gefährdet, wenn die Sonne ihre gefrorenen Knospen verbrennt, daher gehören Kamelien möglichst nicht an einen nach Osten gerichteten Standort. Wie Rhododendren brauchen auch Kamelien ein kalkfreies Substrat. Skimmien, Hortensien und Schneeball sind hübsche Blütensträucher, *Skimmia japonica* 'Rubella' hat darüber hinaus den Vorteil duftender Blüten. Das gleiche gilt für einige der Schneeballarten, etwa *Viburnum* x *bodnantense*.

Zu den spektakuläreren blühenden Kletterpflanzen gehö-

ren natürlich Rosen und Waldreben, denken sie aber auch an seltener genutzte Pflanzen wie *Campsis radicans* und *Solanum crispum* 'Glasnevin' mit attraktiven, blauen Blüten, *Akebia quinata* mit ihren ungewöhnlichen, schokoladebraunen Blüten und an *Rhodochiton atrosanguineus*, eine zierliche Einjährige mit großen, rötlich-purpurnen Röhrenblüten und gezähnten Blättern.

Manche Kletterpflanzen wirken besonders gut, wenn sie durch und über andere Pflanzen klettern und so ihre Blüten optimal zur Geltung bringen. Eine solche Pflanze ist die Kapuzinerkresse *Tropaeolum speciosum*, die ihre brillanten, scharlachroten Blüten in üppiger Folge zwischen Sommer und Herbst ausbildet. Die Blüten kommen gegen den Hintergrund dunkler, immergrüner Pflanzen, z. B. Eibe, besonders gut zur Geltung. Auch Waldreben sind hervorragend geeignet, über andere Pflanzen zu klettern, etwa im Verein mit Rosen. So wirkt die Kombination einer rosafarbenen Rose, z. B. die duftende *Rosa* 'Zéphirine Drouhin' zusammen mit der rosa Waldrebe 'Hagley Hybrid' außergewöhnlich ansprechend. Aus 'Albertine' Rosen lassen sich gute Hochstämme in Trauerformen erziehen, sie ist jedoch vor einer Mauer anfällig gegenüber Mehltau – erziehen Sie diese Sorten daher besser über eine freistehende Stütze.

Farbthemen Ton-in-Ton

Zu den erfolgreichsten Techniken, ein harmonisches Farbthema zu schaffen, gehört die Beschränkung auf abgestufte Töne innerhalb einer Farbe – beispielsweise Rosa und Rot, oder Blau und Mauve, je nachdem ob Sie ein warmes oder eher kühles, verhaltenes Thema bevorzugen. Ton-in-Ton gehaltene Farbthemen haben nicht nur eine vereinheitlichende Wirkung, sondern regen auch den Betrachter an, sich genauer mit den Blütenformen zu befassen. Entscheiden Sie sich daher für möglichst unterschiedliche Blütenformen, beispielsweise für eine Kombination aus großen, üppigen mit kleinen, juwelenartigen Blüten. Im Frühling könnte etwa eine Auswahl von kleinblütigen Narzissen – vor einem Hintergrund gelb gefleckter Blätter von Spindelstrauch *(Euonymus)* und *Aucuba japonica* – mit gelbem und cremefarbenem Goldlack kombiniert werden. Im Sommer könnte sich das Farbthema nach Blau und Mauve hin ändern. *Brachyscome*, Lobelien und Skabiosen in kleineren Töpfen gehören in den Vordergrund, stahlblaue, lockerblütige Hortensien („Lacecap-Formen"), grünblütige Euphorbien und eine großblättrige Funkie *(Hosta sieboldiana* var. *elegans)* in den Hintergrund.

Blickpunkte

Als Alternative zu einer thematischen Gruppe können Sie mit einer einzigen spektakulären, exotisch wirkenden Blütenpflanze einen Blickpunkt auf der Terrasse oder vor dem Haus schaffen. Stechapfel *(Datura*, syn. *Brugmansia)* mit hübschen Blättern und riesigen, stark duftenden Blüten ist ebenso gut geeignet wie die prächtigen Lilien, z. B. die unvergleichlich duftende *Lilium regale*.

Blütenpflanzen mit kleineren, aber reichlich ausgebildeten Blüten kommen am besten als Hochstammformen zur Geltung (siehe Seite 74). Fuchsien und Geißblatt gehören in diese Kategorie, aber auch Glyzinen lassen sich als Hochstamm ziehen. Mit Hochstämmen erzeugen Sie nicht nur eine markante, architektonische Wirkung auf kleinem Raum – wichtig in Stadtgärten und Innenhöfen –, zusätzlich konzentrieren Sie die Farbe auf einen Punkt und bereichern Ihr Arrangement um die dringend benötigte Höhe und Tiefe.

Hoch und tief
Rechts: Den exotisch anmutenden Blüten der Lilie *'Pink Perfection' wurden hier kleine Wolken aus rosa-weißlichen Blüten von* Rhodanthemum gayanum *zugesellt. Diese Kombination aus formaler Perfektion der Lilien mit der buschigen Form des Korbblüters sorgt für eine lebendige und kräftige Atmosphäre, die durch das gemeinsame Farbthema noch unterstrichen wird.*

Formale Pyramide
Oben: Diese winzige Pyramide aus blauen Traubenhyazinthen (Muscari *spec.)* *wirkt formal, aber nicht streng. Man erzielt diese Wirkung, indem man mehrere Töpfe mit Blumenzwiebeln seitlich übereinander türmt und sie mit einem Netz und Moos abdeckt.*

Alle Pflanzen, die als Blickpunkt dienen, müssen in optimaler Verfassung sein. Entfernen Sie gründlich alles Verblühte (siehe Seite 94), damit verlängern Sie die Blühperiode und erhöhen die Blütenausbeute. Ein Schmetterlingsstrauch wird beispielsweise neue Blütenstände aus den Seitenknospen treiben, so daß sich die Blühperiode um mehrere Wochen ausdehnt.

Große Blüten

Pflanzen mit großen Blüten, wie Lilien oder Stechapfel, brauchen eine Unterstützung, sonst biegen sich die Stengel unter dem Gewicht der schweren Blüten und hängen herab. In Pflanzgefäßen ist es besonders wichtig, die Stützen möglichst zu verbergen. Entscheiden Sie sich daher für eine stabile, aber unauffällige Stützmethode.
Ebenso wichtig ist es, alle abgeblühten Teile sorgfältig zu entfernen und das Laub gesund zu erhalten. Es ist wohl kaum sinnvoll, die gesamte Aufmerksamkeit auf eine Pflanze zu konzentrieren, deren Blätter aus Nachlässigkeit gelb und unschön aussehen.
Werden buschige Blütenpflanzen wie Chrysanthemen oder Geranien unauffällig unterstützt, kommen sie besser zur Geltung. Verwenden Sie Bambusstäbe, zusammensetzbare Stützen oder Reisig. Selbst sehr kleine Pflanzen profitieren von einer Unterstützung durch dünne Zweige, die – zwischen die Stengel in die Erde gesteckt – zu einer gefälligeren Gesamtwirkung beitragen (siehe Seite 95).

Kleine Blüten

Auch „small is beautiful" hat bei Blütenpflanzen durchaus seine Berechtigung, denn Wolken exquisit geformter, kleiner Blüten sind eine Freude für das Auge. Besonders zauberhaft wirken kleinblütige Formen der Waldrebe, die immer beliebter werden. Sie bilden einen wundervollen Hintergrund für ein Arrangement aus kleinen Blüten, wie Bartfaden, *Diascia* und Tabak *(Nicotiana* cvs.*)*.
Viele der ausgesprochen attraktiven, kleinblütigen Blumen sind als Bauerngartenpflanzen seit langem bekannt, darunter viele Sorten von Gänseblümchen, aber auch Arten mit Trauben kleiner Blüten, die auf ihre Weise ebenso wirkungsvoll sind wie Blumen mit spektakuläreren Blüten. Rittersporn, Lupinen oder Levkojen, dazu einige Glockenblumen *(Campanula* spec.*)* gehören in diese Kategorie. Fast immer sind ihre Blütenfarben sanfter und unaufdringlich, aber gerade deshalb erzielen sie mit einer gemischten Komposition aus Mauve-, Rosa-, Blau- und Weißtönen ungeahnte Wirkungen. Bringen Sie entweder alle Pflanzen in einem einzigen Gefäß unter (siehe Seiten 38–41), oder erzeugen Sie das Flair einer Blumenrabatte, indem Sie kleinere Töpfe mit jeweils nur einer Grundfarbe bepflanzen. Letzteres hat den Vorteil, daß Sie Ihre Töpfe je nach Blütenpracht optimal zur Geltung bringen können.
Im Frühling ist die Auswahl kleinblütiger Pflanzen besonders groß, z. B. Primeln und Stiefmütterchen oder die vielfältigen Zwiebelgewächse.

Wie man großblütige Pflanzen stützt

Alle Pflanzen mit großen Blüten und relativ schwachen Stengeln brauchen eine leichte Unterstützung, um aufrecht zu wachsen. Die Stützen sollten möglichst früh während der Wuchsperiode angebracht werden, um die empfindlichen Wurzeln nicht zu zerstören. Im folgenden wird gezeigt, wie man Knollenpflanzen – hier 'Casa-Blanca'-Lilien – pflanzt und stützt.

1 *Wählen Sie einen großen Blumentopf (35 cm im Durchmesser), ausreichend für drei Knollen. Decken Sie den Boden mit Kieseln oder Scherben ab.*

2 *Füllen Sie etwas Blumenerde ein. Darauf kommt eine Lage grober Sand oder feiner Kies und die Knollen. Die Pflanztiefe sollte etwa das Zweieinhalbfache der Knollengröße betragen.*

3 *Stecken Sie vier bis fünf Bambusstangen rund um den Topf – 1,20 m lang bzw. etwas kürzer als die erwartete Wuchshöhe – in die Erde, und befestigen Sie sie gut.*

4 *Nun wird der Topf mit Erde gefüllt. Sobald die Pflanzen eine Höhe von rund 15 cm erreichen, werden sie festgebunden.*

Diese 'Casa-Blanca'-Lilien sind ausgewachsen. Größere Formen müssen festgebunden werden.

Rosen in Pflanzgefäßen

Für viele Gartenbesitzer sind Rosen ein Muß. Warum also nicht auch Rosen in einem Topf ziehen? Sie brauchen allerdings viel Pflege und sollten so plaziert werden, daß sie mindestens während der Hälfte des Tages von der Sonne beschienen werden.

Leider sehen die Blätter und Triebe vieler alter Rosen (gerade sie duften besonders schön) nicht eben attraktiv aus. Gerade weil sie durch das Gefäß in eine erhöhte Position gehoben werden, fallen die häßlichen Bereiche – die Stammbasen – besonders ins Auge und können von der Schönheit des Arrangements ablenken. Da die Blühperiode vieler Rosen recht kurz ist, mit Ausnahme der wiederholt blühenden Formen, müssen Sie diesen unschönen Anblick für längere Zeit ertragen. Als Lösung für dieses Problem bietet sich an, Töpfe mit etwas kleineren Pflanzen in den Vordergrund zu stellen. Auch die neuen Züchtungen, Zwergrosen mit dichten Blütenständen, wären eine Alternative, sofern sie nach der Blütezeit mehr in den Hintergrund gerückt werden. Zwar bilden diese Neuzüchtungen zahlreiche, attraktive Blüten aus, ihnen fehlt jedoch der Duft fast völlig, der eigentlich den besonderen Charme von Rosen ausmacht.

Nur eine Rose, die in wirklich hervorragendem Zustand ist, eignet sich für die Präsentation in einem Pflanzgefäß. Die Blätter dürfen weder von der Blattfleckenkrankheit noch von Mehltau befallen sein, und sie sollte eine möglichst üppige Blütenpracht ausbilden – sorgfältiges Beschneiden ist daher unbedingt erforderlich. Für ein Pflanzthema im lockeren Laissez-faire Stil sind Rosen völlig ungeeignet. Wenn Sie diesen Stil bevorzugen, entscheiden Sie sich besser für problemlose Pflanzen wie Geranien *(Pelargonium* cvs.*)*, die schon mal eine Nachlässigkeit vertragen, es sei denn, Sie gießen sie zu Tode oder stellen sie in tiefen Schatten.

Hochstammrosen sind die ideale Wahl für die Bepflanzung eines Blumenkübels. Auf diese Weise reduzieren Sie die unschönen Stämme auf einen einzigen und lenken die gesamte Aufmerksamkeit auf einen einzigen Blickpunkt – die Krone mit ihrer üppigen Blütenpracht. Eine Reihe von Sorten lassen sich als Hochstamm ziehen, darunter die bereits erwähnte 'Zéphirine Drouhin'. Ein weiteres Beispiel wäre 'White Pet' mit zahllosen kleinen, weißen Blüten. Auch Trauerformen sind als Hochstamm erhältlich. Dabei wird eine Kletterrose auf einen nicht-kletternden Wurzelstock aufgepfropft, und die blühenden Triebe hängen aus einer Höhe von 1,50 m herab. Wenn Sie Kletterrosen mit Hilfe einer Stütze an der Basis erziehen, erhalten Sie einen eher strauchig wirkenden Hochstamm.

Waldreben in Pflanzgefäßen

Neben Rosen sind die hier behandelten Waldreben und die auf der nächsten Seite besprochenen Fuchsien besonders beliebte Pflanzen für ein Pflanzgefäß. Fast alle Waldreben *(Clematis* spec.*)* brauchen kühlen Schatten in ihrem Wurzelbereich, d. h. Sie müssen den Standort sorgfältig auswählen und die Erdoberfläche besonders schützen. Mit einer Schicht aus großen Kieselsteinen verhindern Sie, daß die Sonne die Wurzeln verbrennt. Die Auswahl an Waldreben für ein Pflanzgefäß reicht von großblütigen Hybriden bis zu kleinblütigen Arten – beide finden ihre Liebhaber. Da die unterschiedlichen Formen jeweils zu an-

Wie man einen Hochstamm erzieht

Sowohl Blattpflanzen, wie die hier gezeigte Coprosma, *als auch Blütenpflanzen lassen sich als Hochstamm erziehen. Dazu wird ein Hauptstamm bis in die gewünschte Höhe unterstützt und wächst erst danach zu einer buschigen Form aus.*

1 *Lassen Sie den Haupttrieb bis zur gewünschten Höhe wachsen, und entfernen Sie alle Seitentriebe bis auf einige Blätter.*

2 *Schneiden Sie dann den Haupttrieb ab, damit sich die Seitentriebe entwickeln können und buschig werden.*

3 *Unterstützen Sie den Hauptstamm mit einem Bambusstab, und binden Sie ihn mit grünem Plastikband fest.*

Eine junge Coprosma x 'Kirkii Variegata', *deren Krone eben auszuwachsen beginnt.*

Bald wird sie sich schirmförmig zu einer typischen Hochstammkrone entwickeln.

deren Zeiten blühen, können Sie durch geschickte Zusammenstellung Blüten vom Frühling bis in den Herbst hinein bewundern. Besonders früh blühen die Varietäten von C. *montana*, viele der großblütigen Hybriden im Sommer, und im Spätsommer die Formen von C. *viticella* (siehe auch Seite 19).

Fuchsien in Pflanzgefäßen

Die unterschiedlichen Sorten von Fuchsien bieten Gärtnern eine reiche Quelle der Inspiration. Mit ihrer attraktiven Wuchsform und der langen Blühperiode, die sich über den Sommer bis zum Herbst erstreckt, sind sie ideale Topfpflanzen, die über einen langen Zeitraum verläßlich und herrlich blühen. Wie Rosen lassen sie sich mit Hilfe einer Stütze als Trauerformen auf einem Hochstamm erziehen. Rechts und links neben einer Tür oder einem Eingang plaziert, bilden Hochstammfuchsien ein perfektes Ensemble. Hochstämme werden auf die übliche Weise aus einer aufrecht wachsenden, strauchigen Fuchsie erzogen. Unterstützen Sie den Leittrieb, und schneiden Sie alle Seitentriebe auf ein einziges Blattpaar so lange zurück, bis der Stamm die gewünschte Höhe erreicht hat. Danach wird der Leittrieb zurückgeschnitten, so daß sich aus den Seitentrieben eine locker aufgebaute, natürlich strauchförmige Wuchsform auf schlankem Stamm entwickelt (siehe auch unten links).

Fuchsien sind in vielen Farben erhältlich: Die weiße *Fuchsia* 'Annabel', hellrosa Formen wie *F.* 'Pink Galore', rosamauve gefärbte wie *F.* 'Leonora', bis hin zu tiefem Orangerot wie die attraktiven, langen Blüten der *F.* 'Thalia'. Auch Farbmischungen kommen vor, so die mauve und weiß gefärbten Blüten von *F.* 'Estelle Marie' oder die großen, gefüllten Blüten von *F.* 'Dollar Princess' in Rot und Purpur.

Blühende Hochstämme
Zu den vielen Blütenpflanzen, die sich als Hochstamm erziehen lassen, gehören auch die Strauchmargeriten (Argyranthemum frutescens). *Nachdem der Stamm zu einer Höhe von rund 1,20 m herangewachsen ist, entwikkelt sich die Krone zu ihrer natürlichen, buschigen Form. Die lockere Strenge dieser Strauchmargerite wird durch den eleganten, grün-weiß gestreiften Kübel noch unterstrichen.*

UNTERHALT UND PFLEGE

In diesem Kapitel finden Sie praktische Angaben, wie Sie Ihre Topf- und Kübelpflanzen optimal pflegen und unterhalten können – beginnend mit der Auswahl gesunder Pflanzen bis hin zur Diagnose und Behandlung der wichtigsten Pflanzenkrankheiten.

Nur wenn Topfpflanzen fachgerecht gepflegt werden, behalten sie über längere Zeit ihr gutes, wirkungsvolles Aussehen. Dieses Kapitel beschäftigt sich mit dem Eintopfen, der Wahl des geeigneten Substrates, der richtigen Wässerung und Düngung, der Pflege der Pflanzen – Unterstützung und Abschneiden von Verblühtem – und schließlich auch damit, wie Sie, durch rechtzeitiges Abnehmen von Stecklingen oder Aussaat, Ihren Pflanzenvorrat ständig verjüngen können. Außerdem finden Sie Tips, wie Sie Ihre Pflanzen vor ungünstigen Wetterverhältnissen schützen und Pflegetips für den Urlaub. Hinweise zur Pflege von Pflanzgefäßen runden das Kapitel ab.

Die Pflege bestimmter Pflanzen stellt Ihnen das nächste Kapitel (Seiten 106–155) vor.

Links: Während des Spätsommers bildet Osteospermum jucundum *überreich hellrosa Blüten aus.*

Oben: Diese beiden, geometrisch-formalen Versailles-Kübel wurden mit hochstämmigen Formschnittbäumchen (Ligustrum delavayanum), *Petunien und panaschiertem Efeu bepflanzt.*

Pflanzenkauf und Arbeitsgeräte

Ehe Sie in das Gärtnern mit Pflanzgefäßen einsteigen, brauchen Sie einige Kenntnisse über die Bedürfnisse der Pflanzen wie auch über die notwendigen Arbeitsgeräte. Erfahrene Hobbygärtner wissen dies ohnehin und können diesen Abschnitt ruhig überschlagen. Sind Sie dagegen neu in diesem „Geschäft“, müssen Sie erst lernen, wie man zu gesunden Pflanzen kommt und was man für ihre Pflege braucht.

Zwar können Sie alle benötigten Pflanzen auch aus Stecklingen oder Samen selber ziehen, doch werden sich wohl die meisten unter Ihnen für fertig vorgezogene Containerpflanzen aus einer Gärtnerei oder einem Gartencenter entscheiden.

Lassen Sie sich bei der Auswahl nicht von vordergründiger Attraktivität täuschen, sondern überlegen Sie genau, was Sie eigentlich planen. Nehmen Sie die Zeit und Mühe auf sich, zunächst an die Standortfaktoren zu denken: beispielsweise Sonne/Schatten, Temperatur und Exposition zur Sonne. Auf dem Pflanzenschildchen in den Gärtnereien finden Sie alles Wissenswerte. Mit Pflanzen aus verschiedenen klimatischen Regionen, die an ganz unterschiedliche Bedingungen angepaßt sind, werden Sie niemals ein über-

Die richtigen Arbeitsgeräte

Die hier vorgestellte Auswahl zeigt die Grundausstattung für eine erfolgreiche Topfpflanzenkultur. Als Faustregel sollte Ihnen dienen: Wählen Sie lieber das teurere Produkt, es hält länger und ist in der Regel besser geeignet.

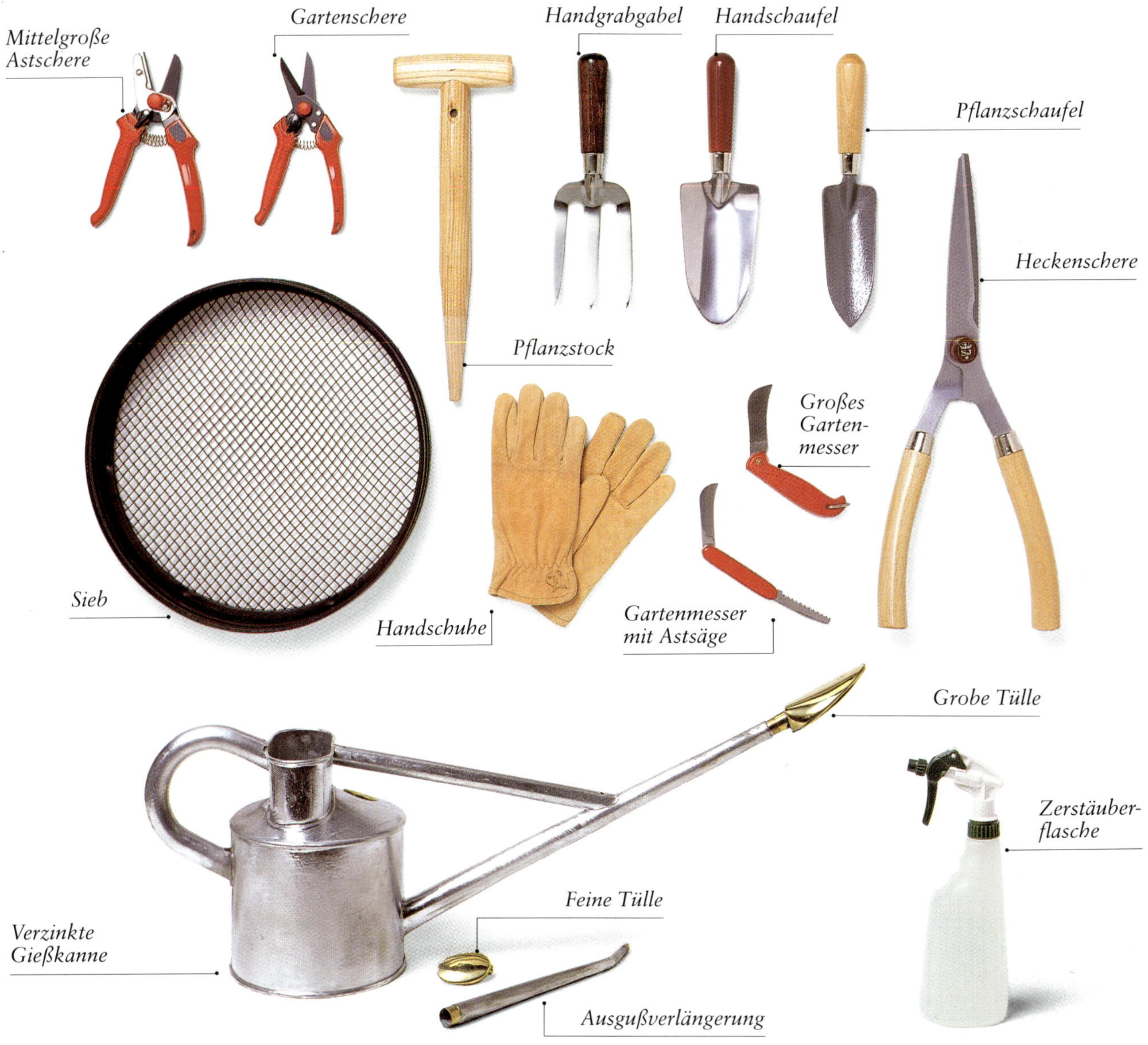

zeugendes Ergebnis erzielen. Silberblättrige Strohblumen, die sich in Sonne und Trockenheit wohl fühlen, passen nicht zu Moorpflanzen wie *Zantedeschia aethiopica*, obwohl Sie natürlich durchaus beide – in getrennten Töpfen – in der Sonne und im Schatten aufstellen können.

Der Arbeitsplatz

Die Platzfrage dürfte für Hobbygärtner, die sich für Pflanzgefäße entscheiden, sicher das größte Problem darstellen, denn auf Dachgärten oder Balkonen ist der Raum natürlicherweise eingeschränkt. Gehen Sie daher bei der Wahl Ihrer Arbeitsgeräte sehr ökonomisch vor, denn meist fehlt ein genügend großer Abstellraum. Die Abbildungen auf der gegenüberliegenden Seite stellen Ihnen die wichtigsten Arbeitsgeräte vor. Je nach Platz können Sie dieses Spektrum noch erweitern. Bringen Sie alle Geräte möglichst an einer Stelle unter, z. B. in Kästen oder Schubladen. Auch unter eine Bank, die zusätzlich als Unterlage für Töpfe dienen kann, passen viele Arbeitsgeräte.
Je nachdem, welche Art von mobilem Garten Sie anstreben, brauchen Sie eine zusätzliche Ausrüstung. So wäre es sinnvoll, auf einem sonnigen Dachgarten eine Tröpfelbewässerung zu verlegen, damit sparen Sie das mühselige Bewässern mit der Gießkanne. Wenn Sie Ihre Pflanzen selber aufziehen, brauchen Sie einen Platz für die Kultur.

Pflanzenstützen

Damit eine Topfpflanze am besten zur Geltung kommt, wird Ihnen oft nichts anderes übrigbleiben, als sie zu stützen. Auf welche Weise dies geschieht, richtet sich jeweils nach der Wuchsform. Sie sollten jedoch stets einige Stäbe und Bindemittel zur Hand haben. Weitere Details finden Sie auf Seite 95.

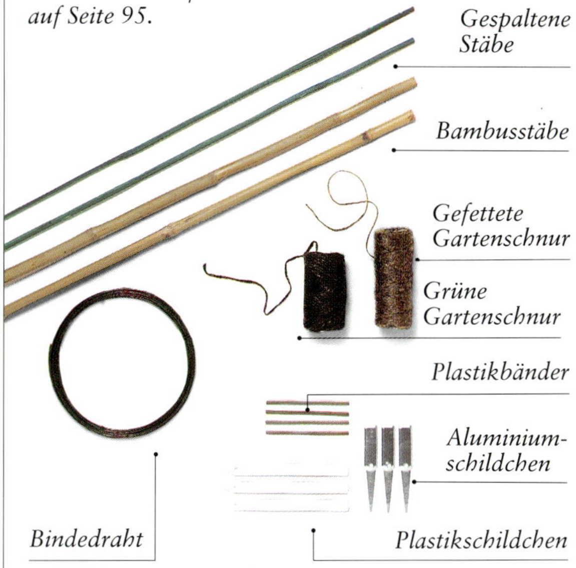

Wie man eine gesunde Pflanze auswählt

Nicht alle Gärtnereien kümmern sich ausreichend um die angebotenen Pflanzen. Prüfen Sie daher vor dem Kauf, ob die gewünschte Pflanze gesund ist. Die Abbildung zeigt Ihnen, wie Sie Problemzonen erkennen.

Blätter
Untersuchen Sie die Blätter auf Krankheiten, z. B. Mehltau und Schädlinge (siehe Seiten 104–105). Die Blätter sollten weder Farbveränderungen aufweisen noch herabhängen. Drehen Sie die Blätter um, um nach Schädlingen zu suchen.

Triebe
Stämme und Triebe sollten kräftig sein und keine Anzeichen von Mehltau aufweisen. Wichtig ist die Wuchsform der Pflanze, dazu gehört ein kräftiger, wohlgeformter Haupttrieb. Achten Sie auf Quetschungen oder Risse.

Basis
Zwangsläufig sind die Wurzeln einer Pflanze im Container verborgen. Wirkt die Pflanze krank, dann drehen Sie den Container herum, und sehen Sie sich die Wurzeln an. Wachsen diese bereits aus dem Container heraus, steht die Pflanze in einem zu kleinen Topf (siehe auch Seiten 82–84).

Blattreinigung

In manchen Gegenden kann es notwendig sein, die Blätter regelmäßig von Schmutz und Staub zu befreien. Benutzen Sie ein feuchtes Tuch oder einen Schwamm, und sprühen Sie, sofern gewünscht, mit einem geeigneten Glanzspray nach.

Das Wachstum im Blumentopf

Viele unserer Topfpflanzen stammen aus Regionen der Welt mit unterschiedlichsten Wuchsbedingungen. Einige wachsen an ihren natürlichen Standorten in intensiver Hitze und Sonne, andere im Schatten, und wieder andere lieben kühle, moorige Standorte. Daraus wird deutlich, warum jede Pflanze ganz bestimmte Kulturbedingungen braucht. Einige Pflanzen sind anpassungsfähig und vertragen ein breites Spektrum unterschiedlicher Bedingungen, damit sich Ihre Pflanzen jedoch wirklich prächtig entwickeln, müssen Sie an ausreichende Lichtmenge, angemessene Temperaturen, die nötige Düngung und möglicherweise auch an Ruhephasen denken.

Licht

Für alle Pflanzen ist Licht lebensnotwendig. Ohne eine angemessene Lichtmenge bleiben die Blätter klein und hell, und das Wachstum wird gehemmt. Im Prozeß der Photosynthese erzeugen gesunde Pflanzen – mit Hilfe der Sonnenenergie in ihren grünen Teilen Kohlenhydrate und Sauerstoff aus Wasser und Kohlendioxid.

Die Lichtmenge bestimmt auch die Blühperiode: Viele Pflanzen reagieren auf den 24stündigen Hell-Dunkel-Wechsel. Langtagspflanzen blühen nur dann, wenn die Lichtphase länger als zwölf Stunden anhält. Kurztagspflanzen brauchen dagegen Lichtphasen, die kürzer als

Wie eine Pflanze wächst

Für ein gesundes Wachstum sind Wurzeln, Blätter, Triebe und das Substrat ebenso wichtige Voraussetzungen wie die äußeren Faktoren Licht und Temperatur. Achten Sie stets auf ein ausgewogenes Verhältnis zwischen diesen Faktoren.

Triebe
Triebe transportieren die Nährstoffe, die von den Wurzeln aufgenommen bzw. in den Blättern gebildet werden, in alle Pflanzenteile. Verantwortlich dafür sind besondere Leitgewebe, das Phloem und Xylem. Da beide hauptsächlich aus wassergefüllten Zellen bestehen, ist eine ausreichende Wässerung erforderlich. Topfpflanzen trocknen leicht aus und müssen häufiger gegossen werden.

Substrat
Für ein gesundes, kräftiges Wachstum ist gute Blumenerde unbedingt erforderlich. Da Wasser und Nährstoffe rasch aus einem Topf ausgewaschen werden, sorgen Sie für ein ausgewogenes Verhältnis von Wasser und Nährstoffen (siehe Seiten 85–89).

Wurzeln
Wurzeln verankern eine Pflanze im Substrat, sie nehmen Wasser und Mineralsalze auf, die die Pflanze für ihre Ernährung braucht. Verantwortlich dafür sind die dünnen Feinwurzeln, während die stärkeren Wurzeln den Transport übernehmen. Wird die Wurzelbildung zu stark eingeschränkt, leidet das Wachstum der Pflanze.

Blätter
Während des Tageslichtes nehmen Blätter durch feine Poren (Stomata) an der Blattunterseite Kohlendioxid aus der Luft auf. In den Blättern findet die Photosynthese statt, bei der mit Hilfe der Sonnenenergie über den grünen Blattfarbstoff (Chlorophyll) Wassermoleküle in Sauerstoff und Wasserstoff aufgespalten werden. Der Wasserstoff verbindet sich mit dem Kohlendioxid zu Kohlenhydraten, den Nährstoffen der Pflanze. Den Sauerstoff geben die Pflanzen über die Stomata an die Luft ab.

Stomata

Jede Blattunterseite setzt sich aus Abertausenden winziger Zellen zusammen, die das Blatt wie eine Haut abschließen. Die Stomata, spezielle Hautzellen, geben Wasser und Sauerstoff ab und nehmen Kohlendioxid aus der Luft auf.

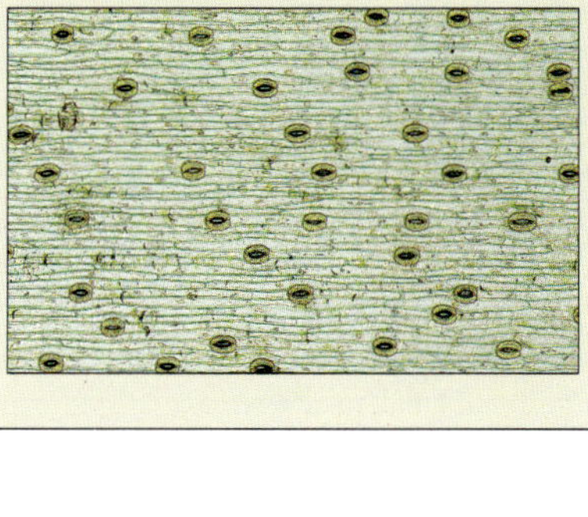

zwölf Stunden sind. Allerdings hat man bei einigen Blütenpflanzen, z.B. Chrysanthemen und Poinsettien, die Blühperiode durch Zucht künstlich verändert.
Für laubabwerfende Pflanzen liefert Licht, bzw. der Mangel an Licht, das entscheidende Signal, die Blätter abzuwerfen – unter natürlichen Bedingungen die kürzeren Tage des Herbstes. Die Lichtrichtung bestimmt auch eine andere Reaktion der Pflanzen: Der Phototropismus sorgt dafür, daß eine Pflanze ihre Blätter zum Licht hin richtet. Daher bilden Pflanzen, die vor einer Mauer oder einem Zaun wachsen, ihre Blätter nur einseitig aus.

Wasser

Eine Pflanze besteht zu 90 % aus Wasser. In der sogenannten Transpiration geben Pflanzen Wasser über ihre Blätter an die Umgebung ab. Während eines einzigen, heißen Sommertages verliert ein Blatt etwa die Hälfte seines eigenen Gewichtes an Wasser. Falsche Bewässerung hemmt das Wachstum einer Pflanze, vor allem, weil die Wurzeln über das Wasser Nährstoffe aufnehmen und in allen Organen verteilen. Innerhalb einer Pflanze bildet das Wasser eine geschlossene Säule. Reißt der Wasserfaden an einer Stelle ab – etwa bei extremem Wassermangel – stellt die Pflanze das Wachstum bis auf weiteres ein.

Das Pflanzgefäß

Im Unterschied zum Freiland ist das Wurzelwachstum einer Topfpflanze räumlich eingeschränkt. Daher sollte das Gefäß groß genug sein, um den Wurzeln genügend Raum für Wachstum, Wasseraufnahme und Gasaustausch zu bieten, sonst wird die Pflanze kümmern und gegebenenfalls eingehen. Die Abbildung unten stellt an drei Beispielen die Größe von Blumentöpfen im Verhältnis zum Wurzelballen vor.

Temperatur

Jede Pflanze hat eine Optimaltemperatur, bei der sie bestens gedeiht, und ein etwas breiteres Temperaturspektrum, das sie eben noch toleriert. Die Mehrzahl der Topfpflanzen für das Freiland stammt aus gemäßigten bis subtropischen Regionen und braucht Temperaturen zwischen 10° C und 18° C. Fast alle Pflanzen vertragen über kürzere Zeiträume leichte Temperaturschwankungen, obwohl sie gleichbleibende Temperaturen eindeutig bevorzugen. Gegenüber Frost oder zu niedrigen Temperaturen, die die Wurzeln beschädigen, sind Topfpflanzen besonders anfällig, da der Boden in einem Topf rascher auf Temperaturänderungen reagiert als der Boden in einem Beet. Neben der absoluten Temperatur spielen andere Faktoren bei der Wurzelschädigung eine wesentliche Rolle: Zu welcher Jahreszeit tritt die Kälte auf, und in welchem Gesundheitszustand befindet sich die betroffene Pflanze?

Tödliche Grenztemperaturen für eingetopfte Zierpflanzen, die im Winter draußen stehen bleiben.

0°C bis -5°C
Buxus sempervirens
Daphne cneorum
Hypericum spec.
Mahonia bealei
Pyracantha coccinea

-10°C bis -15°C
Juniperus spec.
Leucothoë fontanesiana
Mahonia aquifolium
Pieris floribunda cvs.

-5°C bis -10°C
Acer palmatum 'Atropurpureum'
Cornus florida
Magnolia stellata
Pieris japonica cvs.
Viburnum carlesii

Das Verhältnis vom Topf zum Wurzelballen

Der Durchmesser des Blumentopfes sollte rund 5 cm größer sein als der Wurzelballen. Mit zunehmendem Wachstum muß eine Topfpflanze immer wieder in größere Töpfe umgetopft werden, es sei denn, Sie wollen das Wachstum einschränken. Dann sollten Sie die Wurzeln zurückschneiden (siehe Seite 84).

Kleine Pflanzen, wie junge Geranien (Pelargonium), *mit einem Wurzelballen von rund 10 cm im Durchmesser brauchen einen Topf von 15 cm Durchmesser.*

Mittelgroße Pflanzen, wie ausgewachsener Lavendel, mit einem 15 cm großen Ballen sollten in einen Topf von rund 20 cm Durchmesser umgepflanzt werden.

Große Pflanzen, wie diese ausgewachsene Funkie, haben Wurzelballen von 20 cm Durchmesser. Ihr Topf sollte rund 25 cm messen.

Eintopfen und Umsetzen

Die Art des Eintopfens kann den Pflanzenwuchs ebensosehr beeinflussen wie Bewässerung, Düngung und Schnitt. Die einzelnen Schritte werden unterschiedlich bezeichnet, hier jedoch wie folgt verwendet: Unter „Einpflanzen“ versteht man das Einsetzen einer ausgereiften Pflanze am endgültigen Standort, z. B. in einen Kübel. „Eintopfen“ bedeutet, junge Pflanzen, Knollen oder Zwiebeln in einen Topf zu setzen, während unter „Umsetzen“ der Austausch verbrauchten Substrats im selben Gefäß verstanden wird. „Umtopfen“ schließlich bedeutet, eine wachsende Pflanze in einem neuen, größeren Topf unterzubringen.

Wie man Blumenzwiebeln einpflanzt

Im Frühling blühende Pflanzen werden etwa ein halbes Jahr vorher, sommerblütige Arten rund drei Monate vor der Blüte eingepflanzt.

1 Füllen Sie den Topf mit einer Mischung (50:50) aus Torf oder ähnlichem Substrat und Granulat.

2 Decken Sie die Zwiebeln mit Erde ab; die genaue Tiefe können Sie unten ablesen.

3 Wässern Sie den Topf, und lassen Sie die Zwiebeln noch bis sechs Wochen nach der Blüte in der feuchten Erde wachsen. Danach werden die Zwiebeln entfernt, getrocknet und für das nächste Jahr aufbewahrt.

Einpflanzen

Eine ausgewachsene Pflanze sollte einen Topf oder Kübel bekommen, der einen mindestens 5 cm größeren Durchmesser hat als der Wurzelballen (siehe Seite 81). Der Topf muß Drainagelöcher am Boden haben und wird unten mit einer Lage Kieselsteinen oder Topfscherben bedeckt, damit keine Staunässe entsteht. Darauf kommt eine Schicht Blumenerde und erst darauf die Pflanze (siehe links für die Pflanzung von Zwiebeln und rechts für Bäume, Sträucher und Stauden).

Umsetzen

Obwohl es etwas von der Wüchsigkeit einer Pflanze abhängt, sollten Topfpflanzen regelmäßig einmal pro Jahr umgesetzt werden, um das Substrat auszutauschen. Gehen Sie genauso vor, wie auf der gegenüberliegenden Seite für das Einpflanzen erklärt, nehmen Sie jedoch einen Topf der ursprünglichen Größe und geben Sie etwa 1,5 cm mehr Erde hinzu. Als Zwischenlösung bietet sich an, nur die oberste Erdschicht (etwa 1,5 cm) auszutauschen und Dünger zuzugeben. Das reicht gewöhnlich aus, um eine Pflanze zu kräftigen und zu verjüngen. Durch jährliches Umsetzen von wüchsigen Sträuchern und Bäumen gewährleisten Sie einen gesunden Wuchs, ohne daß sie zu stark wuchern. Sollten Sie jedoch Anzeichen von Krankheiten bemerken, dürfte der alte Topf zu klein sein (halten Sie sich dann an die Anweisungen auf Seite 84).

Umtopfen

Junge, noch wachsende Pflanzen müssen regelmäßig umgetopft werden. Die Abstände für diese Prozedur richten

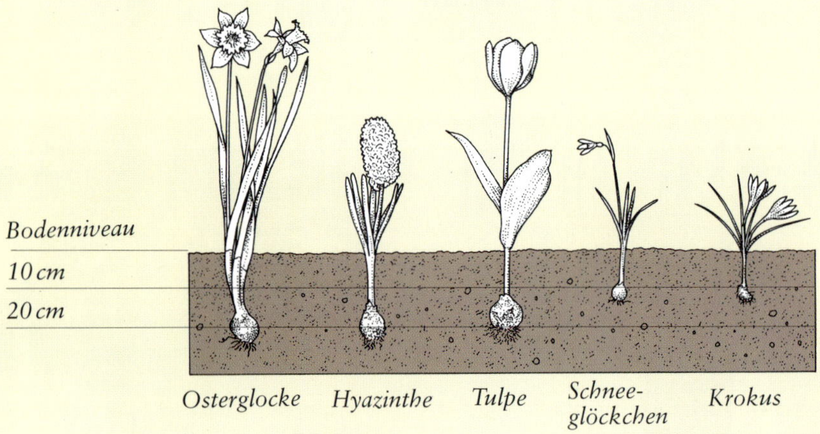

Pflanztiefe für Zwiebeln

Die Größe von Zwiebeln oder Knollen variiert von den kleinsten Schneeglöckchen bis zu großen Hyazinthen. Für eine optimale Keimung sollten sie bis zur dreifachen Dicke der Zwiebel mit Erde bedeckt werden. Die Wurzeln sind demnach viermal tiefer in der Erde als der Zwiebeldurchmesser. Fast alle Zwiebel- und Knollenpflanzen brauchen lockere, durchlässige Erde. Füllen Sie eine Schicht Kieselsteine in den Topf, und mischen Sie die Erde reichlich mit grobem Sand.

sich nach der Wüchsigkeit und den herrschenden Bedingungen. Grundsätzlich sollte der neue Topf nur wenig größer sein – 5 cm mehr Durchmesser. Wird eine Pflanze nämlich in einen wesentlich größeren Topf gesetzt, stimmt das Verhältnis von Wurzel- zu Blattmasse nicht mehr. Bei langsam wachsenden Pflanzen, wie Zwergkoniferen, erfüllt das neue Wurzelwerk den Topf nicht rasch genug, und schnellwüchsige Pflanzen tendieren dazu, viele weiche Blätter zu bilden und ihre Blüten verspätet zu treiben.

Kontrolle des Wachstums

Wuchert eine Pflanze zu stark, können Sie dem durch Beschneidung der Wurzeln Einhalt gebieten. Lassen Sie eine solche Pflanze einfach im Topf stehen, entwickeln sich die Wurzeln zu stark, füllen den verfügbaren Raum ganz aus und sind schließlich nicht mehr in der Lage, Wasser und Nährstoffe aufzunehmen.

Überlassen Sie eine solche Pflanze sich selbst, wird sie krank und kann absterben. Sichere Zeichen sind immer rascheres Austrocknen des Topfes und durch den Nährstoffmangel bedingtes, gehemmtes Wachstum von Trieben und Blättern. Im Extremfall werden die Blätter vorzeitig abgeworfen, die Pflanze wird hinfällig und krank und stirbt schließlich gänzlich ab.

Wie große Sträucher oder Bäume eingetopft werden

Große Sträucher oder Bäume brauchen einen Topf, der 5 cm größer als ihr Wurzelballen ist. Zur Unterstützung der Pflanze und als Schutz vor Windbruch drücken Sie einen Stab oder Bambusstab tief in den Topf und binden die Pflanze daran fest (siehe die Hinweise zur Unterstützung einstämmiger Pflanzen auf Seite 95).

1 *Decken Sie den Boden des Topfes mit Kieseln oder Topfscherben ab. Füllen Sie so viel Erde ein, daß die Oberkante des Wurzelballens etwa 2,5 cm unter dem Topfrand liegt.*

2 *Setzen Sie die Pflanze vorsichtig ein. Achten Sie darauf, den Wurzelballen nicht zu beschädigen, und lockern Sie die Wurzeln ggf. etwas auf.*

3 *Füllen Sie nun seitlich Blumenerde ein, so daß die Pflanze in der Topfmitte verbleibt. Stecken Sie eine Stütze in die Erde, und verankern Sie die Pflanze vorsichtig daran (siehe Seite 95).*

4 *Füllen Sie den Topf mit Erde bis 2,5 cm unter den Rand, und drücken Sie die Erde mit den Händen gut fest. Gießen Sie reichlich, um die Wurzeln ausreichend mit Wasser zu versorgen.*

Der eingetopfte Apfelbaum

Schneiden Sie die Wurzeln regelmäßig zurück (siehe unten), wird das Wachstum einer wüchsigen Pflanze kontrolliert reduziert. Denken Sie aber daran, daß, nach der Entfernung großer Wurzelstücke, Ihre Pflanze eine gewisse Erholungszeit braucht.

Wann wird eingetopft, umgesetzt und umgetopft

Die ideale Zeit für das Eintopfen, Umsetzen und Umtopfen richtet sich nach der Blütezeit der Pflanzen. Schnellwüchsige Pflanzen müssen häufiger umgetopft werden als langsam wachsende. Pflanzen mit offensichtlichen Schäden sollten jedoch zu den unten angegebenen Zeiten umgesetzt werden.

Pflanzenart	**Beste Zeit für das Umsetzen**
Wasser- und Uferpflanzen	Spätfrühling
Immergrüne Laubsträucher mit Blüte im	
Frühling	Herbst
Herbst und Winter	Frühling
Zwiebeln und Knollen mit Blüte im	
Frühling	Herbst
Sommer	Winter/Frühling
Koniferen	Herbst/Frühling
Laubabwerfende Bäume und Sträucher mit Blüte im	
Frühling, Sommer oder Winter	Herbst
Herbst	Frühling
Stauden	Herbst/Frühling
Winterharte Zweijährige mit Blüte im	
Frühling oder Sommer	Herbst
Einjährige Sommerpflanzen	Frühling (nach den Spätfrösten)

Wie man das Wachstum fördert

Junge Pflanzen und solche, deren Wurzelwerk den Topf zu stark ausfüllen, müssen umgetopft werden. Nur so erreichen sie ihre optimale Größe.

1 Drehen Sie den Topf auf die Seite, klopfen oder drücken Sie den Wurzelballen los, und schneiden Sie alle Wurzeln ab, die aus dem Topf herauswachsen. Ziehen Sie den Wurzelballen heraus.

2 Lösen Sie mit der Hand vorsichtig verfilzte oder eingewachsene Wurzeln. Achten Sie jedoch darauf, nicht zu viele Feinwurzeln zu beschädigen – mit ihnen nimmt die Pflanze Nährstoffe auf.

3 Übertragen Sie den Wurzelballen in einen größeren Topf (in der Regel mit 5 cm mehr Durchmesser als der alte), und füllen Sie Blumenerde ein, wie auf Seite 83 gezeigt.

Wie man das Wachstum hemmt

Überprüfen Sie regelmäßig alle Topf- und Kübelpflanzen, ob sie zu stark wuchern. Die Lösung für dieses Problem ist das Beschneiden der Wurzeln, denn die Größe des Wurzelwerks bestimmt die Größe der oberirdischen Pflanzenteile.

1 Entfernen Sie die Pflanze aus dem Topf. Schütteln Sie überflüssige Erde ab, und lösen Sie die einzelnen Wurzeln aus dem Ballen.

2 Schneiden Sie mit einer scharfen Astschere bis etwa ein Drittel der Hauptwurzeln ab.

3 Nach dieser Prozedur wird die Pflanze in frisches Substrat in einen gleichgroßen Topf umgesetzt (siehe Seite 83).

Die Erde (Substrat)

Ein Substrat für Pflanzgefäße muß bestimmte Eigenschaften besitzen: Es sollte sich leicht in der Hand zerkrümeln lassen, bei guter Durchlässigkeit dennoch etwas Feuchtigkeit speichern, die richtige Nährstoffmenge enthalten und je nach gewünschter Pflanzenart über den geeigneten Kalk- oder Säuregrad verfügen. Fast alle Gärtner entscheiden sich daher für ganz speziell angemischte Substrate. Obwohl sie gleichförmig aussieht, ist Erde nicht gleich Erde. Sobald ihr Pflanzen alle Nährstoffe entzogen haben, sind Sie als Gärtner gefragt.
Selbst hergestellte Gemische gehören in zwei Kategorien: solche ohne Lehm (gewöhnlich auf Torfbasis) und solche mit Lehm (gewöhnlich auf der Basis von Erde). Der Handel bietet meist leichte Substrate auf Torfbasis an („Blumenerde"), manchmal mit Zusätzen von grobem Sand oder feinem Kies, dazu ein Langzeitdünger. Solche Substrate sind praktisch, leicht und einfach im Gebrauch. Allerdings trocknen sie schnell aus und verlieren bald ihre Nährstoffe.
Substrate auf der Basis von lehmiger Erde bieten mehr Stabilität und Unterstützung für die Pflanzen, sind jedoch schwerer und machen mehr Schmutz.
Die ideale Mischung stellen Sie sich am besten selber her. Sie brauchen einen Teil nährstoffreiche lehmige Erde, einen Teil sterilen Gartenkompost, Torf oder Torfersatz und einen Teil groben Sand oder feinen Kies. Auf etwa 5 l dieser Mischung geben Sie 15 ml Kalk, 15 ml Knochenmehl, und 1/4 Tasse getrockneten Mist (als Ersatz organischer Dünger). Um Pilze und Schädlinge abzutöten, können Sie die Erde im Backofen bei 150° C sterilisieren. Bei säureliebenden Pflanzen lassen Sie den Kalk weg und geben etwas mehr Torf dazu.
Für die Gesundheit einer Pflanze ist der pH-Wert des Substrates von großer Bedeutung. Die pH-Skala reicht von 0 bis 14. Neutraler Boden, der für die meisten Pflanzen geeignet ist, hat einen pH von etwa 6,5. Den pH-Wert bestimmt man mit Hilfe eines Testbestecks, das in vielen Gartencentern erhältlich ist. Durch Zugabe von Kalk oder kalkhaltigen Düngern machen Sie den Boden basischer (höherer pH), mit Torf wird er saurer (niedrigerer pH).

Substrate auf Torfbasis
Solche Substrate bestehen aus Torf (oder einem Ersatzstoff), Grunddüngung und grobem Sand bzw. feinem Kies. Diese unten gezeigten Komponenten werden vermischt.

pH-Bodentest
Die meisten Testbestecke für den Boden-pH gleichen dem hier abgebildeten. Vermischen Sie die angegebenen Mengen Erde mit Wasser und Testflüssigkeit, und schütteln Sie gründlich. Nachdem sich die Erde gesetzt hat, können Sie den pH-Wert am Farbumschlag (hier Grün für basisch, Gelb für neutral und Rot für sauer) ablesen.

Torf und Torfersatzstoffe
Obwohl der Handel immer noch Torf anbietet, sollten Sie berücksichtigen, daß Torfmoore fast überall stark zurückgehen. Entscheiden Sie sich daher lieber für einen ökologisch vertretbaren Ersatzstoff. Die Abbildungen zeigen Ihnen einige Beispiele.

Düngung

In der Natur beziehen die Pflanzen ihre Nährstoffe aus dem Boden, wo aus dem Kreislauf von Wachstum und Zerfall immer wieder neue Nährstoffe und Mineralien entstehen. Im Garten, insbesondere in Pflanzgefäßen, wird dieser natürliche Kreislauf unterbrochen, da Sie immer wieder Pflanzenmaterial entnehmen und nicht verrotten lassen. Daher ist eine regelmäßige Düngergabe erforderlich.

Düngerarten

Käuflicher Dünger ist in zwei unterschiedlichen Arten erhältlich: Organischer Dünger wird aus pflanzlichem oder tierischem Material, anorganischer Dünger aus mineralischen Grundstoffen hergestellt. Organische Dünger wirken langsamer, halten dafür aber länger – konzentrierte Dünger enthalten Blut, Fisch- und Knochenmehl. Der Dünger wird entweder rasch (Sofortdünger) oder langsam (Langzeitdünger) ans Substrat abgegeben, je nach der Löslichkeit in Wasser. Die Abbaurate von Düngern hängt auch von den Bodenorganismen ab, die bei kühlem Wetter ihre Aktivität einschränken und die Düngerfreisetzung reduzieren. Wichtig ist auch die Partikelgröße des Düngers: Je kleiner die Körnung, desto rascher werden die Nährstoffe freigesetzt und von der Pflanze aufgenommen.
Damit Ihre Pflanzen von Anfang an über eine ausgewogene Düngermenge verfügen, beginnen Sie mit einem genau definierten Substrat (siehe Seite 85); in käuflichen Fertigmischungen ist ohnehin stets etwas Langzeitdünger enthalten. Zusätzliche Düngergaben gießen Sie am besten in Form von flüssigen Sofortdüngern in die Töpfe. Bedenken Sie, daß etwa ein Drittel der Nährstoffe durch das Gießwasser ausgeschwemmt wird.

Formen von Trockendünger

Die Abbildungen zeigen die unterschiedlichsten Formen von Trockendüngern. Die meisten sind hochkonzentriert und sollten nur mit Bedacht angewandt werden.

Freisetzung von Düngern

Düngertyp	*Reaktion der Pflanze*
Langzeitdünger	14–21 Tage
Sofortdünger	7–10 Tage
Flüssigdünger	5–7 Tage
Blattdünger	3–4 Tage

Fast alle Fertigdünger (Volldünger) enthalten eine Mischung der wichtigsten Nährstoffe – Stickstoff (N), Phosphor (P) und Kalium (K). Sie finden diese Angaben, zusammen mit den relativen Anteilen, auf der Packungsangabe. Zwar reichen diese Fertigdünger für die meisten Pflanzen aus, doch können Blattpflanzen im Kübel zusätzliche Stickstoffgaben und Blütenpflanzen mehr Kaliumkarbonat und Stickstoff vertragen. In der Regel ist es gün-

Flüssigdünger

Halten Sie sich bei der Verdünnung von Flüssigdüngern genau an die Packungsangaben; ein „Schuß extra" schadet meist mehr, als er nützt.

Die Mischung von Flüssigdüngern
Gießen Sie das Konzentrat in die Gießkanne, und verdünnen Sie mit Wasser genau nach den Angaben des Herstellers. Rühren Sie mit einem sauberen Stöckchen um.

Blattdünger
Verdünnen Sie den Dünger, wie oben beschrieben, mit Wasser. Sprühen Sie die Blätter der Pflanze gleichmäßig ein,

wenn möglich an einem Tag mit wolkenbedecktem Himmel. An sonnigen Tagen könnten die Blätter unschöne Verbrennungen bekommen.

stig, das Substrat mit Volldünger zu vermischen und die zusätzlichen Düngergaben mit dem Gießwasser zuzusetzen.
Substrate auf der Basis von Lehm und Erde enthalten genügend Spurenelemente für das Pflanzenwachstum, Substrate auf Kokosfaser- oder Torfbasis (ohne Lehm) brauchen zusätzliche Gaben von Spurenelementen.

Düngerformen

Dünger werden in zwei Darreichungsformen angeboten: trocken und flüssig. Trockendünger (siehe Seite 86 unten) werden als Grunddünger zum Substrat gemischt oder, während der Wuchsperiode gut etablierter Pflanzen in großen Gefäßen, von oben aufgestreut. Sorgfältig bemessene Mengen von anorganischen Sofortdüngern braucht man für Sträucher oder nährstoffzehrende Pflanzen wie Chrysanthemen, jeweils während der Wuchsperiode.
Flüssigdünger werden als flüssiges Konzentrat bzw. als Körnchen oder Pulver zum Auflösen in Wasser angeboten (siehe links). Beide lassen sich mit dem Gießwasser einfach dosieren und sind ideal für Topfpflanzen.
Blattdünger eignen sich besonders für die Soforthilfe: Man gibt sie bei allgemeinem Nährstoffmangel und nach Bedarf bei bestimmten Mangelerscheinungen. Magnesiumhaltige Blattdünger fördern die Fruchtbildung, und eisenhaltige Dünger eignen sich vor allem für säureliebende Pflanzen, wie Azaleen, die in Pflanzgefäßen leicht unter Eisenmangel leiden.

Wie Knollen Nährstoffe speichern

Knollen, Zwiebeln und Wurzelstöcke sind verdickte Blatt-, Sproß- oder Wurzelteile, die Nährstoffe speichern. Darauf greift die Pflanze bei Bedarf zurück, während andere ihre Nährstoffe allein dem Boden entziehen. Damit solche Speicherorgane genügend Nährstoffe für das nächste Jahr ansammeln können, müssen die Pflanzen nach der Blüte gedüngt werden. Vergessen Sie dies, blühen ihre Zwiebeln und Knollen im Folgejahr wenig oder gar nicht.

Blütensproß
Im Frühling treiben Blätter und Blütensproß der Osterglocke aus ruhenden Knospen aus.

Knolle
Dieser unterirdische, verdickte Sproßanteil enthält das Speichergewebe. Nachdem Vorjahressprosse und -blüten abgestorben sind, treiben daraus jedes Jahr neue, oberirdische Teile aus.

Wurzeln
Über die Wurzeln werden Nährstoffe aus der Erde aufgenommen und zusammen mit den Nährstoffen aus den Blättern, in der Knolle gespeichert.

Die wichtigsten Mangelkrankheiten

Hier finden Sie die häufigsten und wichtigsten Mangelkrankheiten, die bei Topfpflanzen auftreten. Diagnostizieren Sie zuerst die Gründe für den Mangel, erst danach folgt die Behandlung.

Stickstoff
Symptome: Das Wachstum ist gehemmt, die gesamte Pflanze wirkt schütter. Schließlich folgen hellgrüne Blätter, manchmal mit gelben oder sogar rosa Flecken.
Ursache: Zu eingeengte Wuchsbedingungen, etwa in Hängekörben oder Fensterkästen mit geringem Nährstoffangebot.
Abhilfe: Geben Sie einen hochdosierten Stickstoffdünger zu, z. B. Ammoniumsulfat oder getrocknetes Blut.

Phosphat
Symptome: Die Pflanzen wachsen langsam, junges Laub sieht gelb oder stumpf aus.
Ursache: In saurem Substrat wird das Phosphat ausgewaschen, daher sind säureliebende Pflanzen, wie Azaleen, besonders betroffen.
Abhilfe: Geben Sie Knochenmehl oder Superphosphat zu.

Kalium
Symptome: Die Blätter werden purpurn, gelb oder blau mit braunen, nekrotischen Flecken auf der Fläche, der Spitze oder den Rändern. Manche Blätter rollen sich nach unten ein, sie werden weich und anfällig gegenüber Schädlingen und Krankheiten. Blüte, Fruchtansatz und das allgemeine Wachstum sind gehemmt.
Ursache: Die Pflanzen wachsen in zu lockerem Substrat, bzw. die Erde enthält zu viel Basen oder Torf.
Abhilfe: Geben Sie reichlich Kaliumsulfat oder einen Dünger mit hohem Kaliumkarbonat-Anteil. Achten Sie auch später noch auf angemessene Düngung.

Magnesium
Symptome: Die älteren Blätter verfärben sich, meist zwischen den Blattadern, gelblich oder rötlich-braun (sogenannte Chlorosen) und fallen vorzeitig ab.
Ursache: Saures Substrat oder zu reichliche Bewässerung kann die Pflanzerde an Magnesium verarmen lassen. Auch ein hoher Kaliumgehalt verhindert, daß die Pflanzen Magnesium aufschließen – es kann nicht mehr genutzt werden. Insbesondere Pflanzen, die in Kaliumkarbonat-reichem Substrat wachsen, sind anfällig.
Abhilfe: Geben Sie den Pflanzen im Herbst Bittersalz zu – entweder trocken zum Substrat oder in Lösung als Blattdünger (zusammen mit einem „Weichmacher“ wie milde Seife).

Mangan und Eisen
Symptome: Die Blätter werden – beginnend an den Blatträndern, fortschreitend zwischen den Adern – gelb oder braun.
Ursache: Die Pflanzen stehen in ungeeignetem Substrat: Säureliebende Pflanzen können bei hohem (basischem) pH und „hartem“ Wasser dem Substrat keine Spurenelemente mehr entziehen.
Abhilfe: Gießen Sie mit Regenwasser, säuern Sie das Medium vor und nach dem Umtopfen an, und geben Sie Spurenelemente und komplexiertes Eisen zu.

Bewässerung

Pflanzen nehmen Wasser und Nährstoffe fast ausschließlich durch ihre Wurzeln auf, nur einen geringen Anteil über die Blätter. Topfpflanzen steht natürlicherweise eine stark eingeschränkte Menge an Wasser und Nahrung zur Verfügung. Diesem Mangel muß der Gärtner abhelfen. Dabei geht es um beträchtliche Mengen: Ein großer Kübel von 1 m Durchmesser, der mit wachsenden Pflanzen gefüllt ist, verliert an einem heißen, windigen Tag rund 6 l Wasser, und das Substrat kann schnell austrocknen. Am Wasserverlust sind sowohl die Transpiration (siehe Seite 81) der Pflanzen wie die Verdunstung an der Gefäßoberfläche beteiligt. Dieser Wert macht deutlich, warum eine ausreichende Bewässerung lebenswichtig für Topfpflanzen ist.

Topfformen

Wie schnell das Substrat austrocknet, hängt auch von der Form des Blumentopfes ab (siehe „Form und Konstruktion der Gefäße", Seite 89).

In konischen Töpfen oder Schalen trocknet das Substrat besonders leicht aus.

Töpfe mit schmalem Hals halten die Feuchtigkeit viel besser zurück.

Wie man gießt

Sie müssen darauf achten, daß das zugegebene Wasser wirklich seinen Weg bis zu den Wurzeln findet und nicht nur die Oberfläche des Topfes anfeuchtet. Die sicherste Methode ist, den Topf randvoll zu gießen – das Wasser sickert dann langsam bis zum Boden des Topfes. Überschüssiges Wasser fließt einfach durch die Drainagelöcher ab. Ausgiebiges Wässern ist wirkungsvoller als kurzes Anfeuchten, denn letzteres regt die Pflanze nur zur Bildung neuer Feinwurzeln an und macht sie anfälliger gegenüber Austrocknung. Bei ständiger Unterversorgung mit Wasser schrumpft das Substrat ein und löst sich von der Topfwand. Wenn Sie jetzt gießen, fließt das Wasser seitlich ab, ohne bis zu den Wurzeln vorzudringen. Abhilfe schafft man mit Gießlöchern, die mit Hilfe von stumpfen Bambusstäben in die Blumenerde gebohrt werden (siehe unten). Sie können auch einen winzigen Tropfen Geschirrspülmittel auf 10 l Wasser geben. Das Detergenz entspannt das Wasser, das dann leichter in den vertrockneten Ballen einsickert. Kleinere Töpfe werden einfach in eine Schale mit Wasser gestellt.

Die Gefahren der Unter- und Überversorgung

Unregelmäßiges Gießen setzt Ihre Pflanzen unter Wasserstreß, die Pflanzen werden geschädigt und reagieren mit gehemmtem Wachstum. Anschließende Überversorgung mit Wasser löst dieses Problem nicht etwa, sondern setzt als Staunässe die Pflanze u. U. unter zusätzlichen Streß.

Probleme beim Wässern

Die Über- und Unterversorgung mit Wasser gehört zu den immer wieder auftretenden Problemen bei Topfpflanzen. Die Abbildungen zeigen Ihnen, wie man Abhilfe schaffen kann.

Zu stark gewässerte Töpfe werden auf die Seite gelegt, so daß das Wasser abfließen kann.

Unterversorgte Pflanzen trocknen stark aus und sterben ab. Setzen Sie die Pflanze völlig unter Wasser bis keine Luftblasen mehr aufsteigen.

Ist das Substrat völlig ausgetrocknet, dringt das Wasser kaum noch bis zu den Wurzeln vor. Bohren Sie mit einem Bambusstab Löcher in die Erde.

Wie man Pflanzen feucht hält

Selbst wenn Sie längere Zeit nicht zu Hause sind, gibt es eine Reihe von Möglichkeiten, Ihre Pflanzen feucht zu halten. Kleine Töpfe werden gründlich gewässert und in Plastikbeutel eingehüllt, oder Sie stellen die Töpfe in eine Wasserschale (siehe rechts). Für größere Gefäße können Sie eine Art primitive Tröpfelbewässerung selbst bauen: Stellen Sie einen Eimer mit Wasser oberhalb der Pflanzgefäße auf, und legen Sie einen Docht (Wolle oder wasseraufsaugende Schnur) von dort bis zum Substrat.

Wenn Sie Ihre Pflanzen an einen kühlen, schattigen Ort stellen und die Erdoberfläche mit Kieseln abdecken, wird der Wasserverlust deutlich reduziert.

Stellen Sie den Topf in eine Schale mit Kieselsteinen oder Granulat, und gießen Sie Wasser hinein. Damit verhindern Sie Staunässe am Grund des Blumentopfes.

Bewässerungssysteme

Der Fachhandel bietet immer neue Bewässerungssysteme an. Manche sind hochkompliziert und haben kaum etwas mit der guten alten Gießkanne oder dem Wasserschlauch zu tun. Automatische Systeme versorgen die Pflanzen entweder von oben mit einer Brause, oder sie geben ihr Wasser auf der Ebene der Pflanzen ab. Beides ist allerdings recht teuer. Nennen Sie jedoch viele Pflanzgefäße Ihr eigen, und stehen diese in Gruppen zusammen, sparen automatische Systeme viel Zeit. Bewässerungssysteme auf der Pflanzenebene geben ihr Wasser tröpfchenweise direkt oberhalb des Substrates ab. Kapillare Systeme bestehen aus Röhren oder Schläuchen, sie geben das Wasser durch feine Poren von unten an das Substrat ab. Dafür sind aber nur flache Schalen geeignet.

Form und Konstruktion der Gefäße

Die Auswahl der Gefäße – in bezug auf Form und Material – beeinflußt direkt die Austrocknungsrate des Substrates. In Töpfen aus porösem Terrakotta trocknet die Erde viel schneller aus als in porenlosen Kunststofftöpfen. Töpfe mit weiten Öffnungen haben eine große Oberfläche und sind der Witterung stärker ausgesetzt, sie trocknen daher rascher aus. Plazieren Sie in heißen, sonnigen Regionen solche Gefäße nur an schattige Stellen.

Häufigkeit der Bewässerung

Wie oft Sie gießen müssen, richtet sich natürlich danach, woher Ihre Pflanzen stammen. Mediterrane Pflanzen, die an ein trockenes Klima angepaßt sind, brauchen viel weniger Feuchtigkeit als Sumpfpflanzen aus kühl-gemäßigten Breiten. Wenn Sie standortgerecht pflanzen, reduziert sich der Arbeitsaufwand für die Bewässerung enorm.
Bei heißem, trockenem Wetter müssen Topfpflanzen täglich gegossen werden. Die beste Zeit ist der späte Abend oder frühe Morgen, dann geht kaum Wasser durch Verdunstung verloren. Auch bei windigem Wetter trocknen Topfpflanzen rascher aus.

Hängekörbe

Hängekörbe sind besonders anfällig gegenüber Wasserverlust, weil die gesamte Oberfläche der Sonne ausgesetzt ist. Außerdem ist es schwierig, hochhängende Körbe zu gießen. Binden Sie einen Bambusstab an das Ende eines Wasserschlauches; diese stabile Konstruktion erleichtert das Gießen.

Wasserspeicherndes Granulat
Solche Körnchen im Substrat eines Hängekorbes reduzieren den Wasserverlust.

Pflanzenschnitt

Fast alle Topfpflanzen müssen regelmäßig geschnitten und erzogen werden, damit sie ihr gutes Aussehen bewahren und eine ansprechende Wuchsform entwickeln. Viele brauchen darüber hinaus auch Unterstützung, daher gehört Stützen und Beschneiden fast immer zusammen, insbesondere bei Kletterpflanzen und Wandsträuchern. Mehrjährige Pflanzen, die gestützt werden müssen (siehe Seite 95) brauchen in der Regel keinen Schnitt.

Aufgaben des Pflanzenschnitts

Der wichtigste Grund, eine Pflanze zu beschneiden, ist, sie in eine bestimmte Wuchsform zu erziehen, so daß sie Ihrer Planung und Ihren Wünschen entspricht. Dazu gehört, unerwünschte Triebe zurückzuschneiden, um die Wüchsigkeit, die Blütenbildung oder – im Fall von fruchttragenden Pflanzen – den Fruchtansatz zu regulieren und zu lenken. Obwohl jede Pflanze unterschiedliche Ansprüche hat, sind die Grundtechniken bei allen gleich.

Wenn Sie einen Sproßabschnitt mit einer scharfen Schere abschneiden, fördern Sie das Austreiben der tiefer liegenden Seitenknospen. Daher ist es wichtig zu wissen, wo und wie Sie schneiden müssen. In der Regel erfolgt der Schnitt direkt oberhalb einer auswärts gerichteten Seitenknospe. So wächst der neue Trieb nach außen, und Sie verhindern, daß er in vorhandene Triebe einwächst oder sich mit anderen überkreuzt.

Pflanzen besitzen einen natürlichen Kontrollmechanismus: Wird die Haupt- oder Apikalknospe entfernt, wach-

Schnittführung

Benutzen Sie für den Schnitt unbedingt eine scharfe Astschere, um eine glatte, saubere Schnittfläche zu erhalten. An unscharfen, zerfaserten Schnittflächen können sich Krankheiten ausbreiten. Die Schnittführung hängt davon ab, ob die Seitenknospen paarig (rechts) oder einzeln (links) stehen.

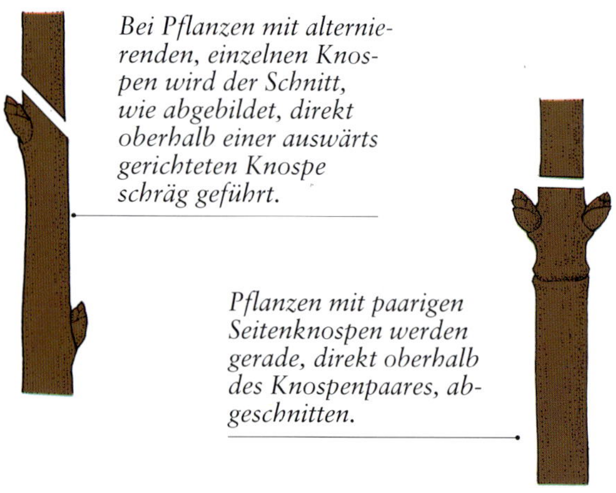

Bei Pflanzen mit alternierenden, einzelnen Knospen wird der Schnitt, wie abgebildet, direkt oberhalb einer auswärts gerichteten Knospe schräg geführt.

Pflanzen mit paarigen Seitenknospen werden gerade, direkt oberhalb des Knospenpaares, abgeschnitten.

Grund-Schnittechniken

Es gibt drei gute Gründe, eine Pflanze zu beschneiden. Erstens läßt sie sich so in die gewünschte Form bringen (Aufbauschnitt). Zweitens sorgt der Erhaltungsschnitt für eine konstant schöne Wuchsform, regelt die Wüchsigkeit und kontrolliert Krankheits- und Schädlingsbefall. Drittens schließlich korrigiert man mit dem Verjüngungsschnitt auftretende Probleme, etwa indem man totes oder krankes Holz sowie ineinanderwachsende Triebe entfernt.

Aufbauschnitt
Junge Pflanzen werden auf wenige, starke Sprosse zurückgeschnitten, wobei einige Seitenknospen erhalten bleiben. Der Aufbauschnitt regt die Pflanze an, Seitentriebe zu bilden und buschiger und kräftiger zu wachsen. Kletterpflanzen werden in der folgenden Wuchsperiode an die Stützen gebunden und wie gewünscht beschnitten und erzogen (siehe Seite 91).

Erhaltungsschnitt
Fast alle Sträucher tendieren dazu, vorwiegend in die Länge zu wachsen. Schneiden Sie die Hauptsprosse auf die gewünschte Strauchhöhe zurück, wobei einige Seitensprosse erhalten bleiben müssen. Führen Sie den Schnitt direkt oberhalb einer Knospe durch (siehe links).

Verjüngungsschnitt
Schneiden Sie totes, beschädigtes oder krankes Holz ebenso heraus wie unerwünschte oder unschöne Triebe. Sofern panaschierte Sorten Triebe mit grünen Blättern bilden, müssen diese ebenfalls entfernt werden.

sen aus den Seitenknospen neue Triebe aus. Dies machen sich die Gärtner beim Schnitt zunutze, um ganz bestimmte Wirkungen zu erzielen. Entfernt man beispielsweise die Apikalknospe einer Chrysantheme, bildet die Pflanze mehrere Blütensprosse mit kleineren, anstelle einer einzigen großen Blüte aus.
Der Zeitpunkt des Beschneidens ist besonders wichtig, schließlich trennen Sie einen Teil der wachsenden Pflanze ab. Wenn Sie z. B. bei einer sommerblütigen Pflanze alle Blütenknospen abschneiden, wird diese überhaupt nicht blühen. Daher sollten Sie berücksichtigen, wann Ihre Pflanzen blühen – im Frühling oder Sommer –, denn das bestimmt über die Zeit, in der Sie beschneiden müssen. Sind Sie unsicher, warten Sie ab, bis die Pflanze blüht, und beschneiden erst dann. Im Frühling müssen Sie wissen, ob die Blüten an diesjährigen oder vorjährigen Trieben gebildet werden, damit Sie nicht aus Versehen alle Blütentriebe abschneiden. Genauere Informationen darüber, wann eine Pflanze beschnitten wird, finden Sie im Pflanzenverzeichnis (Seiten 106–155).
Das Beschneiden hat somit mehrere Auswirkungen: Es unterstreicht die gewünschte Wuchsform, es regt das Wachstum an und fördert die Bildung neuer Blüten (und damit eine üppigere Blütenpracht). Außerdem verhindert es, daß manche Pflanzen in ihrem Wachstum außer Kontrolle geraten.

Wie man das Alter von Sprossen bestimmt
Die Farbe der Rinde ist ein gutes Hilfsmittel, das Alter von Sprossen zu bestimmen. Einjährige Sprosse sind gewöhnlich grün bis bis grau/braun gefärbt, sie sind weich und biegsam. Zweijährige Sprosse sind normalerweise grau oder braun und dicker; noch ältere Sprosse haben eine dunkle Rinde, sie sind kräftig, verholzt und haben ein knorriges Aussehen.

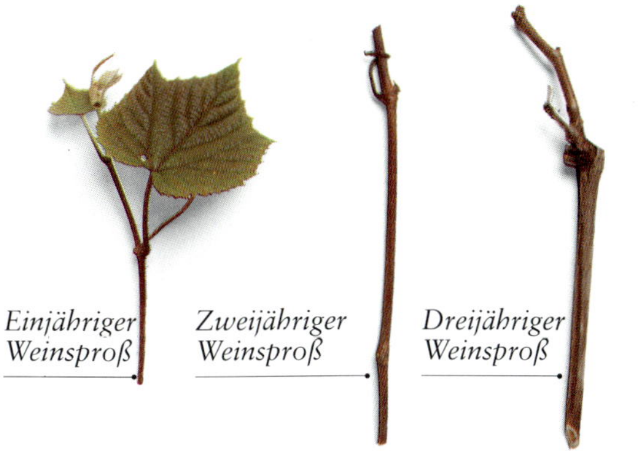

Kletterpflanzen und Wandsträucher

Echte Kletterpflanzen verankern sich selbst, sofern Sie eine geeignete Kletterhilfe, etwa eine Wand oder ein Gitter, anbieten. Fast immer gehört bei diesen Pflanzen Beschneiden und Erziehen zusammen. Beides richtet sich danach, auf welche Weise die Pflanzen klettern, mit Hilfe windender Sprosse oder Blattstielen, Luftwurzeln, Saugnäpfen oder Dornen (siehe Seite 17 für Beispiele der unterschiedlichen Verankerungsweisen). Wie bei allen Pflanzen, unterscheidet man drei Formen des Schnittes.

Aufbauschnitt und Erziehen

Wenn Sie eine junge Kletterpflanze kaufen, erwarten Sie, daß diese wie geplant über eine geeignete Kletterhilfe wächst. Dazu ist es nötig, die Triebe darüber zu erziehen. Erziehen Sie nur junge, biegsame Triebe, die sich ohne Anstrengung in die gewünschte Position legen lassen.

Wie man Kletterpflanzen schneidet und erzieht
Kletterpflanzen sollten so früh wie möglich in die gewünschte Form erzogen werden. Ordnen Sie die kräftigsten Triebe so an (festbinden), daß eine ausgewogene Grundform entsteht. Junge Triebe werden mit Kunststoffbändern oder Bindedraht locker an der Stütze befestigt.

1 Schneiden Sie nach dem Einpflanzen den Hauptsproß bis zum untersten Paar kräftiger Seitenknospen zurück. Die daraus auswachsenden Triebe werden an der Stütze festgebunden und bilden das Grundgerüst der Kletterpflanze.

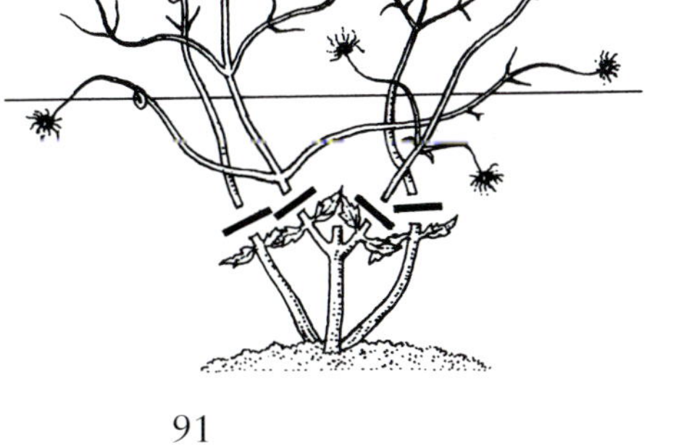

2 Im zweiten Jahr werden alle Sprosse wiederum bis auf das unterste Paar Seitenknospen zurückgeschnitten. Kürzen Sie auch weiterhin alle Seitensprosse bis zu den jeweils untersten Seitenknospen nahe des tragenden Sprosses. Breiten Sie die neuen Triebe aus, und binden Sie sie an der Stütze fest.

Wie man eine Glyzine beschneidet

Wüchsige Kletterpflanzen wie Glyzinen (Wisteria) *müssen beschnitten werden, um die Wuchsrichtung, die Wüchsigkeit und die Menge der Blütensprosse unter Kontrolle zu halten.*

Die günstigste Zeit für den Schnitt von Kletterpflanzen, die im Frühling blühen, ist der Sommer, unmittelbar nach der Blüte. Dies regt die Bildung neuer Triebe an, die im nächsten Jahr Blüten tragen.

Erhaltungsschnitt

Sobald sich die Kletterpflanze etabliert hat, sollten Sie mit dem Erhaltungsschnitt dafür sorgen, daß sie sich wüchsig weiterentwickelt. Schneiden Sie aber nicht die blütentragenden Triebe ab. Diese Technik ist nicht ganz einfach, denn manche Pflanzen blühen auf dem diesjährigen, andere auf dem vorjährigen Holz.

Binden Sie während der Wuchsperiode die kräftigsten Triebe, solange sie noch weich und nicht verholzt sind, in der gewünschten Position fest. Die Verankerung muß weit genug sein, um das Wachstum nicht zu behindern, gleichzeitig aber stabil, so daß die Triebe auch bei starkem Wind nicht umfallen. Mit zunehmendem Dickenwachstum sollten Sie die Verankerungen etwas weiten.

Verjüngungsschnitt

Kletterpflanzen, die längere Zeit nicht beschnitten wurden, entwickeln sich zu einer dicht verwobenen Masse von Trieben. Um solche Pflanzen zu verjüngen, müssen Sie die Triebe bis zum Boden zurückschneiden und totes und krankes Holz entfernen – entweder während einer Wuchsperiode oder verteilt über zwei Jahre (das richtet sich nach der Gesundheit der Pflanze). Wie immer Sie sich entscheiden, für dieses Jahr müssen Sie wahrscheinlich auf Blüten verzichten. Manche Kletterpflanzen bilden neue Seitensprosse aus, wenn sie von der Stütze gelöst und flach auf den Boden gelegt werden. Sobald die neuen Seitensprosse eine Länge von 15 cm erreicht haben, können Sie den Hauptsproß wieder hochbinden. Kletterpflanzen, die sich für diese Methode eignen, sind *Campsis*, die meisten Arten der Waldrebe *(Clematis* spec.*)*, fast alle Geißblattarten *(Lonicera* spec.*)*, *Passiflora* und *Vitis*.

Sträucher

Für einen erfolgreichen Schnitt müssen Sie die Art und das Wachstum der Pflanzen beachten. Man unterscheidet: langsam wachsende Immergrüne mit großen Blättern; kleinblättrige Immergrüne; Sträucher, die im Frühling oder Frühsommer blühen; und Pflanzen, die im Sommer blühen (siehe Kasten unten rechts).

Wie man Wandsträucher oder Kletterpflanzen verjüngt

Kletterpflanzen oder an Wänden erzogene Sträucher werden so beschnitten, daß von einem Gerüst kräftiger Hauptstämme möglichst viele Blütentriebe ausgehen. Pflanzen, die an diesjährigen Trieben blühen, werden im Winter oder Vorfrühling beschnitten. Stehen die Blüten dagegen am letztjährigen Holz, ist die Zeit nach der Blüte am besten für den Schnitt geeignet. Sträucher, die lange ungestört wachsen durften, werden möglichst weit zurückgeschnitten, um neues Wachstum anzuregen.

Schneiden Sie die Sprosse bis auf wenige Knospen zurück. Sobald die neuen Triebe etwa 15 cm lang sind, werden sie an die Stützen gebunden. Bei einem solch drastischen Verjüngungsschnitt verlieren sie zwar eine Blütengeneration, dafür wird die Blütenpracht des Folgejahres um so üppiger.

Großblättrige Immergrüne brauchen, bis auf das Entfernen von Verblühtem (siehe Seite 94) und Fruchtansätzen, keinen weiteren Schnitt. Sie können jedoch allzu „wilde“ oder unschöne Triebe entfernen – seien Sie vorsichtig, sonst trägt der Strauch im nächsten Jahr keine Blüten.

Kleinblättrige Immergrüne, bei denen sich die Blüten direkt oberhalb der Blätter entwickeln, müssen stets sorgfältig getrimmt werden, damit der Strauch nicht zu stark wuchert. Damit erhalten Sie nicht nur die Wüchsigkeit des Strauches, Sie unterbinden auch den Fruchtansatz und regen die Pflanze zur erneuten Blütenbildung an. Schneiden Sie solche Pflanzen nach der Blüte mit einer scharfen Schere gleichmäßig zurück. Wollen Sie Immergrüne als Formschnittsträucher nutzen, beachten Sie die unten angegebenen Hinweise.

Sträucher, die im Frühling und Frühsommer blühen, werden nach der Blüte auf das Grundgerüst an Zweigen zurückgeschnitten, so daß nur junge, nicht blühende Triebe stehenbleiben. Entfernen Sie dabei gleich zu dünne, schwache, unschön geformte oder sich überkreuzende Äste. Wenn Sie dies unmittelbar nach der Blüte erledigen, wissen Sie genau, welches die blütentragenden Triebe sind. Sommerblütige Sträucher, die an diesjährigen Trieben blühen – beispielsweise die großblütigen Waldreben – dürfen keinesfalls im Spätfrühling beschnitten werden, sonst entfernen Sie die Blütentriebe. Schneiden Sie statt dessen die Pflanze unmittelbar nach der Blüte auf ein Grundgerüst an Haupttrieben zurück. Sofern die neuen Blütentriebe noch nicht angelegt wurden, können Sie diese Arbeit auch im Vorfrühling erledigen.

Laubabwerfende Sträucher, die an alten, verholzten Kurztrieben blühen, brauchen bis auf einen gelegentlichen Verjüngungsschnitt keine weiteren Schnittmaßnahmen. Entfernen Sie nur krankes oder totes Holz, und dünnen Sie den Busch etwas aus.

Formschnitt

Immergrüne Sträucher mit kleinen Blättern und geringer Wachstumsrate eignen sich bestens für den geometrisch wirkenden Formschnitt (siehe Seite 67). Ansonsten brauchen sie, bis auf das Ausschneiden beschädigten oder kranken Holzes bzw. unschöner Sprosse, aber keine weiteren Schnittmaßnahmen.

1 *Warten Sie mit dem geometrischen Formschnitt, bis der Strauch eine Höhe von etwa 30 cm erreicht hat. Achten Sie bei jeder Form darauf, die Basis breiter als die Spitze zu machen, sonst wächst der Strauch wegen des fehlenden Lichtes zu schütter.*

2 *Hat Ihr Strauch die gewünschte Form, wird er nur noch zweimal pro Jahr beschnitten – zu Beginn der Wuchsperiode und noch mal im Spätsommer. Verwenden Sie für die dickeren Äste eine Astschere, und formen Sie den Strauch mit der Heckenschere.*

Wann und wie Sie beschneiden müssen

Die Tabelle listet Sträucher nach Art und Zeitpunkt der Beschneidung auf: Immergrüne mit großen oder kleinen Blättern brauchen nur einen gelegentlichen Schnitt und ab und zu einen Verjüngungsschnitt. Pflanzen, die im Frühling oder im Sommer an alten Trieben blühen, werden im Sommer des Vorjahres beschnitten; sommerblütige Pflanzen, die ihre Blüten am diesjährigen Trieb bilden, im Frühling; und besonders wüchsige Pflanzen werden bei Bedarf bis auf wenige Knospen zurückgeschnitten.

Immergrüne mit großen Blättern:
Aucuba
Choisya
Berberis (immergrüne Formen)
Camellia
Escallonia
Photinia
Pieris
Rhododendron
Sarcococca
Viburnum tinus

Immergrüne mit kleinen Blättern:
Artemisia
Buxus sempervirens
Calluna
Cistus
Erica
Lavandula
Helianthemum
Helichrysum
Hypericum
Santolina

Blüten im Frühling:
Chaenomeles
Forsythia
Kerria
Magnolia
Philadelphus
Prunus triloba
Ribes
Skimmia
Syringa
Weigela

Blüten im Sommer:
Bougainvillea
Caryopteris
Cornus alba
Deutzia
Fuchsia
Hydrangaea
Hypericum
Kolkwitzia
Rosa
Sambucus

Blüten am alten Holz:
Amelanchier
Buddleja globosa
Caragana
Cercis
Chimonanthus
Daphne
Enkianthus
Eucryphia
Hamamelis
Viburnum (laubabwerfende Formen)
Weigela

Pflanzen, die starken Rückschnitt vertragen:
Choisya ternata
Cornus alba
Corylus avellana
Cotinus coggygria
Eucalyptus
Euonymus fortunei
Ilex aquifolium
Rhododendron ponticum
Santolina

Wie man Sträucher verjüngt

Jede Pflanze kann unter Krankheiten oder unerwarteten Problemen leiden. Untersuchen Sie regelmäßig Blätter und Stämme auf Zeichen von Beschädigung. Nur wenn Sie sofort reagieren – Abschneiden beschädigter Zweige und eine entsprechende Behandlung gegen Krankheiten oder Schädlinge –, können Sie eine drohende Infektion eindämmen.

Diese panaschierte Zwergmispel hat einen Seitentrieb gebildet, der grüne Blätter wie die Art trägt. Schneiden Sie solche Triebe mit einer scharfen Astschere heraus – das Gleiche gilt auch für kranke oder beschädigte Zweige, z. B. mit Rissen oder Sprüngen in der Rinde.

Verblühtes entfernen

Sie verlängern die Blühperiode einer Pflanze, bzw. verbessern ihre allgemeine Wuchsform, wenn Sie Verblühtes sofort entfernen.

1 *Sobald die Blütenblätter herabfallen, wird die einzelne verwelkte oder tote Blüte aus dem Blütenstand herausgeschnitten.*

2 *Ist der gesamte Blütenstand verblüht, wird er direkt an seiner Basis abgeschnitten. Achten Sie darauf, die übrigen Triebe nicht zu beschädigen.*

Verjüngungsschnitt

Manchmal müssen alte, wuchernde oder zu stark geschossene Sträucher drastisch zurückgeschnitten werden, um neues Wachstum anzuregen. Nicht alle Sträucher vertragen jedoch solch eine Schockbehandlung (einige sind in der Liste auf Seite 93 vermerkt). Im Zweifelsfall sollten Sie daher über einen Zeitraum von einem oder zwei Jahren nur Teile des Strauches bis zum Boden zurückschneiden. Entfernen Sie zunächst alle schwachen, überkreuz wachsenden Triebe, und schneiden Sie den Hauptstamm bis auf 30–45 cm über den Boden zurück. In der nächsten Wuchsperiode sollten sich dann Massen neuer Triebe aus den schlafenden Knospen entwickeln. Lassen Sie nur drei bis vier der stärksten Sprosse stehen, und entfernen Sie alle übrigen. Die überflüssigen Triebe von Immergrünen werden im Frühling nach der Blüte, von laubabwerfenden Sträuchern während der Winterruhe abgeschnitten. Sollten während der nächsten Wuchsperiode an der Schnittstelle neue Triebe entstehen, werden sie gleichfalls abgeschnitten.

Wie man Rosen und Waldreben beschneidet

Viele Hobbygärtner wissen verständlicherweise nicht genau, wie man Rosen oder Waldreben beschneidet, denn innerhalb der Gattung gibt es mannigfache Unterschiede. So gibt es Kletterrosen und Strauchrosen, und zu den Waldreben gehören zahllose Arten und Hybriden, die zu unterschiedlichen Jahreszeiten blühen. Wenn Sie wissen, wann Ihre Pflanze blüht – im Sommer oder Frühling –, können Sie sich mit der Schnittzeit danach richten. Im Frühling blühende Waldreben werden unmittelbar nach der Blüte beschnitten, sommerblütige im Vorfrühling, Rosen werden genau wie die übrigen Sträucher oder Kletterpflanzen behandelt. Einige Stämme von wüchsigen Kletterrosen sollten jedes Jahr bis auf den Boden zurückgeschnitten werden, sonst werden sie zu dicht und unordentlich. Beginnen Rosenblüten zu verwelken, werden sie abgeschnitten, es sei denn, Sie möchten sich an den Hagebutten erfreuen.

Entfernen von Verblühtem

Pflanzen treiben Blüten aus, um Samen zu bilden. Sobald einjährige oder mehrjährige Pflanzen Samen ansetzen, stellen sie die Produktion von Blüten ein und verbrauchen ihre Nährstoffe für die Entwicklung der Samen. Wenn Sie regelmäßig abgeblühte und welke Blüten entfernen, wird die Pflanze ihre gesamte Energie in neue Blüten stecken. Auf diese Weise können Sie bei vielen Beetpflanzen und einigen Sträuchern, z. B. *Buddleja*, die Länge der Blühperiode ausdehnen, obwohl Folgeblüten meist etwas kleiner ausfallen. Pflanzen wie die Lupinen mit langen Blütenständen bilden später im Jahr kleinere Blütenstände an Seitentrieben aus, wenn Sie die welkenden Blütenstände abschneiden.

Pflegeschnitt

Schneiden Sie bei Stauden, die im Topf wachsen, im Spätherbst die toten Sprosse und wachsenden Spitzen etwa auf die Hälfte zurück. Einige Sprosse sollten allerdings als Winterschutz (Frost) stehen bleiben. Im Spätfrühling werden alle erfrorenen Teile entfernt, damit sich die neuen Triebe frei entwickeln können.

Stützmaßnahmen

Topfpflanzen ziehen gerade durch ihre isolierte Stellung die Blicke auf sich. Für den Gesamteindruck ist daher die Form ebenso wichtig wie allgemeine Wüchsigkeit und Gesundheit. Sobald eine natürlicherweise buschig wachsende Staude oder Einjährige „unordentlich“ wirkt, müssen Sie deren Erscheinungsbild durch diskret versteckte Stützen verbessern. Die Form und Blühfreudigkeit von Sträuchern und Kletterpflanzen wird durch Schnittmaßnahmen und die Entfernung von Verblühtem (siehe Seite 90–94) merklich verbessert. Stützen Sie daher einen Teil Ihrer Pflanzen für ein dauerhaft wirkungsvolles Arrangement unaufdringlich ab.

Ein anderer, wichtiger Grund für das Stützen von Trieben ist der Wind. Er kann die Pflanzen beschädigen, sogar Äste abreißen und den Wurzelballen lockern, so daß die Pflanzen weder Wasser noch Nährstoffe aufnehmen. Große Pflanzen, wie kleine Bäume, müssen an einen kräftigen Stab gebunden werden, der schon beim Einpflanzen tief in das Gefäß gesenkt wird.

Es gibt verschiedene Methoden wie man Pflanzen stützt, und der Markt bietet eine Reihe fertiger Produkte an (siehe Grundausstattung auf Seite 79, weitere Beispiele unten). Jede Art von Stütze paßt zu jeweils unterschiedlichen Arrangements bzw. Pflanzentypen. Einfache Bambusstäbe sind sicher die gebräuchlichsten Stützen. Die Pflanzensprosse werden daran mit Plastikstreifen angebunden.

Einstämmige Pflanzen

Einstämmige Pflanzen oder Sträucher, die als Hochstamm erzogen wurden, brauchen eine kräftige Stütze.

Nach dem Einpflanzen wird das Substrat gründlich gewässert. Stecken Sie die Stütze in 1 cm Abstand vom Stamm tief in die feuchte, weiche Erde. Binden Sie den Stamm an der Stütze fest.

Diese einfache Methode eignet sich für die meisten Zwekke, insbesondere für kleinere Pflanzen im Blumentopf. Halten Sie immer einen kleinen Vorrat von Bambusstäben bereit – ihre Länge sollte etwa zwei Drittel der endgültigen Pflanzenhöhe betragen.

Für welche Stützmethode Sie sich entscheiden, hängt davon ab, ob es sich um ein- oder mehrstämmige Pflanzen handelt.

Mehrstämmige Pflanzen

Für welche Art von Unterstützung Sie sich entscheiden, hängt davon ab, was Sie planen. Ziel jeder Maßnahme sollte es jedoch sein, die Stützkonstruktion möglichst durch die wachsenden Pflanzen zu verdecken.

Zusammengesetzte Stützen
Diese eignen sich vor allem für Stauden mit weichen Stengeln.

Baumbuszelt
Lassen Sie kletternde Einjährige an einem Zelt aus Bambusstangen emporwachsen.

Gitter
Für alle windenden Kletterpflanzen ist ein Gitter die Stütze der Wahl.

Reisig
Reisig ist eine natürlich aussehende Stütze für Stauden mit zierlichen Stengeln.

Vermehrung

Wenn Sie Ihre Pflanzen selber aufziehen, sparen Sie eine Menge Geld. Außerdem können Sie Ihre gekauften oder geschenkten Lieblingspflanzen fast ohne finanziellen Aufwand vermehren. Es gibt verschiedene Methoden, Pflanzen zu vermehren. Dazu gehören Stecklinge (abgeschnittene Sproß-, Wurzel- oder Blattstücke einer ausgewachsenen Pflanze), die Aussaat, das Absenken von Sprossen, Teilung von Wurzeln, oder Sie pfropfen den Sproß auf den einer anderen Pflanze auf. Die letztgenannte Methode ist recht kompliziert und wird fast ausschließlich von professionellen Züchtern verwendet, die damit die Widerstandskraft bestimmter Pflanzen steigern, die vorgenannten Techniken lassen sich jedoch recht einfach durchführen.

Stecklinge

Die Vermehrung durch Stecklinge ist die einfachste und gebräuchlichste Methode, um Ihren Bestand an Sträuchern aufzustocken. Abgeschnittene Sproßstücke bilden neue Wurzeln entweder direkt aus dem Sproß oder aus einem dünnwandigen Wundgewebe (Kallus) an ihrer Basis. Auch aus den Blättern bestimmter Pflanzen lassen sich Stecklinge herstellen – die Wurzeln entstehen an der Schnittstelle der Hauptader. Selbst kräftige, junge Wurzeln können als Stecklinge verwendet werden.
Im einzelnen unterscheiden sich die Techniken der Stecklingsvermehrung von Pflanze zu Pflanze. Im Pflanzenverzeichnis (Seiten 106–155) finden Sie für jede Pflanze die optimale Vermehrungsart.
Wie Sie Stecklinge abnehmen und vermehren, hängt von dem Alter des Sprosses und der Jahreszeit ab. Die drei wichtigsten Kategorien – Kopf- oder Triebstecklinge, Teilstecklinge und Steckhölzer – werden unten vorgestellt.

Vermehrung durch Stecklinge

Sie können eine Pflanze über Wurzel-, Blatt- und Sproßstecklinge vermehren. Welches Organ sich am besten eignet, ist von Pflanze zu Pflanze verschieden. Genauere Angaben zu einzelnen Arten finden Sie im Pflanzenverzeichnis („Kultur“).

Wurzelstecklinge (Primula) – *Blattstecklinge* (Streptocarpus) – *Sproßstecklinge* (Pelargonium)

Kopf- oder Triebstecklinge

Sie werden im Frühling von wachsenden, jungen Pflanzenteilen abgenommen, wobei man schnell wachsende Sproßspitzen verwendet. Ihre weiche Basis bildet leichter Wurzeln als ausgereiftes Holz. Daher nutzt man diese Technik vor allem bei Pflanzen, die sich schlecht vermehren lassen, wie etwa bei Fuchsien. Die Methode wird auf Seite 96 unten vorgestellt. Achten Sie vor allem auf die Nachbehandlung, denn Kopfstecklinge trocknen bei nicht ausreichender Feuchte sehr schnell aus. Entfernen Sie sorgfältig alle herabfallenden Blätter, ehe sie verfaulen, und sprühen

Triebstecklinge

*Triebstecklinge gewinnt man aus Sträuchern und Stauden, sobald sich im Frühling die neuen Triebe zeigen. Hier wird gezeigt, wie man eine Geranie (*Pelargonium *spec.) vermehrt. Da sie problemlos Wurzeln bildet, können Sie Ihren Pflanzenvorrat rasch erweitern.*

1 *Wählen Sie den Seitentrieb einer gesunden Pflanze aus. Im Idealfall sollte er zwei bis drei Blätter haben und etwa 8 cm lang sein.*

2 *Trennen Sie den Seitentrieb vom Hauptsproß ab. Er bildet besonders gut neue Wurzeln, wenn noch ein Gewebestreifen vom Hauptsproß daran hängt.*

3 *Pflanzen Sie den Steckling in einen Topf mit Stecklingssubstrat. Bewässern Sie regelmäßig, bis sich die ersten Wurzeln gebildet haben.*

Der bewurzelte Steckling

Teilstecklinge

Teilstecklinge nimmt man im Spätsommer vom diesjährigen Wuchs ab. Viele der bekannten Gewürzkräuter, Rosmarin, Lavendel und Salbei, eignen sich für diese Technik. Hier ist eine Kamelie gezeigt.

1 Schneiden Sie ein Sproßstück mit zwei Blattpaaren ab. Tupfen Sie die Schnittwunde in Bewurzelungshormon (Pulver oder flüssig), und setzen Sie das Sproßstück in ein Substrat für Stecklinge.

2 Wässern Sie gründlich, und stülpen Sie eine Plastiktüte über den Topf, um eine feuchte Atmosphäre für die wachsende Pflanze zu schaffen.

Die Stecklinge der Kamelie haben einen Wundkallus (links) bzw. erste Wurzeln (rechts) gebildet.

Sie einmal pro Woche mit einem Pilzmittel. Nachdem sich die Wurzeln gebildet haben, können Sie die Stecklinge umpflanzen und abhärten (nach und nach an kühlere Temperaturen gewöhnen).

Teilstecklinge

Sie werden im Spätsommer von einem diesjährigen Trieb abgenommen und sind deutlich weniger durch Welken gefährdet als die Kopfstecklinge. Zwar bilden Teilstecklinge unwilliger neue Wurzeln aus, ihre Überlebensrate ist jedoch besser. Sie werden feststellen, daß sich Stecklinge von Seitentrieben, an denen noch ein Streifen des Hauptstammes hängt, besonders leicht bewurzeln. Sobald sich die Wurzeln entwickelt haben, kommen die Stecklinge in einen Blumentopf mit Blumenerde. Sie werden auf der Fensterbank oder in einem Frühbeet abgehärtet. Im nächsten Frühling dürfen Sie die neuen Pflanzen endgültig eintopfen.

Steckhölzer

Man schneidet sie im Herbst oder frühen Winter von einjährigen Sprossen ab. Sie bilden nur ungern neue Wurzeln, deshalb müssen Sie die Wundstelle mit Wurzelhormonen behandeln, um den Prozeß zu beschleunigen. Es dauert überraschend lange, bis sich solche Steckhölzer bewurzeln. Die größte Gefahr dabei sind ungeduldige Gärtner, die immer wieder nachschauen, wie weit der Steckling ist, und ihn dabei abtöten. Die meisten Steckhölzer bilden ihre neuen Wurzeln erst im Frühling des nächsten Jahres. Dann können Sie die Stecklinge in einen geeigneten Topf einpflanzen.

Steckhölzer

Steckhölzer schneidet man aus einjährigem Holz heraus. Aus einem einzigen Sproß lassen sich mehrere Stecklinge herstellen. Sie müssen jedoch jeweils Spitzen- und Wurzelende markieren: Schneiden Sie die Basis horizontal und die Spitze – direkt oberhalb einer ruhenden Knospe – schräg ab.

1 Zerschneiden Sie ein Sproßstück mit einer scharfen Astschere in einzelne Teile. Führen Sie den Schnitt unten horizontal und oben schräg, direkt oberhalb einer Knospe.

2 Setzen Sie die Sproßstücke mit der Basis nach unten in ein Substrat für Stecklinge, und wässern Sie gründlich. Diese Weinstecklinge brauchen etwa drei Monate, bis sich die ersten Wurzeln bilden.

Steckholz einer Weinpflanze (rechts) und der bewurzelte Steckling (ganz rechts).

Teilung

Diese Methode eignet sich für Pflanzen mit einem ausgeprägten Wurzelstock, die von der Basis her austreiben. Indem Sie die Wurzel teilen, vermehren Sie nicht nur die Zahl Ihrer Pflanzen, Sie sorgen gleichzeitig für gesunde, wüchsige Exemplare. Viele Stauden verkahlen im Zentrum, während sie sich seitlich ausbreiten: Setzen Sie geteilte Pflanzen immer wieder in die Topfmitte. Die Wurzeln von Stauden werden einfach mit den Händen auseinandergezogen. Für größere Mehrjährige mit starken Wurzeln, wie z.B. *Helianthus,* brauchen Sie zwei Handgrabgabeln, die Rücken an Rücken gesetzt und auseinandergedrückt werden. Pflanzen mit fleischigen Wurzeln, wie *Rheum,* spalten Sie am besten mit einer Schaufel oder einem scharfen Messer, um die Wurzeln nicht zu zerreißen.

Die meisten Pflanzen werden während ihrer Ruhephase – zwischen Spätherbst und Vorfrühling – geteilt, sofern das Wetter mitspielt: Es sollte weder zu feucht, noch zu kalt, noch zu trocken sein, sonst etablieren sich die geteilten Pflanzen nur schwer.

Stauden mit fleischigen Wurzeln läßt man am besten bis zum Ende der Winterruhe stehen und teilt sie erst im Frühling. Dann können Sie besser beurteilen, welche der austreibenden Sprosse kräftig aussehen und den Wurzelstock entsprechend teilen.

Waschen Sie überflüssige Erde und Schmutz ab, ehe Sie die Pflanze teilen. Das schont die Klinge Ihres Gartenmessers bzw. -schere, und Sie sehen besser, wo Sie teilen müssen. Gehen Sie so vor, wie unten dargestellt. Sollten Sie die geteilten Pflänzchen nicht unmittelbar neu einpflanzen, tauchen Sie sie in Wasser und stecken sie in einen Plastikbeutel (schattig aufbewahren), bis Sie Zeit haben. So trocknen die Pflänzchen nicht so schnell aus.

Kräftige Teilstücke geteilter Pflanzen blühen u.U. schon im selben Jahr, obwohl die Sprosse meist etwas kürzer bleiben. Lassen Sie kleinere Teilstücke für eine Wuchsperiode in einem Blumentopf stehen, bis sie gut etabliert sind. Alle Teilstücke werden genauso tief eingepflanzt wie die Mutterpflanze, nur solche, die am Wurzelhals leicht faulen – z.B. Rosetten-bildende Alpenpflanzen –, dürfen etwas höher eingepflanzt werden.

Absenken und Abmoosen

Pflanzen mit kriechenden oder biegsamen Sprossen vermehrt man am einfachsten, indem man ein Sproßstück einschneidet und es so lange mit der Wunde auf Blumenerde feststeckt, bis sich Wurzeln gebildet haben. Diese Methode funktio-

Wie man Zwiebeln teilt

Viele Arten bilden um die Mutterzwiebel kleine Tochterzwiebeln aus Schuppenblättern. Damit kann man die Zahl seiner Pflanzen einfach vermehren, hier am Beispiel von Lilien gezeigt.

1 Brechen Sie die Schuppenblätter ganz unten an der Basis ab. Drehen Sie die Zwiebel dabei, um leichter an die Schuppen heranzukommen. Mit dieser Methode können Sie bis zu 80 % der Schuppenblätter (mit jeweils einer Seitenknospe) entfernen.

2 Nun legen Sie diese in einen Plastikbeutel mit Blumenerde und lagern ihn (frostfrei), bis sich kleine Zwiebeln gebildet haben.

Wie man Wurzeln teilt

Unter den zahlreichen Pflanzen, deren Wurzeln geteilt werden können, zeichnet sich die Schwertlilie durch besonders einfache Vermehrung aus. Aus einem einzigen, fleischigen Wurzelstock entstehen viele neue Pflanzen. Nach der Teilung können Sie die Wurzel sogar zerschneiden, vorausgesetzt an jedem Teilstück sitzt ein Sproß.

Vor der Teilung haben sich viele neue Sprosse gebildet.

1 Graben Sie die Wurzeln sorgfältig aus, und waschen Sie die Erde ab. Stekken Sie zwei Handgrabgabeln mitten in die Wurzeln.

2 Drücken Sie die Gabeln gleichzeitig nach unten und außen, um die Wurzeln zu trennen.

3 Schneiden Sie die Wurzeln mit einem scharfen Messer auseinander. Achten Sie darauf, daß jedes Wurzelstück einen Sproß trägt.

niert im Freiland besser als in Pflanzgefäßen – dort eignet sich eher die nebenstehend gezeigte Technik des Abmoosens. Das Prinzip ist dasselbe, Sie brauchen den Sproß nur nicht bis auf das Substrat abzusenken.
Wählen Sie im Frühling einen einjährigen Trieb aus, und schneiden Sie die Seitentriebe und Blätter ab, so daß ein glattes Sproßstück entsteht. Gehen Sie genauso vor, wie rechts gezeigt. Im nächsten Frühling können Sie den Plastikbeutel abnehmen und nachschauen, ob sich Wurzeln gebildet haben. Finden Sie keine, muß der Beutel für einige weitere Monate auf die Pflanze. Nachdem sich die Wurzeln entwickelt haben, wird der Sproß direkt unterhalb der Bewurzelungsstelle und darüber bis auf die nächste, auswärts gerichtete Knospe abgeschnitten. Topfen Sie die neue Pflanze in normale Blumenerde ein, und stellen Sie den Topf in ein kühles Gewächshaus, bis die Pflanze sich gut etabliert hat.

Aussaat

Fast alle Zierpflanzen werden im Zimmer oder einem Gewächshaus ausgesät, so daß sie sich geschützt, bei relativ hohen Temperaturen entwickeln können. Sobald sich die Außenbedingungen bessern, werden die jungen Pflänzchen ins Freie gepflanzt. Die Temperatur spielt bei der Aussaat eine wichtige Rolle: Manche Samen keimen nicht aus, wenn es zu kalt ist. Ein weiterer wichtiger Faktor ist die Feuchtigkeit: Samen müssen ständig feucht gehalten werden, denn Trockenheit hemmt die Keimung ebenso wie überschüssige Feuchte. Dann verfaulen die Samen, noch ehe sie auskeimen.
Samen bleiben überraschend lange keimfähig – man kennt 70 Jahre alte Mohnsamen, die noch ausgekeimt sind. Dennoch lohnt es sich nicht, Samen allzu lange aufzuheben. Am besten keimen sie in frischem Zustand, und von Jahr zu Jahr nimmt der Anteil noch keimfähiger Samen ab. Samen werden über längere Zeit bei 3–5° C in einem luftdichten Gefäß zusammen mit Silica-Gel (in Blumengeschäften erhältlich) oder Reiskörnern aufgehoben, die beide die Luftfeuchtigkeit aufnehmen.

Brutkörper-bildende Pflanzen

Einige Pflanzen vermehren sich über besondere Brutkörper, kleine Pflänzchen, die sich auf der Mutterpflanze entwickeln. Sobald sie bewurzelt sind, fallen sie herab und machen sich selbständig.

1 *Die reife* Tolmiea *beginnt mit der Bildung von Brutkörpern. Suchen Sie nach winzigen Pflänzchen im Bereich der Blattbasis.*

2 *Übertragen Sie die Brutpflänzchen in eine Samenschale mit Stecklingssubstrat, bis sie sich etabliert haben; wässern Sie gründlich.*

Wie man abmoost

Die meisten Sträucher und viele Bäume lassen sich mit der Technik des Abmoosens vermehren. Da die Umhüllung Licht von der Wundstelle fernhält, wird der Zweig dort dünnwandig und bildet leichter Wurzeln. Dennoch kann es bis zur Bewurzelung bis zu zwei Jahren dauern.

1 *Suchen Sie im Frühling oder Sommer einen geeigneten Zweig, und streifen Sie einen Plastikbeutel darüber (bis unterhalb der geplanten Schnittstelle).*

2 *Entfernen Sie in diesem Bereich alle Blätter und Seitensprosse. Schneiden Sie mit dem Messer schräg bis zur Sproßmitte, so daß eine Art Zunge entsteht. Halten Sie diese Zunge, mit einem Streichholz als Keil, offen.*

3 *Binden Sie den Plastikbeutel unterhalb der Wunde zu. Der Beutel sollte fest in Position gehalten werden, die Verbindung darf den Sproß aber nicht einquetschen.*

4 *Füllen Sie den Beutel mit feuchtem Torfmoos, das gründlich um die Wunde verteilt wird. Binden Sie den Beutel nun auch oben zu.*

5 *Lassen Sie den Moosbeutel so lange an der Pflanze, bis sich Wurzeln gebildet haben (Kann bis zu zwei Jahren dauern). Nach sechs Monaten können Sie nachsehen, ob sich Wurzeln gebildet haben und den Beutel ggf. wieder dicht verschließen.*

Damit die Luftfeuchtigkeit nach der Aussaat konstant hoch bleibt, decken Sie die Schale mit Glas oder Kunststoff ab, und gießen Sie regelmäßig. Samenschalen gehören nicht in die Sonne, denn dort trocknen Erde und Samen zu rasch aus. Mit einem Papier oberhalb der Glasscheibe können Sie das Sonnenlicht abschatten, allerdings nur solange, wie die Samen noch nicht gekeimt sind. Nach der Keimung brauchen die jungen Pflänzchen Licht, sonst vergeilen sie (lange, bleiche Sprosse mit winzigen Blättern). Stehen die Keimpflanzen zu dicht, kann es gleichfalls zu Vergeilungen kommen. Säen Sie daher so dünn wie möglich aus (siehe unten, Schritt 4).

Sehr feiner Samen wird gewöhnlich breit auf der Erdoberfläche verteilt und von unten bewässert, so daß die Samen nicht vom Gießwasser weggeschwemmt werden. Außerdem bilden die Keimlinge bei Bewässerung von unten kräftigere Wurzeln aus, denn auch unter natürlichen Bedingungen wachsen Wurzeln nach unten in Richtung Wasser. Wird von oben gegossen, dringt das Wasser manchmal nicht bis zum Grund der Schale vor.

Größere Samenkörner können Sie einzeln in Töpfe – idealerweise Jiffy-Töpfe – aussäen. Damit lassen sie sich später leichter umpflanzen.

Versenken Sie die Samen nicht zu tief, sonst keimen sie nicht aus. In jedem Samenkorn ist eine bestimmte Menge an Reservestoffen enthalten, ausreichend, um den auswachsenden Keimsproß so lange zu versorgen, bis die Pflanze ans Licht kommt und ihre eigenen Nährstoffe bildet. Wird der Samen zu tief eingesenkt, verbraucht er seine Vorräte, noch ehe der Sproß an die Erdoberfläche gelangt und stirbt vorzeitig ab. Je kleiner ein Samen ist, desto geringer sind seine Vorräte, und entsprechend flacher sollte er eingesät werden.

Samenschalen und Substrate

Der Handel bietet eine Reihe spezieller Aussaathilfen an, von flachen Schalen bis zu kleinen, einzelnen Töpfen. Aus recycelten Yoghurtbechern und flachen Plastikschalen können Sie leicht Ihre eigenen Samenschalen herstellen. Bohren Sie Löcher in den Boden der Töpfe, damit keine Staunässe entsteht. Für einzelne Samen eignen sich die Jiffy-Töpfe besonders gut (siehe unten). Sie werden aus biologisch abbaubaren Fasern oder Kunststoffen hergestellt. Keimpflanzen werden dann mitsamt ihrer Töpfe umgesetzt, ohne die Feinwurzeln zu beschädigen.

Samen brauchen ein leichtes, nährstoffreiches Substrat.

Wie man feinen Samen aussät

Feiner Samen wird am besten breit über die Oberfläche einer flachen Schale (gefüllt mit Substrat für Samen) ausgestreut. Bei Temperaturen von 15–18° C hält man die Samen feucht, ohne daß Staunässe entstehen darf. Bei grobem Samen können Sie auf Schritt 3 verzichten.

1 *Füllen Sie die Schalen mit Substrat. Ziehen Sie die Oberfläche mit einem Brettchen glatt, entfernen Sie dabei überflüssige Erde.*

2 *Drücken Sie die Erde mit einem Stempel – ein stabiles Holzbrettchen mit einem Griff daran erfüllt denselben Zweck – fest.*

3 *Obenauf kommt eine Schicht sehr feines Substrat. Benutzen Sie ein feinmaschiges Sieb, und drücken Sie die Erde erneut fest.*

4 *Schütten Sie die Samen in Ihre Handfläche, und säen Sie möglichst gleichmäßig und dünn aus.*

5 *Stellen Sie die Samenschale zur Bewässerung in ein wassergefülltes Gefäß.*

Wie man pikiert

Sobald die fein ausgestreute Saat auskeimt, müssen Sie die Keimlinge umpflanzen und ausdünnen (das sogenannte Pikieren), damit die einzelnen Keimlinge genügend Platz haben.

Sind die Keimlinge groß genug, bereiten Sie eine zweite Samenschale mit gut gewässertem Substrat vor. Drücken Sie im Abstand von 4–5 cm kleine Löcher hinein, und übertragen Sie die Keimlinge einzeln.

Samengrößen

Die hier abgebildeten Samen unterscheiden sich in ihrer Größe. Feine Samen werden frei ausgestreut, mittelgroße kommen in flache Furchen und die größten in einzelne Töpfe. Auf den Samentütchen sind Methoden und Aussaattiefe angegeben.

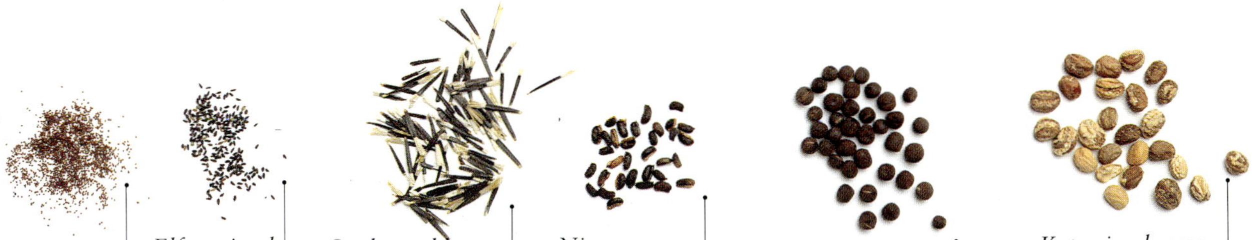

Lobelien (Lobelia *spec.*) — *Elfenspiegel* (Nemesia *spec.*) — *Studentenblume* (Tagetes *spec.*) — *Nieswurz* (Helleborus *spec.*) — *Gartenwicken* (Lathyrus odoratus) — *Kapuzinerkresse* (Tropaeolum majus)

Sie können fertige Mischungen aus Torf (oder Torfersatz) und Granulat (im Verhältnis 50:50) kaufen oder selber mischen. Solche Substrate trocknen schnell aus, sie müssen daher regelmäßig mit einer feinen Tülle aus der Gießkanne gegossen werden. Sehr feine Samen dürfen nur von unten gegossen werden (siehe Seite 100 unten, Schritt 5).

Pikieren und Auspflanzen

Sobald die Keimpflänzchen etwas kräftiger sind, werden sie ausgedünnt und pikiert (herausgenommen und mit größerem Abstand in neues Substrat eingepflanzt). Größere Samen, die sich in einzelnen Töpfen entwickeln konnten, werden ab einer Höhe von 10 cm umgepflanzt (oder mitsamt des Jiffy-Topfes versenkt).

Im warmen Zimmer ausgekeimte Pflanzen müssen unbedingt abgehärtet werden (nach und nach an die kühlen Außentemperaturen gewöhnen), ehe sie an ihren endgültigen Platz ins Freie kommen. Versäumt man das, werden die Pflanzen schnell eingehen – und dann war die ganze Arbeit umsonst.

Jiffy-Töpfe

Es gibt eine Reihe von Töpfen aus kompostierbarem Material in unterschiedlichen Formen. Diese Technik hat Vorteile, weil die ausgekeimten Pflänzchen zusammen mit ihrem Topf eingepflanzt werden können. Manche Töpfe aus Fasermaterial quellen in Wasser und bilden dann zusammen mit dem Samen eine feste Einheit. Sie sind besonders für Hängekörbe geeignet.

Trockener Jiffy-Topf — *Gequollener Jiffy-Topf* — *Etablierte Keimpflanze*

Wie man großen Samen aussät

Säen Sie großen, leicht zu handhabenden Samen in einzelne Töpfe. So können Sie die Pflänzchen an ihren endgültigen Platz umsetzen, ohne sie zu beschädigen.

1 *Ritzen Sie harte Samenschalen mit einem scharfen Messer leicht an, wird die Keimung erleichtert.*

2 *Füllen Sie die Töpfe mit einem Substrat für die Aussaat, drücken Sie es fest und bohren etwa 2,5 cm tiefe Löcher hinein. Legen Sie ein Samenkorn hinein, und geben Sie Erde darauf.*

3 *Sind die Keimpflanzen groß genug, werden sie an die geplante Stelle umgepflanzt. Vergessen Sie nicht, die Pflänzchen ggf. abzuhärten.*

Pflege der Pflanzgefäße

Jedes Pflanzgefäß muß selbstverständlich seinen Zweck erfüllen, d. h. stark genug sein, um Pflanze und Substrat auszuhalten und eine angemessene Drainage besitzen. Da Pflanzgefäße aus einer Vielzahl von Materialien (siehe Seiten 30–35) hergestellt werden, sind sie unterschiedlich haltbar. Achten Sie bei Terrakotta-Gefäßen auf Frostsicherheit, sonst müssen Sie die Töpfe entweder während des Winters im Haus unterbringen, oder Sie riskieren Frostsprünge. Holzgefäße sollten sehr stabil gebaut sein, Exemplare aus Weichholz brauchen einen pflanzenverträglichen Schutzanstrich.

Drainage

Alle Pflanzgefäße, mit Ausnahmen von Fässern für einen Wassergarten (siehe Seite 54), brauchen Drainagelöcher im Boden, damit das Gießwasser abfließen kann. Fehlen diese Löcher, entsteht Staunässe, das Substrat wird sauer, die Pflanzen kümmern und können sogar sterben. Alle normalen Pflanzgefäße weisen solche Drainagelöcher auf. Bauen Sie jedoch selbst ein Pflanzgefäß, oder wollen Sie ein *objet trouvé* nutzen, müssen Sie Löcher in den Boden bohren.

Belüftung

Füllen Sie den Boden jedes Topfes mit einer Schicht Scherben oder Kieseln, damit das Substrat nicht ausgeschwemmt wird und eine gute Drainage und Durchlüftung gewährleistet ist. Bei säureliebenden Pflanzen, wie Rhododendren, Azaleen und blauen Hortensien, dürfen Sie keine Kalksteine verwenden – sie könnten den pH-Wert des Substrates neutralisieren.

Wie man Kübel versetzt

Es gibt mehrere Methoden, einen schweren Kübel umzusetzen – je nach Größe, Standort oder den vorhandenen Hilfsmitteln.

Hier wurden kurze Metallrohrstücke unter einem Brett als Rollen benutzt. Sie können den Kübel auch auf die Ecke eines Sackes stellen, und ihn damit über eine ebene Fläche ziehen.

Wie man einen Blumentopf säubert

Säubern Sie gründlich jeden gebrauchten Blumentopf vor der erneuten Bepflanzung, sonst riskieren Sie, daß Schädlinge und Krankheiten übertragen werden.

1 *Entfernen Sie alle Reste von Blumenerde und Pflanzen, indem Sie den Topf mit einer harten Bürste säubern.*

2 *Waschen Sie dann den Blumentopf gründlich in warmem Wasser mit Spülmittel. Spülen Sie gut mit klarem Wasser nach, ehe Sie neue Erde einfüllen.*

Reinigung

Benutzte Töpfe und Kübel müssen vor dem Neugebrauch gründlich gesäubert werden. Das gleiche gilt für alte Bambusstäbe und Stöcke, sonst könnten sie Krankheiten oder Schädlinge übertragen (siehe oben). Sollte das Gefäß ausgesprochen schmutzig sein, lassen Sie es über Nacht in einem Eimer einweichen, ehe Sie mit dem Schrubben beginnen. Achten Sie darauf, daß alte Holzgefäße noch völlig intakt sind (glatte Unterseiten), insbesondere, wenn Sie auf die Fensterbank gestellt werden und die Farbe zerkratzen könnten. Sie ersparen sich bei jedem Umpflanzen viel Reinigungsarbeit, wenn Sie Ihre Kübel und Töpfe innen grundsätzlich mit einer stabilen Kunststoffolie (z. B. Müllbeutel) auskleiden – vergessen Sie aber nicht, die Folie am Boden zu durchlöchern.

Haltbarkeit von Pflanzgefäßen

Töpfe halten länger, wenn sie nicht direkt auf dem Boden stehen. Außerdem wird durch eine Unterlage die Drainage verbessert. Für Terrakotta-Gefäße gibt es spezielle Untersetzer (siehe Seite 51), unter Fensterkästen können Sie kleine Holzkeile anbringen. Größere Kübel stellen Sie z. B. auf Ziegelsteine. Gut für Fensterbänke sind auch Untersetzer – passend zu Terrakotta- oder Plastikgefäßen – geeignet, die überschüssiges Gießwasser aufnehmen.
Werden Holzgefäße nicht hochgestellt, so daß die Luft darunter zirkulieren kann, verrotten sie leicht. Streichen Sie Gefäße aus Holz vor dem ersten Gebrauch mit einem

pflanzenverträglichen Schutzanstrich oder mit zwei Schichten Ölfarbe in dem gewünschten Farbton an. Ein solcher Anstrich braucht erst nach einigen Jahren erneuert zu werden. Kleiden Sie Gefäße aus Kupfer, Eisen oder Blei innen möglichst mit einer Kunststoffolie aus, damit keine Metallionen ins Pflanzensubstrat ausgewaschen werden.

Transport von Pflanzgefäßen

Mit feuchter Erde gefüllte Gefäße erreichen ein beträchtliches Gewicht, verzichten Sie daher besser darauf, sie hin und her zu schieben. Überlegen Sie sorgfältig im Vorfeld, welcher Standort der beste ist. Transportieren Sie Pflanze und Erde zum Gefäß und beginnen am Standort mit der Bepflanzung. Schleppen Sie sich nicht mit einem vollen Sack Blumenerde ab, sondern füllen Sie die benötigte Menge griffbereit in einen Eimer ab. Sollte sich ein Umsetzen schwerer Kübel wirklich nicht vermeiden lassen, finden Sie unten links einige Tips.

Muß der Pflanzenkübel eine Treppe herunter geschafft werden, legen Sie zunächst stabile Bretter auf die Stufen und umwickeln den Kübel mit einem Seil. Schieben Sie den Kübel vorsichtig über die Bretter, und halten Sie ihn mit dem Seil fest, damit er nicht abrutscht. Bei wirklich schweren Kübeln brauchen Sie allerdings Hilfe. Sie können sich für den Transport auch eine kleine Sackkarre anschaffen, müssen aber auch dann den Kübel zunächst auf die Tragfläche bugsieren.

Seien Sie sehr vorsichtig, wenn Sie schwere Gefäße heben: Beugen Sie die Knie, niemals den Rücken. Ehe Sie einen Topf mit Pflanzen transportieren – gleich über welche Entfernung –, sollten Sie ihn gut mit Sackleinen abdecken, damit weder Blätter noch Stämme Schaden nehmen.

Holzfässer

Ehe Sie ein durchgesägtes Holzfaß als Wassergarten nutzen, muß es durch ausgiebiges Wässern wasserdicht gemacht werden (siehe Schritte 1–2). Wollen Sie es mit Erde füllen, schlagen Sie es innen mit einer Plastikfolie aus (vergessen Sie nicht die Drainagelöcher!).

1 *Vor dem Wässern sind die Dauben eines Fasses geschrumpft und die Verbindungen nicht wasserdicht.*

2 *Füllen Sie das Faß mit Wasser, warten Sie ein paar Stunden, und gießen Sie anschließend überflüssiges Wasser ab.*

3 *Schlagen Sie das Faß mit Plastikfolie aus, und schneiden Sie mit dem Messer einige Drainagelöcher hinein.*

4 *Füllen Sie Erde ein, und schneiden Sie die überstehende Folie bündig mit der Oberkante der Erde ab.*

Winterschutz

Alle Gefäße mit frostempfindlichen Pflanzen brauchen Winterschutz. In der Regel reicht ein alter Sack oder Sackleinen völlig aus, der um den Topf gewickelt wird. Noch besser – sofern sie gut befestigt wird – ist Kunststoffolie mit Lufteinschlüssen geeignet, die als Verpackungsmaterial dient.

Gebrauchsfertiger, verstärkter Terrakotta-Topf

Verstärkung eines Terrakotta-Topfes
Viele Terrakotta-Töpfe neigen dazu, bei kaltem Wetter zu springen. Hier kann ein Ring aus Bindedraht helfen. Wickeln Sie den Draht um den Topfhals, und drehen Sie die Enden fest zusammen.

Einschlagen eines Topfes
Empfindliche oder nur halbwinterharte Pflanzen müssen vor Frost geschützt werden. Schlagen Sie den Topf mit Säcken oder Sackleinen ein.

Eingeschlagener Topf

Krankheiten und Schädlinge

Wie sorgfältig Sie sich auch um Ihre Pflanzen kümmern, einige werden immer das Opfer von Krankheiten oder Schädlingen. Sie können dieses Risiko senken, indem Sie sich intensiv um die Pflanzen kümmern: Verwenden Sie vorbeugend saubere, sterile Töpfe und Erde, und überprüfen Sie Ihre Pflanzen regelmäßig auf Anzeichen von Schäden. Nur so können Sie rechtzeitig erfolgreich gegen Krankheiten und Schädlinge vorgehen. Regelmäßige, sorgfältige Pflege der Pflanzen trägt gleichfalls viel zu ihrer Gesundheit bei – wenn sie ständig austrocknen und dann wieder mit Wasser überschwemmt werden, stehen sie unter Dauerstreß und sind anfällig für Krankheiten.

Ob Sie bei Krankheiten und Schädlingen für die „chemische Keule" oder organische Alternativen votieren, ist eine Frage der persönlichen Einstellung. Denken Sie jedoch daran, daß Sie kein professioneller Pflanzenzüchter sind. Schließlich hängt Ihr wirtschaftliches Auskommen nicht davon ab, möglichst viele Ihrer Pflanzen durchzubringen – selbst wenn Sie manchmal das Gefühl haben, eine Lieblingspflanze nur mit einem chemischen Spritzmittel retten zu können. Wenn Sie Chemikalien verwenden, sollten Sie dies an einem windstillen Tag, am späten Abend tun – dann haben sich nützliche Insekten bereits zurückgezogen. Halten Sie sich streng an die Packungsanweisungen, tragen Sie Handschuhe, ggf. auch eine Schutzmaske, und sorgen Sie dafür, daß weder Kinder noch Haustiere zugegen sind.

Krankheiten

Alle Pflanzenkrankheiten fallen in drei große Gruppen: bakterielle, Pilz- oder Viruserkrankungen. Einige der Symptome sind überraschend ähnlich. Gegen bakteriellen Befall hilft am besten peinliche Sauberkeit, denn einmal befallene Pflanzen sind kaum noch zu kontrollieren. Bakterienkrankheiten sind allerdings seltener als Pilz- oder Viruserkrankungen. Die häufigsten Krankheiten sind Mehltau, Wurzelfäule und Rost.

Bakterielle Blattfleckenkrankheit: Punkte oder Flecken, häufig mit gelbem Rand, auf den Blättern. Die befallenen Blätter sterben ab.
Abhilfe: Vermeiden Sie, die Blätter zu befeuchten. Entfernen und verbrennen Sie befallene Blätter, ggf. auch die ganze Pflanze.

Blattfleckenkrankheit (Pilz): Auf den Blättern treten einzelne, in Ringen stehende Flecken auf. Sie können sich in den Farben unterscheiden, sind aber gewöhnlich braun oder dunkelgrau; vorzeitiger Blattfall.
Abhilfe: Entfernen und verbrennen Sie die befallenen Organe; Spritzen mit kupferhaltigen Fungiziden.

Brandpilze: Der Befall beginnt mit hellgrünen oder weißlichen Schwellungen auf den Blättern und/oder Blattstielen, die aufreißen und schwarze, pulverige Sporen freisetzen können. Die Blätter können vorzeitig abfallen, bzw. die ganze Pflanze absterben.
Abhilfe: Verbrennen Sie sofort alle befallenen Pflanzen, denn die Infektion kann sich auf Nachbarpflanzen ausbreiten.

Echter Mehltau: Auf den Blättern entwickelt sich ein weißer, mehliger Überzug – meist auf den Ober- aber auch den Unterseiten. Die Blätter werden gelb und fallen ab.
Abhilfe: Entfernen Sie sofort die befallenen Organe. Bei starkem Befall Spritzen mit einem Fungizid.

Falscher Mehltau: Auf der Blattunterseite entwickelt sich ein weißlich-grauer Schimmelbelag; die Oberseiten weisen gelbe oder braune Flecken auf. Das Wachstum wird gehemmt, die Pflanze kann zusätzliche Infektionen bekommen.
Abhilfe: Entfernen Sie die befallenen Blätter, verbessern Sie die Durchlüftung und sorgen Sie für eine bessere Drainage; bei starkem Befall mit „Mancozeb" spritzen.

Feuerbrand: Die Blätter verfärben sich schwärzlich-braun, sehen wie verbrannt aus und bleiben dicht am Ast. Schließlich kann der Sproß oder die gesamte Pflanze absterben (Meldepflicht!).
Abhilfe: Der befallene Ast wird abgeschnitten und verbrannt.

Pilzkrankheiten: Pflanzen können von zahlreichen Pilzkrankheiten (Schimmel, Mehltau, Fäule und Welke) befallen werden, die sich in vielerlei Erscheinungsbildern zeigen, z. B. staubig-schimmelige Beläge auf Blättern, Blüten und Früchten, oder braune, gelbe oder orange Flecken auf Blättern.
Abhilfe: Entfernen Sie befallene Organe, und spritzen Sie mit einem Fungizid.

Rindenbrand: Auf der Rinde von Bäumen bilden sich länglich eingesunkene, nekrotische Flecken, die aufreißen und sich vergrößern. Sobald die Rinde großflächig befallen ist, stirbt der betroffene Ast ab.
Abhilfe: Sofort die befallene Stelle und ggf. auch die ganze Pflanze entfernen.

Rost: Rot-braune Pusteln, vorwiegend auf Blättern. Daraus werden orange und gelbe Sporen abgegeben, die der Wind auf andere Pflanzen überträgt.
Abhilfe: Vorbeugend mit einem kupferhaltigen Fungizid spritzen.

Sternrußtau: Eine Pilzerkrankung von Rosen, die sich in kleinen, schwarzen Flecken auf den Blättern äußert. Die Blätter vergilben und fallen vorzeitig ab.
Abhilfe: Regelmäßige Behandlung mit einem Fungizid.

Umfallkrankheit: Keimlinge kippen um, welken und sterben ab. Da Keimlinge warme, feuchte Bedingungen brauchen, sind sie besonders anfällig.
Abhilfe: keine; verwenden Sie peinlich saubere Anzuchtgefäße.

Viruskrankheiten: Sie können nicht behandelt werden, daher ist Vorbeugung die einzig mögliche Maßnahme. Meist stellen die Pflanzen ihr Wachstum ein, die Blätter und Blüten werden fleckig, manchmal bilden sich auch verkümmerte Formen. Über Stecklinge kann man die Viren von Generation zu Generation weitergeben.
Abhilfe: keine; entfernen Sie die befallenen Pflanzen, und verbrennen Sie die Reste.

Wurzelfäule: Sie wird von Bakterien verursacht, die über Verletzungen ins Gewebe eindringen; vermeiden Sie daher jede grobe Behandlung der Wurzeln. Auch kontaminierte Erde, Gefäße oder Werkzeuge können diese Infektion übertragen – ein klarer Hinweis darauf, sein Handwerkszeug peinlich sauberzuhalten. Die Wurzeln verfaulen, die Pflanze verfärbt sich und verwelkt.
Abhilfe: keine; verbrennen Sie sofort die ganze Pflanze.

Schädlinge

Da alle Schädlinge sichtbare Spuren hinterlassen, können Sie den Übeltäter leichter identifizieren. Einige nagen und fressen sich durch die Pflanze und hinterlassen zerstörte, durchlöcherte Blätter, andere sind an Anhaltspunkten oder Spuren zu erkennen – wie Schnecken an ihren Schleimspuren. Bestimmte Insekten (Blattläuse) saugen Pflanzensaft und scheiden dabei einen klebrigen Zuckersaft (Honigtau) aus, auf dem sich Rußtaupilze entwickeln, die Pflanze weiter schädigen und sie anfällig gegenüber Virusinfektionen machen.

Älchen (Nematoden): Diese winzigen Schädlinge dringen in Blätter, Sprosse und Wurzeln vieler Pflanzen ein – vor allem unter feuchtwarmen Bedingungen. Sie rufen gehemmtes, verkümmertes oder runzliges Wachstum hervor.
Abhilfe: Infizierte Pflanzen müssen sofort verbrannt und das Gefäß sterilisiert werden. Werfen Sie alle Blumenerde aus dem Topf weg.

Ameisen: Sie ernähren sich vom Honigtau der Blattläuse und „weiden" diese Saftsauger sogar auf den Pflanzen. Wie Hirten bringen sie ihre Läuse zu immer neuen, frischen Stellen.
Abhilfe schaffen Sie nur, wenn Sie Ameisen und Blattläuse gemeinsam bekämpfen. Ameisen, die sich im Bereich der Wurzeln Baue anlegen, schaden ebenfalls Ihren Pflanzen. Ameisengifte.

Blattläuse: Manche Pflanzen sind gegenüber saugenden Läusen anfälliger als andere. Werden sie nicht unter Kontrolle gehalten, bilden Blattläuse große Kolonien auf den weichen, frischen Pflanzenteilen. Auf dem klebrigen, von ihnen ausgeschiedenen Honigtau entwickeln sich Pilze, die den Rußtau hervorrufen. Er schirmt das Licht von den Blättern ab und schwächt die Pflanze. Die häufigsten Blattlausformen sind grün oder schwarz gefärbt, der Befall führt zu deformierten Knospen und gehemmtem Wachstum, außerdem breiten sich u. U. Viruserkrankungen aus. Hochdosierte Stickstoffdünger steigern den Zuckergehalt in den Leitbündeln und locken somit verstärkt Blattläuse an.
Abhilfe: Sprühen mit Blattlausmitteln.

Blattwanzen: Besonders gefährdet sind junge Blätter und Sproßspitzen. Der Befall äußert sind in dunkelbraunen Flecken, die sich zu unregelmäßigen Löchern auswachsen.
Abhilfe: Sprühen mit Permethrin.

Maikäfer: Geflügelte Käfer, die sich in Frühling und Sommer vorwiegend über Blüten hermachen; ihre Engerlinge leben in der Erde und fressen die Wurzeln an.
Abhilfe: Entfernen Sie die Käfer mit der Hand, und spritzen Sie mit einem Insektizid.

Mottenschildläuse: Im Nymphenstadium scheiden diese Insekten Honigtau auf Blättern, Sprossen und Früchten aus. Darauf siedelt sich grauer Rußtaupilz an. Mottenschildläuse sind mit dem bloßen Auge zu erkennen. Ernsthaft geschädigte Pflanzen werden geschwächt und zeigen gehemmtes Wachstum.
Abhilfe: In regelmäßigen Abständen mit Permethrin einsprühen oder -stäuben.

Ohrwürmer: Besonders anfällig sind Chrysanthemen, Waldrebe und Dahlien. Die flinken Ohrwürmer mit den charakteristischen Klauen fressen nachts und sind daher schwer zu erwischen.
Abhilfe: Bauen Sie eine Ohrwurmfalle, oder sprühen Sie mit Permethrin.

Rüsselkäfer sind nachtaktive Insekten mit einem langen, rüsselartigen Kopf. Sie treten vor allem im Frühling und Herbst auf und fressen dann Löcher in die Blätter. Junge Rüsselkäfer ernähren sich von den Wurzeln, die Pflanzen kümmern, welken rasch und können sogar absterben.
Abhilfe: Sorgen Sie stets für eine saubere Umgebung und entfernen Sie abgestorbene Pflanzenteile, um einem Befall vorzubeugen. Bei starken Schäden hilft nur ein phosphorhaltiges Insektizid.

Schmetterlingsraupen können besonders unersättlich sein, wenn sie über Knospen, Blätter und Sprosse herfallen. Manchmal hinterlassen sie eine völlig entblätterte Pflanze.
Abhilfe: Sprühen mit einem Mittel gegen beißende Insekten.

Schnecken können in jedem Garten zum Problem werden, und leider sind auch Topfpflanzen nicht immun. Besonders gefährdet sind Funkien, aber auch die weichen Sprosse und Blätter fast aller anderen Pflanzen.
Abhilfe: Am einfachsten lassen sich Schnecken durch eine Barriere aus Kieselsteinen unterhalb der Töpfe abhalten. Darauf können sie nur schwer kriechen. Eine wirksame Schneckenfalle wird links unten vorgestellt.

Schneckenfalle

Schnecken fängt man in einem eingegrabenen Gefäß, das mit zuckerhaltigen Getränken (Cola oder Bier) gefüllt wurde. Die Schnecken werden von dem Getränk angezogen, fallen hinein und ertrinken.

Ein mit Cola gefüllter Untersetzer lockt Schnecken an.

Ohrwurmfalle

Ohrwürmer werden in einer einfachen Falle gefangen. Stülpen Sie einen kleinen Blumentopf, der mit Stroh gefüllt wurde, nahe der Pflanzen über einen Bambusstab. Die Ohrwürmer kriechen in diese Falle hinein und werden jeden Morgen entfernt.

Dieser strohgefüllte Terrakotta-Topf lockt Ohrwürmer an.

PFLANZEN FÜR TÖPFE UND KÜBEL

In diesem Kapitel finden Sie, in alphabetischer Reihenfolge der lateinischen Gattungsnamen, die wichtigsten Pflanzen für Töpfe und Kübel. Zu jedem Pflanzenporträt gehört eine genaue Beschreibung der Arten und Sorten sowie Informationen über die Kultur mit Tips für Pflege, Standort und Substrat.

Außerdem wird jede Pflanze durch ihre Winterhärte (vier Kategorien) charakterisiert: **Sehr winterhart** bedeutet, daß sie Temperaturen von –18° C über längere Zeit verträgt, **winterharte** Pflanzen halten während des Winters Temperaturen von –18° C bis 0° C aus. **Halb-winterharte** Pflanzen tolerieren Temperaturen von + 1° C, wachsen dann aber langsamer, und **nicht-winterharte** Pflanzen erleiden schon bei Temperaturen unter + 10° C Kälteschäden.

Die notwendigen Wasser- und Düngergaben werden pauschal angegeben: **Selten** werden Pflanzen alle 7–10 Tage, **regelmäßig** jeden dritten oder vierten Tag und **häufig** jeden Tag gegossen.

Links: Die Gänseblümchen-ähnlichen Blüten in Pink und Weiß von Pericallis *cv.*

Oben: Ein rustikal wirkender Kübel mit einjährigen Sommerblühern.

lvaceae
Abutilon

H: bis 2 m; **B:** 3–3,50 m
Abutilon megapotamicum, die Schönmalve, stammt aus Südamerika (vorwiegend aus Brasilien). An geschützter Stelle kann sie als Wandstrauch erzogen werden und bildet dann eine leicht trauernde Wuchsform aus; kann überall, außer in sehr kalten Regionen, kultiviert werden. Nicht winterharte Arten, wie *A. pictum* 'Thomsonii', passen mit ihren grünen, gelb gefleckten Blättern sehr gut in sommerliche Arrangements. Die Blätter sind in der Regel kräftig grün, häufig zu drei Spitzen ausgezogen, und ähneln kleinen Weintraubenblättern. Vom Frühsommer bis Mitte Herbst werden 4 cm lange, glockenförmige Blüten ausgebildet.
Kultur: nicht-winterhart; volle Sonne/Halbschatten; häufig gießen; anfällig gegenüber Schildläusen, Blattwanzen und Weißen Fliegen (siehe Seite 105); Vermehrung durch Teilstecklinge in Früh- bis Spätsommer.
Besondere Ansprüche: Die Pflanze braucht ein wasserdurchlässiges Substrat und einen geschützten Platz. Dort kann *A. megapotamicum* in milden Regionen sogar im Freiland überwintern. *A. pictum* muß im Haus überwintern. Spezieller Dünger ist nicht erforderlich; hohe Nitratgaben reduzieren die Blütenausbeute und können dazu führen, daß panaschierte Blätter einfarbig werden. Wenn nötig, können Sie bewurzelte Stecklinge überwintern und im nächsten Frühjahr einpflanzen.
Gestaltungsvorschläge: Sorten von *A. pictum* bilden ideale zentrale Blickpunkte, ihre unteren Blätter sterben jedoch leicht ab und geben den Blick auf den Sproß frei (siehe Seite 41).

Aceraceae
Acer
Acer palmatum

H: 5 m; **B:** bis 2,40 m
Dieser langsamwüchsige große Strauch bzw. kleine Baum, meist als Fächerahorn bezeichnet, stammt aus China und Japan. Wegen seiner attraktiven, runden Krone, der fächerförmigen Wuchsform und den zierlichen, palmenartigen Blättern, deren Farben von Hellgrün über Goldgelb bis tief Purpurrot reichen, ist er äußerst beliebt. Die Blätter fast aller Sorten zeichnen sich im Herbst durch lebhafte Rot-, Gelb- oder Orangeschattierungen aus. Manche Sorten haben eine kräftig gefärbte Rinde, z. B. *A. p.* 'Benkaki', einige, wie *A. p.* ‚Dissectum Atropurpureum', feinschnittige Blätter. Besonders ungewöhnlich ist *A. p.* 'Beni-tsukasa', dessen Blätter ein bemerkenswertes Farbspiel aufweisen: Junge Blätter sind pfirsichgelb bis rosarot, dunkeln im Spätsommer nach und weisen dann schwach panaschierte Blätter mit lichten Farbflecken auf.

Acer palmatum 'Beni-tsukasa'

Kultur: sehr winterhart; volle Sonne/Halbschatten; selten gießen, doch sollten die Wurzeln nicht austrocknen; im Frühling organischen Dünger aufstreuen; entfernen Sie im Frühling krankes oder abgestorbenes Holz; anfällig gegenüber Rotpustelkrankheit; Vermehrung aus Samen zu Frühlingsanfang (Freiland) oder aus Triebstecklingen im Hochsommer.
Besondere Ansprüche: lockeres, wasserdurchlässiges, kalkfreies Substrat; wässern Sie in Regionen mit hartem Leitungswasser mit Regenwasser; schützen Sie die Pflanzen vor starken Winden.
Gestaltungsvorschläge: Da die zierlichen Blätter nur lichten Schatten erzeugen, eignen sie sich hervorragend als Kronendach für Pflanzen auf einer Sitzfläche oder Terrasse mit Holzdecke.

Actinidiaceae
Actinidia

H: bis 10 m; **B:** 2 m
Actinidia ist eine Gattung winterharter, laubabwerfender Klettersträucher mit windenden Zweigen, die aus Asien stammen. Die Kiwi *(A. deliciosa* syn. *A. chinensis)* ist eine wüchsige, attraktive Kletterpflanze mit dunkelgrünen, herzförmigen Blättern und behaarten Stengeln. Die männlichen und weiblichen Blüten, die in 4 cm breiten Blütenständen stehen, sind cremig-weiß, später ledergelb gefärbt; sie erscheinen von Hoch- bis Spätsommer. Da männliche und weibliche Blüten auf verschiedenen Pflanzen gebildet werden, brauchen Sie für die Befruchtung Pflanzen beiderlei Geschlechts. *Actinidia kolomikta* überzeugt durch attraktives Laub – die herzförmigen, dunkelgrünen Blätter haben rosa und weiß gefärbte Spitzen – und wird an geschützten Stellen bis 4 m hoch.

Acer palmatum 'Dissectum Atropurpureum'

Kultur: sehr winterhart; volle Sonne; häufig gießen; im Frühling Langzeitdünger aufstreuen, und Flüssigdünger von Hoch- bis Spätsommer; dünnen Sie wilde Triebe aus und schneiden Sie im Vorfrühling wüchsige Sprosse zurück; Vermehrung aus Teilstecklingen im Hoch- bis Spätsommer.
Besondere Ansprüche: bevorzugt neutrales, wasserdurchlässiges Substrat; Kletterhilfe für junge, windende Sprosse erforderlich.

Gestaltungsvorschläge: Diese wüchsige Pflanze ist ideal als Wandverkleidung geeignet und sorgt, über eine Stütze gezogen, im Sommer für Schatten.

Adiantaceae
Adiantum
Adiantum capillus-veneris

H: 25 cm; **B:** 25 cm
Die Gattung des Frauenhaarfarns besteht aus rund 200 Arten. Seine hellgrünen, dreieckigen Blätter stehen an kräftigen, schwarzen Stielen. Da er nicht gänzlich winterhart ist, wird er häufig nur als Zimmerpflanze gezogen. In warmen Regionen kann der Farn an geschütztem Standort jedoch ohne Schwierigkeiten ganzjährig draußen bleiben.
Kultur: halb-winterhart; Schatten; häufig gießen; sparsames Düngen mit Knochenmehl im Frühling; anfällig gegenüber Älchen (siehe Seite 105), die bis in die Blätter vordringen – sie hinterlassen große, tote, schwarz gefärbte Flecken; Bohrasseln fressen die Wurzeln an, so daß die Pflanze teilweise welkt oder kümmert; Vermehrung durch Teilung der Rhizome im Frühling oder durch Aussaat der Sporen.
Besondere Ansprüche: bevorzugen Torfböden mit hohem Fasergehalt; der Farn darf weder austrocknen noch in Staunässe stehen. Vermeiden Sie direktes Sonnenlicht, sonst trocknet die Pflanze aus, und die Blätter werden schrumpelig. Überwintern im Haus; ab dem Spätfrühling ins Freie; belassen Sie den Farn in seinem Topf, und stellen Sie ihn in einen Übertopf.
Gestaltungsvorschläge: Gut, um eine feuchte, schattige Ecke zu beleben.

Liliaceae
Agapanthus
Agapanthus campanulatus

H: bis 60 cm; **B:** 75 cm
Die winterharte, buschig wachsende Afrikanische Lilie stammt aus Südafrika. Sie bildet im Hochsommer über tiefgrünen, bandförmigen, bis 60 cm langen Blättern dichte Blütenstände aus (75 cm über dem Boden), die aus hellblauen, bis 7,5 cm langen Einzelblüten bestehen. Die Headbourne-Hybriden, mit tiefblauen Blüten, sind gewöhnlich winterhärter als viele der Arten.
Kultur: halb-winterhart; volle Sonne/Halbschatten; häufig gießen; sparsam düngen für maximalen Blütenreichtum; Vermehrung durch Teilung im Spätfrühling/Frühsommer oder durch Samen im Spätfrühling (aus Samen gezogene Pflanzen brauchen drei Jahre bis zur Blüte).
Besondere Ansprüche: Braucht sehr nährstoffreiches Substrat mit hohem Kompostanteil. Gut für Küstenregionen geeignet, da sie salzhaltige Luft toleriert; braucht Windschutz, insbesondere in kühlen Regionen. Entfernen Sie Verblühtes regelmäßig, um den Samenansatz zu unterbinden und den Blütenreichtum des nächsten Jahres zu fördern. Alle zwei bis drei Jahre teilen, um den Wuchs zu zügeln und die Blüte anzuregen.
Gestaltungsvorschläge: Diese prachtvolle Pflanze eignet sich gut als exponierter Blickpunkt. Die attraktiven, trockenen Samen können als Winterschmuck stehen bleiben (siehe Seite 20).

Agave americana 'Marginata'

Agavaceae
Agave
Agave americana

H: Rosette bis 1 m; **B:** 1,20 m
Diese, als Hundertjährige Aloe bezeichnete, sukkulente Pflanze stammt aus Mexiko. Sie hat schmale, graugrüne, dickfleischige Blätter mit scharfen, stacheligen Spitzen. Blühende *A. americana* bilden einen beeindruckenden, 3–5 m hohen Blütenstand mit creme-gelben, glockenförmigen Blüten aus. Die Blattrosette stirbt gewöhnlich ab, nachdem die Blüten gebildet wurden. Mit *A. a.* ‚Marginata' ist eine panaschierte Form erhältlich.
Kultur: nicht-winterhart; volle Sonne; selten gießen; anfällig gegenüber Schildläusen; Vermehrung über Tochterpflänzchen (kleine Rosetten, die aus dem Substrat um die Mutterpflanze austreiben) im Frühling oder Sommer.
Besondere Ansprüche: braucht gut wasserdurchlässiges, leicht lehmhaltiges Substrat; verträgt unregelmäßiges Gießen, darf aber nicht zuviel gegossen werden. Bei Temperaturen unter 5°C ist Winterschutz erforderlich.
Gestaltungsvorschläge: Ideal als Einzelpflanze am heißesten Platz einer Terrasse.

Alchemilla mollis

Rosaceae
Alchemilla
Alchemilla mollis

H: 45 cm; **B:** 45–60 cm
Der krautige Frauenmantel stammt aus Osteuropa und Asien. Die pelzigen, hellgrünen Blätter sind handförmig eingeschnitten und am Rand oft gefältelt. Die Mitte wachsender Pflanzen bleibt offen, die Wuchsform ist locker ausgebreitet. Die cremig-gelben bis limonengrünen „Blüten“ sind in Wirklichkeit Hochblätter, die in dichten Blütenständen vom Hoch- bis zum Spätsommer erscheinen.
Kultur: sehr winterhart; volle Sonne/Halbschatten; häufig gießen; mulchen Sie im Frühling mit Kompost, und geben Sie während des gesamten Sommers Flüssigdünger alle zwei Wochen; schneiden Sie die Stengel nach der Blüte auf 2,5 cm zurück; Vermehrung aus Samen (Frühlingsmitte) oder durch Teilung (Winter).
Besondere Ansprüche: Braucht wasserdurchlässiges Substrat.
Gestaltungsvorschläge: Sehr gut als Bodendecker um die Basis von Bäumen oder Sträuchern in Kübeln.

Liliaceae

Allium

H: Blätter bis 45 cm; **B:** 10–12 cm
Diese große Gattung besteht aus 280 winterharten Zwiebelpflanzen, die sich fast alle durch den typischen Zwiebelgeruch auszeichnen. Einige sind Zier-, andere Nutzpflanzen, und alle lassen sich recht einfach kultivieren. Zierpflanzen besitzen gewöhnlich einen Hauptsproß mit kugeligem bis gewölbtem Blütenstand in kräftigen Farben. *A. christophii (*syn. *A. albopilosum)* aus dem Nahen Osten gehört zu den beliebtesten Arten. Ihre bandförmigen Blätter sind matt bläulich-grün und unterseits etwas behaart, die 15 cm großen, kugeligen Blütenstände (Hochsommer) bestehen aus bis zu 80 kleinen, lilarosa, sternförmigen Blüten. Auch *A. moly* aus Südeuropa mit 5 cm großen, gelben, sternförmigen Blüten, die im Hochsommer auf 30 cm hohen Stengeln gebildet werden, wird gern verwendet; ihre dünnen, bandförmigen, graugrünen Blätter werden 20 cm lang.
Kultur: winterhart; volle Sonne; selten gießen; im Frühling Langzeitdünger aufstreuen; junge Pflänzchen werden gerne von Schnecken befallen, während Wurzeln und Basis der Zwiebel anfällig gegen Fäule sind; Vermehrung aus Samen (aussäen zwischen Herbst und Frühlingsanfang) oder durch Teilung nach der Blüte.
Besondere Ansprüche: brauchen wasserdurchlässiges, lehmiges Substrat; genügend tief eingepflanzt sind sie winterhart. Alle drei Jahre sollten die Pflanzen geteilt werden, damit sie weiterhin üppig blühen.
Gestaltungsvorschläge: Belassen Sie die abgeblühten Blütenstände als ungewöhnlichen Schmuck für den Winter auf der Pflanze (siehe Seite 27).

Boraginaceae

Anchusa

Anchusa azurea

H: bis 1,50 cm; **B:** 60 cm
Diese Gattung winterharter Zweijähriger und Stauden stammt vorwiegend aus Europa und Afrika. Sie zeichnen sich durch ein tiefreichendes, zahnartiges Wurzelsystem aus. Ihre mittelgrünen, etwas fleischigen, bandförmigen Blätter sind mit feinen Borstenhaaren bedeckt, die bei Hitze den Wasserverlust reduzieren. Die bekannteste Art ist *A. azurea* – ihre Sorten sind sehr beliebt, da sie von Hoch- bis Spätsommer in leuchtenden Farben strahlen. Die 1 cm großen, flachen Blüten stehen weit oberhalb der Blätter in langen, abgeschnittenen Ähren. Gut für ein Gefäß geeignet sind die Sorten: 'Loddon Royalist', 1 m hoch mit zahlreichen, enzianblauen Blüten; die wüchsigere 'Dropmore', 1,50–2 m hoch mit zahlreichen, tiefblauen Blüten; 'Morning Glory', 1,20–1,50 m und tiefblau sowie die himmelblaue Sorte 'Opal'.
Kultur: winterhart; volle Sonne/Halbschatten; häufig gießen; im Frühling mit Kompost mulchen; Vermehrung durch 5 cm lange Wurzelstecklinge im Vorfrühling.
Besondere Ansprüche: Die Pflanze hat sehr lange Wurzeln, die Trockenheit ertragen können. Daher braucht sie ein tiefes Gefäß und gut wasserdurchlässiges Substrat. Stützen Sie die wüchsigeren Sorten mit Bambus oder Reisig.
Gestaltungsvorschläge: Zusammen mit anderen hitzeliebenden Pflanzen auf einer heißen, trockenen Terrasse.

Ranunculaceae

Anemone

H: bis 30 cm; **B:** 45 cm
Diese große Gattung besteht aus rund 150 Arten mit fädigen oder knolligen Wurzeln, die vorwiegend aus dem Alpen- und Mittelmeerraum stammen. Anemonenblüten sind bis zu 5 cm breit, becherförmig und bestehen aus bis zu 20 farbigen Kronblättern. Wie die verwandte Waldrebe werden sie im Alter immer flacher. Die kleinen, mittel- bis dunkelgrünen, eingeschnittenen oder handförmig geteilten Blätter stehen wechsel- oder gegenständig an kurzen, hohlen, häufig rötlich-grünen Stengeln. Besonders beliebt sind Hybriden von *A. coronaria.* Stauden wie *A. hupehensis* oder *A.* x *hybrida* blühen vom Spätsommer bis Herbst; sie werden bis zu 1 m hoch und sind in Blütenfarben von Tiefrosa bis Rein-Weiß erhältlich.
Kultur: winterhart; volle Sonne/Halbschatten; häufig gießen; Flüssigdünger während des Sommers, je nach der Blütezeit; junge Sprosse werden gern von Schnecken gefressen (siehe Seite 105); Anemonenrost führt zu verkümmerten Blättern und hemmt die Blütenbildung; von Viren befallene Pflanzen haben gelbe Blätter, kümmerndes Wachstum und reduzierte Blüten (siehe Seite 104); Vermehrung durch Teilung: Frühlingsblüher im Spätsommer, Sommer- und Herbstblüher von Herbstmitte bis Spätherbst.
Besondere Ansprüche: wasserdurchlässiges Substrat;
Gestaltungsvorschläge: Früh blühende Formen eignen sich gut für den Frühling; sie können einzeln in Töpfen wachsen und werden zusammen in ein größeres Gefäß gestellt (siehe Seiten 52 und 58).

Anchusa azurea 'Loddon Royalist'

Anemone x *hybrida*

Aristolochiaceae

Aristolochia

Aristolochia macrophylla

H: bis 8 m hoch; **B:** 3 m
Die Pfeifenwinde *(Aristolochia macrophylla* syn. *A. durior)* stammt aus Nordamerika. Sie ist eine wüchsige Kletterpflanze mit windenden Zweigen. Ihre mittelgrünen Blätter sind herzförmig. Die 2,5–4 cm großen, gelb, braun und grün gefärbten Blüten haben eine pfeifenähnliche Form und erscheinen im Hochsommer.
Kultur: winterhart; volle Sonne/Halbschatten; häufig gießen; im Frühling Langzeitdünger aufstreuen; schwache Triebe ausdünnen und starke im Vorfrühling um ein Drittel zurückschneiden; anfällig gegenüber Blattläusen (siehe Seite 105), die den Wuchs hemmen können, und in warmen Sommern gegenüber roten Blattspinnmilben; Vermehrung im Hochsommer durch 7,5 cm lange Triebstecklinge, durch Absenken im Spätsommer oder zur Frühlingsmitte aus Samen.

Artemisia pontica

Besondere Ansprüche: Diese wüchsige Kletterpflanze braucht ein tiefes Gefäß mit gut wasserdurchlässigem, nährstoffreichem Substrat. Braucht viel Raum, um sich auszubreiten. Junge Triebe müssen angebunden werden.
Gestaltungsvorschläge: Gut für eine Wand, Laube oder Pergola geeignet; es ist auch möglich, sie über einen Stützpfosten zu erziehen.

Compositae/Asteraceae
Artemisia
Artemisia pontica

H: 60 cm; **B:** 20 cm
Die Art gehört zu einer großen Gruppe winterharter bis empfindlicher Stauden, immergrüner und halbimmergrüner Sträucher, die aus Europa, Asien und Amerika stammen. *Artemisia pontica* ist ein laubabwerfender, winterharter Halbstrauch. Er wird wegen seiner attraktiv silbergrauen, leicht aromatisch duftenden Blätter gezogen. Die grau-gelblichen Blüten sind dagegen klein und erscheinen im Spätsommer/Frühherbst.
Kultur: winterhart; volle Sonne/Halbschatten; selten gießen; im Spätfrühling auf 15 cm zurückschneiden; die unteren Blätter und Wurzelhälse werden von Blattläusen und Rostpilzen angegriffen (siehe Seiten 104–105); Vermehrung durch 7,5–10 cm lange Teilstecklinge im Spätsommer.
Besondere Ansprüche: Bevorzugt ein lockeres, wasserdurchlässiges Substrat und einen sehr sonnigen Standort. Umsetzen oder umtopfen jedes Jahr im Frühling. Normalerweise winterhart, bei tieferen Temperaturen empfiehlt sich ein Schutz der Wurzeln.
Gestaltungsvorschläge: Hervorragend in Kombination mit purpurblättrigem Laub.

Poaceae-Bambusoideae
Arundinaria
Arundinaria nitida

H: bis zu 3,50 m; **B:** bis 1,50 m
Dieser Bambus stammt aus China und ist wie viele andere Arten der Gattung immergrün und winterhart. Da die Abgrenzung der Gattung im Fluß ist, wird die vorgestellte Art auch als *Sinarundinaria nitida* oder *Fargesia nitida* verkauft. Besonders reizvoll ist der junge Austrieb, wenn die Sprosse von einem wachsigen, fast purpurnem Flaum überzogen sind. Die bandförmigen Blätter sind oberseits kräftig grün und unterseits bläulich-grün gefärbt. Ungestört wächst *Arundinaria* zu einem dichten, dickichtartigen Busch heran.
Kultur: sehr winterhart; volle Sonne/Halbschatten; regelmäßig gießen; im Frühling reichlich mit grobem Kompost mulchen; schneiden Sie tote Triebe direkt über dem Boden ab; Vermehrung durch Teilung im Spätfrühling.
Besondere Ansprüche: liebt feuchtes, gut wasserdurchlässiges Substrat; die Wurzeln dürfen niemals austrocknen. Verträgt keinen kalten Wind.
Gestaltungsvorschläge: Gut als dekorativer Sichtschirm geeignet.

Scrophulariaceae
Bacopa

H: bis 60 cm; **B:** 1 m
Die Gattung mit rund 60 sommerblütigen Arten stammt vorwiegend aus Amerika. Sie wachsen im Wasser oder in feuchtem Boden. Ihre sukkulenten, fleischigen, meist kriechenden Sprosse tragen gegenständige Blattpaare, die blütentragenden Sprosse wachsen aufrecht. Im Sommer erscheinen blaue oder weiße, glockenförmige Blüten in drei- bis fünfblütigen Blütenständen. Die bekanntesten Arten sind *B. caroliniana,* eine kriechende Pflanze mit 2,5 cm langen, ovalen, nach Zitronen duftenden Blättern und blauen Blüten von 1 cm Länge, die im Sommer gebildet werden und *B. monnierii* mit hellblauen oder weißen Blüten (Sommer).
Kultur: nicht gänzlich winterhart; volle Sonne/Halbschatten; häufig gießen; beim Einpflanzen Langzeitdünger zum Substrat mischen; Vermehrung aus 10 cm langen Triebstecklingen im Frühling oder durch Teilung im Frühling oder Herbst (siehe Seiten 96–98).
Besondere Ansprüche: Als Uferpflanzen brauchen sie Staunässe; im Winter müssen sie sicher gegen Frost geschützt werden.
Gestaltungsvorschläge: Sehr gut in Wassergärten.

Begonia x *tuberhybrida* cvs.

Begonia x *tuberhybrida*

Begoniaceae

Begonia

H: 7,5 cm – 1 m; **B:** 30–75 cm

Diese sehr große Gattung besteht aus über 900 Arten (Stauden), die wegen ihrer farbigen Blätter und prächtigen Blüten angepflanzt werden. Im einzelnen variiert die typische Begonienblüte jedoch in Größe und Zahl der Blütenblätter. Da die Zahl der Arten und Hybriden sehr groß ist, gliedert man die Gattung in drei Gruppen: Semperflorens-Hybriden, Blattbegonien und Knollenbegonien.

Semperflorens-Hybriden sind in der Regel immergrün und wachsen aufrecht strauchartig. Sie gehören zu den beliebtesten Topfpflanzen im Freiland und sind als grün- oder bronzeblättrige Formen erhältlich. Die Stammart der Gruppe ist *Begonia semperflorens*, eine langsam wachsende, immergrüne Begonie mit Massen roter, rosa oder weißer Blüten, die vom Hochsommer bis zur Herbstmitte gebildet werden. Die Zahl der Sorten mit Blütenfarben in Schattierungen von Lachsrot, Rosa, Scharlachrot und Weiß ist sehr groß. Wählen Sie unter den erhältlichen Sorten nach Blattfarbe, Höhe, ein- oder zweifarbiger Blüte das Passende für Ihre Komposition aus.

Blattbegonien haben einen kriechenden Hauptsproß und meist behaarte Blätter. Sie werden vorwiegend wegen ihres attraktiven Laubes genutzt und bevorzugen Halbschatten. Eine bekannte Art dieser Gruppe ist *B. masoniana*, mit mittelgrünen Blättern mit blasiger Oberfläche und einem großen schokoladenbraunen Kreuz im Zentrum (bei der Sorte 'Iron Cross' wie ein Eisernes Kreuz geformt). Ebenso bekannt sind *B. rex* mit roten und die *B. Rex*-Hybriden mit silbernen Blättern.

Fast alle **Knollenbegonien** sind laubabwerfend, tendieren zu gefüllten männlichen und einfachen weiblichen Blüten; sie bevorzugen volle Sonne. Sie werden im Zimmer genauso häufig genutzt wie im sonnigen Freiland. *B.* x *tuberhybrida* bildet riesige, kräftig gefärbte, 15–20 cm messende Blüten. Suchen Sie in Gartencentern nach Sorten mit zweifarbigen (weißrosa), orangeroten oder karmesinroten Blüten.

Kultur: nicht winterhart; volle Sonne/ Halbschatten; häufig gießen; anfällig gegenüber Umfallkrankheit und Echtem Mehltau (siehe Seite 104), Rüsselkäfern (siehe Seite 105) und Weichhautmilben; Semperflorens-Hybriden werden ab Mitte Frühling ausgesät oder über Stecklinge von Früh- bis Spätsommer vermehrt; Blattbegonien können im Spätfrühling geteilt werden, und Knollenbegonien vermehrt man durch Teilung oder 7,5 cm lange Triebstecklinge im Spätfrühling.

Besondere Ansprüche: Brauchen wasserdurchlässiges Substrat mit reichlich grobem Kompost. Wegen ihrer Blattfarben gezogene Formen bilden im Halbschatten die kräftigsten Farben aus. Großblütige Sorten brauchen kräftige Unterstützung.

Gestaltungsvorschläge: Hervorragend für Kübel, Tröge, Hängekörbe und Fensterkästen (siehe Seiten 24 und 46).

Berberidaceae

Berberis

H: bis 1,50 m; **B:** bis 2 m

Die Berberitze oder der Sauerdorn ist eine Gattung mit etwa 450 winterharten Arten und zahlreichen Varietäten und Sorten, die vorwiegend aus Asien und Südamerika stammen. Die immergrünen Sträucher werden wegen ihres attraktiven glänzendgrünen Laubes geschätzt, während laubabwerfende Formen vor allem durch ihre intensive Herbstfärbung überzeugen. Die Blätter stehen in rosettenähnlichen Wirteln, hinzu kommen kräftige Dornen. Alle Arten und Sorten bilden im Frühling große Mengen orange-gelber Blüten, und einige behalten ihre lebhaft gefärbten Beeren bis in den Winter hinein. *Berberis prattii* var. *laxipendula* ist eine laubabwerfende Varietät mit langen, leicht über-

Berberis prattii var. *laxipendula*

Brachyscome iberidifolia

Browallia speciosa 'Heavenly Bells'

hängenden Zweigen, attraktiv gezähnten, kräftig grünen Blättern und tief-korallenroten Beeren.
Kultur: winterhart; volle Sonne/Halbschatten; regelmäßig gießen; im Frühling Langzeitdünger aufstreuen; kein Schnitt erforderlich; meist frei von Krankheiten oder Schädlingen; Vermehrung über 10 cm lange Teilstecklinge im Herbst.
Besondere Ansprüche: Bevorzugen gut wasserdurchlässiges Substrat und trockene Bedingungen.
Gestaltungsvorschläge: Immergrüne Formen liefern glänzend-grüne, ganzjährige Rahmen für andere Pflanzen; laubabwerfende Varietäten bereichern den Herbst um hübsche Blatt- und Beerenfarben.

Compositae/Asteraceae
Brachyscome
Brachyscome iberidifolia

H: bis 45 cm; **B:** 45 cm
Diese, mit den Gänseblümchen und Chrysanthemen verwandte Gattung besteht aus 66 ein- oder mehrjährigen, winterharten Arten. *B. iberidifolia* ist eine halbwinterharte Einjährige mit stark duftenden, 2,5–4 cm breiten Blütenköpfchen auf 45 cm langen, zierlichen Stengeln, die vom Hochsommer bis in den frühen Herbst erscheinen. Die Blütenfarbe spielt von Weiß und Rosa über Mauve bis hin zu einem bläulichen Purpur. Die hellgrünen Blätter sind so tief eingeschnitten, daß sie Farnwedeln gleichen,
Kultur: nicht winterhart; volle Sonne; selten gießen; beim Einpflanzen Dünger ins Substrat mischen; Vermehrung über Samen, die im Frühling gut geschützt ausgesät werden.
Besondere Ansprüche: braucht ein wasserdurchlässiges Substrat und verträgt Trockenheit; geschützter Standort erforderlich. Wegen der lockeren, offenen Wuchsform ist etwas Unterstützung nötig; starker Regen kann die Pflanze flachdrücken.
Gestaltungsvorschläge: Gut für niedere oder flache Gefäße geeignet.

Brassicaceae
Brassica
Brassica oleracea

H: 30–45 cm; **B:** 25 cm
Der Zierkohl bildet vier Farbvarianten aus: glattblättrig-rosa, glattblättrig-weiß und krausblättrig-weiße bzw. -rosa gefleckte Sorten. In der Regel wird das Saatgut als Mischung unterschiedlicher Kreuzungen (F_1-Hybriden) angeboten, so daß verschiedene Farbkombinationen auskeimen, in denen die Mittelblätter entweder rosarot oder cremigweiß gefärbt, und die krausen, äußeren Blätter mit rosa oder weißen Rändern und Adern gezeichnet sind. Eine bekannte Hybride ist *B. o.* 'Sekito' mit hellgrünen, rot-überlaufenen Blättern. Alle Zierkohlformen sind nicht so winterhart wie die eßbaren, grünen Sorten.
Kultur: winterhart; volle Sonne/Halbschatten; regelmäßig gießen im Herbst und Frühling, selten im Winter; beim Einpflanzen Dünger zum Substrat mischen; anfällig gegenüber Kohlhernie (warzenartige Schwellungen auf den Wurzeln, reduziertes Wachstum), Falschem Mehltau (siehe Seite 104) und Weißem Rost (bildet mehlige, weiße Sporen auf Blättern und Stengeln); außerdem wird er gerne von Blattläusen und Raupen befallen; Vermehrung durch Samen im Freiland (Hochsommer) oder im Vorfrühling unter Glas.
Besondere Ansprüche: Bevorzugt wasserdurchlässiges, lehmfreies Substrat (auf Torfbasis); schützen Sie junge Pflänzchen vor Vogelfraß, insbesondere vor Tauben.
Gestaltungsvorschläge: Pflanzen Sie den Zierkohl zwischen Frühlingspflanzen und Zwiebelgewächse (siehe Seite 41).

Solanaceae
Browallia
Browallia speciosa

H: 1,20 m; **B:** 1,20 m
Die Gattung *Browallia* besteht aus sechs einjährigen, halbwinterharten südamerikanischen Arten und ist weitläufig mit der Kartoffel verwandt. *B. speciosa* ist eine ideale Topfpflanze, da sie – wenn sie zu blühen beginnt – sich regelrecht zu Tode blüht. Die Blätter tragen tiefe Adern, sind kräftig grün, oval und laufen in eine Spitze aus; sie fühlen sich etwas pelzig an. Ihre 5 cm breiten, fünfzähligen Blüten sind violett-blau gefärbt, mit dunkleren Adern, die in den weißen Blütenschlund hineinlaufen. Einige der neueren Zwerghybriden eignen sich besonders gut für Pflanzgefäße. Sie sind mit röhrenförmigen, veilchenartigen Blüten in einer großen Farbvielfalt erhältlich – von Weiß bis hin zu hellen und dunklen Schattierungen von Blau.
Kultur: nicht winterhart; volle Sonne; häufig gießen; mulchen im Frühling; knipsen Sie die Spitzen ab, damit sich die Pflanze buschiger entwickelt; Vermehrung durch Samen (Mitte Frühjahr).
Besondere Ansprüche: Bevorzugt nährstoffreiches Substrat, kommt aber auch mit mageren Bedingungen zurecht. Feucht halten, sonst welken die Blätter rasch.
Gestaltungsvorschläge: Zwerghybriden eignen sich hervorragend für Hängekörbe.

Brugmansia x *candida* 'Knightii'

Solanaceae

Brugmansia

Brugmansia x *candida* 'Knightii'

H: 1,20–1,80 m; **B:** 1,80–2,40 m
Brugmansia syn. *Datura* ist eine Gattung mit 10 Arten halbwinterharter Einjähriger und nicht-winterharter Sträucher oder Bäume, die von so weit her wie Zentral-Südamerika oder Indien stammen. Die spektakuläre Engelstrompete oder der Stechapfel (*Brugmansia* x *candida* 'Knightii') wird wegen der ungewöhnlich großen (30 cm lang), weißen, schwer duftenden, herabhängenden, trompetenförmigen Blüten kultiviert, die vom Hoch- bis in den Spätsommer hinein gebildet werden. Die großen, länglichen, immergrünen Blätter werden 25–30 cm lang und laufen spitz zu. Sie sind mittelgrün mit einem gebuchteten Rand und fühlen sich weich-filzig an.
Kultur: nicht winterhart; volle Sonne/ Halbschatten; häufig gießen; vom Frühsommer bis zum Frühherbst alle zwei Wochen Flüssigdünger geben; schneiden Sie im Frühling alle Triebe auf 15 cm bis zum Hauptstamm zurück; anfällig gegenüber Viren (erzeugen gelbe Flecken auf den Blättern; siehe Seite 104) und dem Angriff von Blattläusen und Mottenschildläusen (siehe Seite 105); Vermehrung durch 13 cm lange Teilstecklinge, die im Frühsommer geschützt ausgepflanzt werden.
Besondere Ansprüche: Bevorzugt wasserdurchlässiges Substrat. Die Pflanze ist giftig, die Samen sollten unzugänglich für Kinder und Haustiere aufbewahrt werden.
Gestaltungsvorschläge: Kommt im Lichtschein einer Gartenbeleuchtung hervorragend zur Geltung.

Calendula officinalis 'Lemon Beauty'

Buxaceae

Buxus

Buxus sempervirens

H: bis 3 m; **B:** 1,20–2 m
B. sempervirens ist die sicher beliebteste Buchsbaumart im Garten. Der langsam wachsende Strauch stammt aus Europa, Nordafrika und Vorderasien. Seine glänzenden, dunkelgrünen Blätter sind leicht oval mit einer winzigen Einkerbung an der Spitze. Sie stehen paarweise sehr dicht an ungewöhnlichen, weil viereckigen Stengeln. Neben den normalen, grünen Arten gibt es eine Reihe von attraktiv panaschierten Sorten, darunter *B. s.* 'Elegantissima' mit graugrünen, silberrandigen Blättern und die sehr langsam wachsende *B. s.*'Latifolia Maculata', die im Zentrum jedes Blattes einen gelben Fleck trägt.
Kultur: sehr winterhart; volle Sonne/ Halbschatten; regelmäßig gießen; mulchen mit Kompost im Frühling, Flüssigdünger (halb so stark konzentriert wie auf der Packung angegeben) von Frühsommer bis -herbst; Formschnittsträucher werden im Spätsommer oder Frühherbst getrimmt; anfällig gegenüber Blattfleckenkrankheit (äußert sich als hellbraune Flecken auf den Blättern) und Blattrost (siehe Seite 104); Vermehrung durch 4–10 cm lange Triebstecklinge, die im Herbst in ein Frühbeet kommen (brauchen bis zur Bewurzelung 6–8 Monate).
Besondere Ansprüche: Bevorzugt wasserdurchlässiges Substrat mit reichlich Kompost.
Gestaltungsvorschläge: Außerordentlich gut für den Formschnitt geeignet bzw. als Blickpunkt innerhalb einer Gruppe (siehe Seiten 2, 8, 12, 36 und 66).

Compositae/Asteraceae

Calendula

Calendula officinalis

H: bis 60 cm; **B:** 35 cm
Die Ringelblume ist eine winterharte Einjährige, die aus dem Süden Europas stammt. Die bekanntesten Varietäten werden wegen der 10 cm breiten, orangegelben Blütenköpfchen gezogen, die in üppigen Massen von Frühsommer bis zum Beginn der ersten Fröste erscheinen. Die Pflanze hat eine dichte, buschige Wuchsform mit langen, schmalen, hellgrünen Blättern, die beim Zerdrücken aromatisch-stechend duften. Zu den vielen erhältlichen Varietäten gehört 'Lemon Beauty' mit Massen hellgelber, gefüllter oder halb-gefüllter Blüten, aber auch andere Sorten mit gelben oder orangen, gefüllten Blüten.
Kultur: winterhart; volle Sonne; regelmäßig gießen; beim Einpflanzen etwas Dünger ins Substrat mischen; anfällig gegenüber Rost- und Brandpilzen (siehe Seite 104); Vermehrung durch Samen, der Mitte des Frühjahrs direkt am geplanten Standort ausgestreut wird.
Besondere Ansprüche: Ringelblumen werden auch mit schwierigen Situationen fertig, fühlen sich aber in gut wasserdurchlässigem Substrat am wohlsten.
Gestaltungsvorschläge: sehr gut für den Rand von Töpfen und Kübeln; sehr farbenprächtig in Fensterkästen.

Theaceae

Camellia

Camellia japonica

H: 2,40–5 m; **B:** bis zu 4 m
Die beliebte, winterharte Kamelie aus Asien ist ein immergrüner Strauch, der nahe mit dem Teestrauch verwandt ist. Sie ist ideal für einen Kübel geeignet, vor allem, wenn Ihr Gartenboden kalkhaltig ist. Ihre glänzend dunkelgrünen Blätter sind bis 13 cm lang, oval, haben sehr fein gezähnte Ränder und enden in einer Spitze. Bemerkenswert ist vor allem die Blüte im zeitigen Frühjahr, die je nach Sorte in rein weißen Tönen, allen Schattierungen von Rosa bis hin zu Dunkelrot ausfällt. Die Zahl der Blütenblätter unterscheidet sich ebenfalls: Einfache Blüten bestehen aus etwa acht Kronblättern, halbgefüllte haben 12–14, und solche mit mehr als 16 Kronblättern gelten als gefüllte Blüten. Letztere sind besonders begehrt. Die Größe der Blüten schwankt von 2,5 bis 15 cm – je nach Varietät –, ist jedoch in gewisser Weise auch vom Boden, der Lage des Gartens und dem Zustand der Pflanze

abhängig. Die Hybride *C.* x *williamsii* ist besonders beliebt, da sie schon als junge Pflanze reichlich Blüten bildet.
Kultur: nicht gänzlich winterhart; volle Sonne/Halbschatten; regelmäßig gießen; geben Sie von Frühsommer bis -herbst alle zwei Wochen Flüssigdünger, und mulchen Sie im Frühling nach der Blüte mit Kompost; Verblühtes regelmäßig abschneiden; kann von Rüsselkäfern befallen werden (siehe Seite 105); Vermehrung über 10 cm lange Teilstecklinge im Hochsommer.
Besondere Ansprüche: Braucht unbedingt kalkfreies Substrat. Gießen Sie in Regionen mit hartem Leitungswasser mit Regenwasser. Die Pflanze darf niemals austrocknen, sonst wirft sie ihre Blütenknospen ab. Braucht einen geschützten Platz ohne Morgensonne oder kalten Wind.
Gestaltungsvorschläge: Vor einer nach Süden gerichteten Wand als einzelnen Blickpunkt ziehen.

Campanulaceae
Campanula

H: 5 cm–1,20 m; B: 30–90 cm
Die große Gattung der Glockenblumen besteht aus winterharten und halb-winterharten Einjährigen, Zweijährigen und mehrjährigen Stauden. *C. carpatica* ist eine winterharte Staude mit kleinen, rundlichen, mittelgrünen, am Rand leicht gezähnten Blättern, die zu dichten Polstern heranwächst. Ihre 2,5 cm breiten Blüten erscheinen von Hoch- bis Spätsommer, sie sind beim Austrieb glockenförmig, öffnen sich dann aber zunehmend becherförmig. Farbvarianten sind von Purpur bis rein Weiß erhältlich, benannte Sorten heißen etwa 'Isabel' mit purpurnen Blüten, 'Jewel' mit tief violetten und 'White Star' mit weißen Blüten. Auch die niederwüchsige *C. isophylla* ist eine Staude mit hellblauen, sternförmigen Blüten, die vom Hochsommer bis in den Frühherbst gebildet werden.
Kultur: winterhart/halb-winterhart; volle Sonne/Halbschatten; regelmäßig gießen; im Frühling Langzeitdünger aufstreuen; anfällig gegenüber Rostpilzen und Schneckenfraß (siehe Seiten 104–105); Vermehrung aus Samen von Mitte bis Ende Frühling, durch Stecklinge in Spätfrühling oder Frühsommer, oder durch Teilung Mitte Herbst.
Besondere Ansprüche: Alle Arten bevorzugen feuchten, aber gut wasserdurchlässigen Boden. *Campanula alpestris* (syn. *C. allionii*) braucht ein kalkfreies Substrat.
Gestaltungsvorschläge: Sehr gut, um das Substrat unter einem blühenden Teppich zu verstecken.

Bignoniaceae
Campsis

H: bis 10 m; **B:** bis 10 m
Die Trompetenblume gehört zu einer Gattung mit nur drei laubabwerfenden, wüchsigen, selbst windenden Kettersträuchern. Ihre trompetenförmigen, gelben, orange oder rosa Blüten stehen gruppenweise zu drei bis fünf an kurzen Stengeln. Die mittelgrünen, gefiederten Blätter bestehen aus sieben oder neun paarigen Fiederblättchen und einer Endfieder. Im Herbst verfärben sich die Stengel von Grün in ein helles Goldgelb. Büschel haarartiger Wurzeln wachsen aus und verankern die Pflanze im Boden. Die beliebteste Sorte ist *C.* x *tagliabuana* mit 7,5 cm langen, lachsroten Blüten.
Kultur: winterhart; volle Sonne; regelmäßig gießen; im Frühling mit Kompost mulchen und stark zurückschneiden (einjährige Triebe auf vier bis fünf Knospen); Vermehrung durch Steckhölzer im Spätherbst.
Besondere Ansprüche: Trocknet das Substrat aus, kann die Pflanze ihre Knospen abwerfen.
Gestaltungsvorschläge: Für einen Hochstamm in Trauerform Stengel bis zu einer Höhe von 2 m zusammenbinden und das seitliche Wachstum unterbinden.

Cannaceae
Canna

H: bis 2,10 m; **B:** 75 cm
Das Blumenrohr, eine Staude, stammt aus Südamerika. Sie hat große, breite Blätter (75 cm lang und 30 cm breit) und auffallende Blüten, die in einer Höhe von 2–3 m stehen. Fast alle Gartensorten gehen auf *Canna*-Indica-Hybriden zurück, so 'Wyoming' mit bräunlich-purpurnen, spießförmigen Blättern, die 30 cm breit und 60 cm lang werden. Von Hochsommer bis Frühherbst bildet sie orange-rote oder goldgelbe Blüten. Eine andere interessante Sorte ist die purpurblättrige 'Lucifer' mit intensiv rot gefärbten Blüten, deren Kronblätter mit einem welligen, gelben Rand abschließen.
Kultur: nicht winterhart; volle Sonne; regelmäßig gießen; im Frühling mit Kompost mulchen; geben Sie alle zwei Wochen Flüssigdünger, bis sich die Blüten entfalten; Vermehrung über Samen im Vorfrühling oder Teilung im Frühling.
Besondere Ansprüche: Bevorzugen ein torfreiches, nährstoffhaltiges Substrat mit hohem Kompostanteil.
Gestaltungsvorschläge: Hervorragend als spektakulärer Blickpunkt geeignet.

Camellia x *williamsii* 'Anticipation'

Campsis x *tagliabuana* 'Madame Galen'

Canna-Indica-Hybride 'Wyoming'

Cupressaceae
Chamaecyparis

H: bis 5 m; **B:** 2 m
Chamaecyparis, die Scheinzypresse, gehört zu einer kleinen Gattung (7 Arten) immergrüner Bäume und Sträucher, die aus Nordamerika, Japan und Taiwan stammen. Ihre Zweige sind farnartig abgeplattet, mit dicht stehenden, gegenständigen Blättern und häufig mit herabhängenden Zweigspitzen. Die Zapfen sind kleiner als bei *Cupressus*.
Für die Kultur im Blumentopf eignen sich vor allem die langsam wachsenden Sorten von *C. lawsoniana:* 'Pygmaea Argentea' hat einen cremig-weiß überlaufenen Austrieb, der sich später kräftig grün verfärbt; 'Grayswood Pillar' wächst schmal aufrecht mit eng stehenden, bläulich-grünen Trieben. Die Sorten von *C. obtusa* sind ebenfalls für ein Wachstum im Kübel geeignet: 'Nana gracilis' bildet dunkelgrüne Zweige, die fächerartig zusammenstehen; außerdem braucht sie zehn Jahre, um 1 m hoch und 40 cm breit zu werden. Die beste Wuchsform und Grazie unter den Trauerformen kommt *C. nootkaensis* 'Pendula' zu, deren schlanke Triebe lang fließend herabhängen.
Kultur: sehr winterhart; volle Sonne/Halbschatten; häufig gießen, die Wurzeln dürfen auf keinen Fall austrocknen; streuen Sie im Frühling einen Langzeitdünger auf; Vermehrung über bis 15 cm lange Teilstecklinge im Frühsommer.
Besondere Ansprüche: Bevorzugen feuchtes, gut wasserdurchlässiges Substrat. Goldnadelige und panaschierte Sorten sollten in voller Sonne stehen, damit die Färbung erhalten bleibt. Weiß panaschierte Formen können von winterlichen Frösten geschädigt werden.
Gestaltungsvorschläge: Langsam wachsende und Zwergvarietäten eignen sich gut für die Gestaltung von kleinen Gruppen in Kübeln und Trögen.

Rutaceae
Choisya
Choisya ternata

H: 1,50–2 m; **B:** 2–2,40 m
Die Orangenblume *(Choisya ternata)* stammt aus Mexiko und den südwestlichen USA. Sie ist ein mittelgroßer Strauch mit weit ausgebreiteter, buschiger Wuchsform und bildet häufig flache Kuppeln. Ihre glänzend-grünen, tief gelappten Blätter sind in drei Abschnitte geteilt und duften, wenn man sie zerdrückt. Auch die weißen Blüten duften süß, sie erscheinen vom Spätfrühling bis Frühsommer in

Chrysanthemum (Leucanthemum) maximum

Gruppen von bis zu acht in den Blattachseln, gefolgt von einer zweiten Blüte im Herbst. *C. ternata* 'Sundance' ist eine auffallend schöne Sorte mit gelber Zeichnung auf den jungen Blättern.
Kultur: winterhart; volle Sonne/Halbschatten; regelmäßig gießen; im Frühling Langzeitdünger aufstreuen; entfernen Sie erfrorene Triebe bis auf die Erde, und schneiden Sie den Strauch nach der Blüte in Form; Vermehrung über 7,5 cm lange Teilstecklinge im Spätsommer.
Besondere Ansprüche: Bevorzugt wasserdurchlässiges Substrat und einen geschützten Standort. In kühleren Regionen gehört er wegen der Frostgefahr für die Blätter vor eine südexponierte Wand; der Kübel sollte im Winter zum Schutz der Wurzeln eingeschlagen werden.
Gestaltungsvorschläge: Eignet sich hervorragend als buschiger Sichtschirm.

Compositae/Asteraceae
Chrysanthemum

H: 15 cm–1 m; **B:** 30–60 cm
Die Margerite oder Wucherblume gehört zu einer Gattung mit 200 Arten winterharter oder halb-winterharter Einjähriger, Stauden und Halbsträuchern, die als Topfpflanzen im Zimmer oder Freiland gezogen werden. Alle besitzen breit ovale, tief gelappte, dunkel- bis mittelgrüne Blätter. Die üppig gebildeten Blütenköpfchen stehen einzeln oder in größeren Blütenständen zusammen. Teilweise werden die Arten von *Chrysanthemum* unter anderen Gattungsnamen angeboten: *Argyranthemum, Rhodanthemum, Leucanthemum, Leucanthemopsis* und *Tanacetum*.
Argyranthemum syn. *C. frutescens* ist die Strauchmargerite. Sie hat hübsche Blütenköpfchen, die vom Hochsommer bis zu den ersten Frösten erscheinen. Sie erreichen eine Höhe von bis zu 2 m.

Cistus x *aguilari* 'Maculatus'

Leucanthemum syn. *C. maximum* besitzt einzelne, weiße Blütenköpfchen mit goldenem Zentrum. Der Handel bietet Maximum-Hybriden an, z. B. 'Esther Read' (gefüllte weiße Blüten) und die nahe verwandte 'Horace Read' (gefüllte, cremigweiße Blüten). Sie bilden ihre Blüten auf steifen, bis 45 cm hohen Stengeln.
Tanacetum syn. *C. parthenium* ist eine winterharte, aber kurzlebige Staude, die meist wie eine Einjährige gezogen wird. Sie bleibt mit 30 cm recht niedrig und bildet reichlich 4 cm breite Blütenköpfchen über aromatischen, hellgrünen Blättern.
Rhodanthemum syn. *C. hosmariense* ist eine niedrige, zwergförmige, ausgebreitet wachsende, strauchige Alpenpflanze. Sie ist winterhart, zweijährig, trägt silbergraue Blätter und einzelne, weiße Blütenköpfchen, die ab Mitte Frühling bis zum Spätherbst erscheinen.
Kultur: winterhart bis nicht-winterhart; volle Sonne/Halbschatten; regelmäßig gießen; von Hoch- bis Spätsommer zweiwöchentlich mit Flüssigdünger gießen; anfällig gegenüber Falschem Mehltau, Rostpilzen und Viren sowie Älchen, Minierfliegen, Blattläusen und Thripsen (siehe Seiten 104–105); Vermehrung der Stauden über 5–8 cm lange Stecklinge von Spätfrühling bis Hochsommer. Einjährige durch Aussäen im Vorfrühling.
Besondere Ansprüche: Bevorzugen wasserdurchlässiges Substrat. Brauchen Unterstützung, um aufrecht zu wachsen.
Gestaltungsvorschläge: Ziehen Sie die Pflanzen in Töpfen im Haus vor, bis sie in eine Gruppe ins Freiland gestellt werden (siehe Seiten 10, 48 und 75).

Cistaceae
Cistus

H: bis 2 m; **B:** bis 1,50 m
Diese, etwa 20 Arten und zahlreiche Hy-

Clematis florida 'Sieboldii'

Citrus spec.

briden umfassende Gattung immergrüner Sträucher, stammt aus dem Mittelmeergebiet. Von Spätfrühling bis Frühsommer bilden die Zistrosen große Mengen einzelner, rosenähnlicher Blüten aus. Sie sind tellerförmig ausgebreitet, haben dünne, papierartige Blütenblätter und auffallend viele Staubgefäße. Die Blüten sind kurzlebig, sie öffnen sich am Morgen und schließen sich am späten Nachmittag. Die Form der Pflanzen variiert von Zwergformen bis zu aufrechten Sträuchern. Die meisten besitzen mattgrüne, ledrige Blätter, die sich etwas klebrig anfühlen, an kräftigen, verholzten Zweigen. Die Sorte *C.* x *aquilari* 'Maculatus' ist am Grund jedes Kronblattes mit einem purpur-karmesinroten Fleck gezeichnet. *C.* 'Silver Pink' gehört zu den beliebtesten Sorten. Sie hat graues Laub und hellrosa Blüten mit einem zentralen, hellgelben Fleck.
Kultur: winterhart bis halb-winterhart; volle Sonne; regelmäßig gießen; im Frühling mit Kompost mulchen; schneiden Sie unschöne Triebe zurück, ohne ins alte Holz zu schneiden; Vermehrung über 7,5 cm lange Teilstecklinge im Spätsommer.
Besondere Ansprüche: In kalten Regionen sollten die Pflanzen im Winter ins Haus genommen werden.
Gestaltungsvorschläge: Die besten Pflanzen für einen Garten an der Küste oder eine heiße, trockene Terrasse.

Rutaceae
Citrus
x *Citrofortunella microcarpa*

H: 45–60 cm; **B:** 45–50 cm
Zur Gattung *Citrus* mit 15 Arten gehören halb-immergrüne Bäume und Sträucher, wie z. B. Apfelsinen, Zitronen und Grapefruit, die aus Südostasien stammen. Sie bilden glänzende, dunkelgrüne, ovale, 10–15 cm lange Blätter, die häufig locker an grau-grünen, dornigen Zweigen stehen. Die 2,5 cm langen, schwer duftenden Blüten, in Gruppen von drei bis acht, sind in der Regel rein weiß mit hervorstechenden, gelben Staubgefäßen. Die winterhärteste Art ist *C. ichangensis*, aus deren weißen Blüten in gemäßigtem Klima zitronenähnliche Früchte hervorgehen. Als Zierpflanze wird häufig die Hybride x *Citrofortunella microcarpa* (syn. *Citrus mitis*) gezogen. Dieser „Orangenstrauch" erreicht nur eine Höhe von 45–60 cm und ist daher gut für Kübel geeignet. Er hat gesund aussehende, mittel- bis tiefgrüne, ovale Blätter. Besonders günstig ist seine Eigenschaft, schon als Jungpflanze Früchte zu tragen. Er bildet Dreier- oder Vierergruppen duftender, weißer, 1 cm breiter Blüten; daraus entwickeln sich runde, orange-gelbe Früchte von bis zu 5 cm Durchmesser.
Kultur: nicht-winterhart; volle Sonne; regelmäßig gießen; von Spätfrühling bis Frühherbst alle zwei Wochen Flüssigdünger geben; nur wenig zurückschneiden bzw. toten oder kranken Wuchs entfernen; anfällig gegenüber Schildläusen; Vermehrung über Samen im Frühling oder Teilstecklinge im Sommer.
Besondere Ansprüche: Ziehen einen geschützten Platz und wasserdurchlässiges Substrat vor; im Zimmer überwintern.
Gestaltungsvorschläge: Ideal als einzelner Blickpunkt auf einer sonnigen Terrasse.

Ranunculaceae
Clematis

H: bis 5 m; **B:** bis 7 m
Die Waldrebe *Clematis* ist eine große Gattung mit etwa 250 Arten winterharter und nicht-winterharter, verholzter Kletterpflanzen, darunter aber auch mehrere immergrüne und krautige Pflanzen. Sie werden wegen ihrer attraktiven Blüten und den silbrig behaarten Früchten gezogen. Die kletternden Arten winden mit Hilfe ihrer Blattstiele, die sich um die Unterlage schlingen. Die, je nach Art oder Sorte, 1 bis 15 cm breite „Blüte" besteht eigentlich aus vier oder mehr Kelchblättern, die jedoch wie Kronblätter kräftig gefärbt sind.

Ideal für den Blumentopf sind die Hybriden von *C. alpina* und *C. viticella* geeignet – sie bilden reichlich herabhängende, glokkenförmige Blüten und sind nicht allzu wüchsig. *C. alpina* 'Pamela Jackman' hat wunderschöne, große, blau-weiße Blüten; *C.* 'Alba Luxurians' bildet mauve-überlaufene, weiße Blüten aus; *C.* 'Etoile Violette' hat violett-purpurne Blüten und *C.* 'Menuett' cremig-weiße Blüten mit einem breiten, purpurnen Band an der Spitze jedes aufrechten Blütenblattes. Die beiden Arten, *C. florida* 'Sieboldii' mit Blüten auf dem diesjährigen Holz, die an Passionsblumen erinnern, und *C. campaniflora*, die kleine, blau-überlaufene, weiße, glokkenförmige Blüten ausbildet, gehören zu den ungewöhnlichen Arten. Großblütige Sorten mit guter Blütenausbeute sind *C.* 'Vyvyan Pennell' mit gefüllten, violettblauen Blüten und purpurnen bzw. karmesinroten Schattierungen in der Mitte; sowie *C.* x *jackmannii* 'Superba' mit brillanten violett-purpurnen Blüten.

Kultur: winterhart; volle Sonne/Halbschatten; regelmäßig gießen; im Frühling mit grobem Kompost mulchen und Langzeitdünger aufstreuen; Arten, die vor dem Hochsommer blühen, dürfen erst danach zurückgeschnitten werden (außer im Notfall); schneiden Sie Arten, die ab Hoch- bis Spätsommer blühen, im Vorfrühling oder Frühling um ein Drittel zurück; Arten, die ab Spätsommer und danach blühen, werden im Vorfrühling auf 15 cm zurückgeschnitten; anfällig gegenüber Echtem Mehltau, Clematiswelke und dem Angriff von Blattläusen, Ohrwürmern und Schnecken (siehe Krankheiten und Schädlinge, Seiten 104–105); Vermehrung von kletternden Formen über 10 cm lange Teilstecklinge im Hochsommer oder 20 cm lange Steckhölzer im Herbst bzw. Vorfrühling; krautige Arten werden im Vorfrühling geteilt.

Besondere Ansprüche: Bevorzugen ein gut wasserdurchlässiges, basisches Substrat. Halten Sie die Wurzeln kühl und feucht.

Gestaltungsvorschläge: Eignen sich gut, um durch Sträucher zu klettern, sie bilden eine natürliche Stütze und dienen als Winterschutz (siehe Seite 19).

Cobaeaceae

Cobaea

Cobaea scandens

H: bis 3 m; **B:** bis 3 m

Die Gattung besteht aus 18 Arten immergrüner und laubabwerfender, verholzter, halb-winterharter, mehrjähriger Kletterpflanzen. Die immergrüne *Cobaea scandens* deckt mit ihrem dekorativen Aussehen rasch Pergolen und Gitter zu. Wie die Erbse verankert sich dieser wüchsige Kletterer mit Blattranken selbst an der Unterlage. Zunächst wächst die Pflanze vorwiegend nach oben, doch bald breitet sie sich kronenhaft aus und bildet dann natürlich überhängende Bögen. Die Blätter sind mittel- bis dunkelgrün und, ähnlich wie bei *Wisteria,* in vier bis sechs Fiedern untergliedert. Von Frühsommer bis in den Herbst werden 7,5 cm lange, glockenförmige Blüten gebildet, die zunächst cremig-weiß sind, im Alter schließlich purpurn überlaufen.

Kultur: nicht-winterhart; volle Sonne; ausgewachsene Pflanze häufig gießen; beim Pflanzen einen Langzeitdünger ins Substrat mischen; entfernen Sie Mitte des Frühlings geschossene oder erfrorene Triebe; Vermehrung aus Samen, die Mitte des Frühjahrs gut geschützt ausgesät werden.

Besondere Ansprüche: fühlt sich in geschützter Position wohl; muß vor Frost geschützt werden. Bevorzugt gut wasserdurchlässiges Substrat mit reichlich Kompost. Hat sich die Pflanze einmal etabliert, darf sie nicht mehr gedüngt werden, sonst wächst sie sehr stark, ohne Blüten zu bilden. Regelmäßig Verblühtes entfernen, um die Blühperiode zu verlängern.

Gestaltungsvorschläge: Sehr wüchsige Kletterpflanze, ideal für Gitter geeignet.

Convolvulaceae

Convolvulus

H: bis 1 m; **B:** 1,20 m

Die Gattung *Convolvulus* enthält zahlreiche winterharte und halb-winterharte Einjährige – viele davon kriechend – sowie laubabwerfende und immergrüne, strauchige Stauden aus vielen Regionen der Erde. Alle Pflanzen besitzen weit geöffnete, trompetenförmige, kurzlebige Blüten, die entweder einzeln oder in größeren Blütenständen stehen. Sie öffnen sich zumeist früh am Morgen, schließen sich und sterben innerhalb eines Tages ab. Gut für Töpfe ist die einjährige *C. tricolor* zu verwenden, eine robuste, reich blühende, buschige Pflanze, sowie einige ihrer Sorten, z. B. die kriechende *C. t.* 'Royal Ensign' mit tiefblauen Blüten und weißer oder gelber Mitte. Unter den wertvollen Mehrjährigen ist *C. cneorum* zu erwähnen, ein nicht ganz winterharter, immergrüner Strauch mit kompaktem, polsterförmigem Wuchs. Er trägt silbrig-seidige, schmale, zugespitzte Blätter auf silberhaarigen Stielen. Seine Blüten – zart-rosa im Knospenzustand, geöffnet rein-weiß mit einem kleinen goldgelben Fleck in der

Cobaea scandens

Mitte – erscheinen vom Frühsommer bis zum Frühherbst an den Sproßspitzen.

Kultur: nicht-winterhart; volle Sonne/Halbschatten; regelmäßig gießen; von Sommermitte bis -ende alle zwei Wochen Flüssigdünger geben; Einjährige werden Mitte Frühjahr ausgesät; Mehrjährige vermehrt man über 6 cm lange Stecklinge in der Sommermitte.

Besondere Ansprüche: Bevorzugen wasserdurchlässiges Substrat. Mehrjährige Arten müssen vor winterlichen Frösten geschützt werden, damit die behaarten Blätter nicht feucht werden und erfrieren. Entfernen Sie sofort Verblühtes, damit stets neue Blüten gebildet werden.

Gestaltungsvorschläge: Setzen Sie *C. cneorum* zusammen mit anderen silberblättrigen Pflanzen in ein Gefäß.

Rubiaceae

Coprosma

Coprosma x *kirkii*

H: 1 m; **B:** 1,20–2 m

Die Gattung *Coprosma* besteht aus etwa 90 Arten, alle immergrüne Sträucher oder kleine Bäume aus Australien, Neuseeland oder Südamerika. *Coprosma* x *kirkii* ist ein natürlicher Hybrid, der auch wild vorkommt. Junge Pflanzen wachsen niederliegend, entwickeln sich aber mit der Reife zu einem aufrechten Strauch. Seine schmal-länglichen Blätter sind glänzend grün mit dick-ledriger Struktur; sie stehen gegenständig (paarweise) an dünnen, aufrechten, dichten Zweigen. Die Blüten sind eher unscheinbar, sie erscheinen in großer Menge im Spätfrühling. Es gibt männliche und weibliche Pflanzen; nur auf den weiblichen entwickeln sich winzige, eiförmige, durchscheinende, rot gesprenkelte, weiße Beeren. Unter den Sorten wäre *C.* x *k.* 'Variegata' zu nennen, mit kleinen, mittelgrünen, weiß geränderten Blättern (sie

Cordyline australis 'Purpurea'

ist nicht so winterhart wie die Hybride); oder *C. x. k.* 'Prostrata', die niedrige, stark verzweigte Polster bildet.
Kultur: nicht-winterhart; volle Sonne; regelmäßig gießen; im Frühling mit grobem Kompost mulchen; Mitte Frühjahr, wenn nötig, wuchernde Triebe ausschneiden; Vermehrung über 10 cm lange Teilstecklinge im Spätsommer.
Besondere Ansprüche: Bevorzugt leichten, wasserdurchlässigen Boden. Für die Früchte brauchen Sie männliche und weibliche Pflanzen.
Gestaltungsvorschläge: Sehr gut als Einzelexemplare für trockene, sonnige, exponierte Standorte; ideal an der Küste (siehe Seite 74).

Agavaceae
Cordyline
Cordyline australis

H: bis 8 m; **B:** 3 m
Zur Gattung *Cordyline* gehören 15 Arten und Sorten immergrüner, palmenartiger Sträucher und Bäume, die aus Australasien, Indien und Südamerika stammen. Sie sind nicht- oder nur halb-winterhart (Winterschutz erforderlich) und werden vorwiegend wegen ihres hübschen Laubes ausgewählt. Die Keulenlilie *(Cordyline australis)* besteht aus einem schlanken Stamm, dem ein dichter Fächer aus schwertförmigen, graugrünen Blättern aufsitzt. Die kleinen, duftenden, cremigweißen Blüten erscheinen im Frühsommer an langen Ähren am Ende der Zweige, allerdings erst bei acht- bis zehnjährigen Pflanzen. *C. a.* 'Purpurea' bildet purpurn überlaufene Blätter, und die Art *C. indivisa* hat gebrochen-weiße, purpur schattierte Blüten, die im Hochsommer gebildet werden.

Cotoneaster franchetii

Kultur: winterhart/nicht gänzlich winterhart; volle Sonne; regelmäßig gießen; im Frühling mit Kompost mulchen; empfindlich gegenüber Blattfleckenkrankheit (siehe Seite 104); Vermehrung über Ableger (Spätfrühling) oder Sproßstecklinge im Frühsommer.
Besondere Ansprüche: Bevorzugt wasserdurchlässiges Substrat.
Gestaltungsvorschläge: Gut für ein tropisches Flair (siehe Seite 41).

Rosaceae
Cotoneaster

H: 20 cm–3 m; **B:** bis 2,50 m
Die Zwergmispeln sind eine große, rund 300 Arten zählende Gattung winterharter, immergrüner oder laubabwerfender Sträucher. Die Wuchsformen reichen von niederwüchsigen Zwergsträuchern über große Büsche bis hin zu kleinen Bäumen. Viele Arten und Sorten werden wegen ihrer reichen Herbsttönungen und der auffälligen Beeren gezogen. Die Farbe der Beeren reicht von Gelb über Korallenrosa bis zu einem tiefen Scharlachrot. Viele Arten haben attraktives Laub, die Blätter variieren je nach Form, sind jedoch zumeist glänzend und breit oval bis länglich.
Niederliegende Sorten, z. B. *C. horizontalis* mit kleinen roten Beeren im Winter, eignen sich recht gut für den Blumentopf, sogar eine panaschierte Form wird angeboten. *C.* 'Coral Beauty' (glänzendes, immergrünes Laub und lachsrosa Beeren im Winter) gehört wie *C. lacteus* (orangerote Früchte) zu den aufrecht wachsenden Sträuchern.

Crocus chrysanthus 'Gipsy Girl'

Kultur: winterhart; volle Sonne/Halbschatten; regelmäßig gießen; im Frühling Langzeitdünger aufstreuen; nur totes oder beschädigtes Holz ausschneiden; Vermehrung über 7,5–10 cm lange Teilstecklinge in Spätsommer oder Frühherbst; Blattläuse (siehe Seite 105) könnten im Sommer zum Problem werden; Feuerbrand kann die Pflanze abtöten.
Besondere Ansprüche: Wird der Topf etwas trockener gehalten, verbessert sich die Beerenausbeute.
Gestaltungsvorschläge: Niederliegende Formen eignen sich als „lebender Mulch" auf der Oberfläche des Substrates.

Iridaceae
Crocus

H: 10 cm; **B:** 2,5–7,5 cm
Diese Gattung kleiner Zwiebelpflanzen besteht aus mehr als 70 Arten und zahllosen Sorten, die im Freiland von Spätsommer bis Frühlingsanfang blühen. Sie bilden lange, aufrechte Röhrenblüten aus, die sich mit sechs Blütenblättern öffnen. Die Farben der Blüten reichen von Weiß über Gelb bis zu Schattierungen von Rosa und Purpur. Ihre langen, schmalen, aufrechten Blätter sind mittelgrün mit einem weißen Streifen in der Mitte. *Crocus chrysanthus* bildet orange-gelbe, duftende Blüten.
Kultur: winterhart; volle Sonne; regelmäßig gießen; nach der Blüte brauchen die Pflanzen alle zwei Wochen etwas Flüssigdünger, bis die Blätter gelb werden; Vermehrung durch Ablösen der Tochterzwiebeln.
Besondere Ansprüche: Bevorzugen wasserdurchlässiges Substrat; u. U. müssen die Blüten vor Vögeln geschützt werden.
Gestaltungsvorschläge: Diese Pflanzen sind ideal für Kübel oder ein flaches Gefäß geeignet. Die betörend duftenden Sorten passen gut in kleine Pflanzgefäße (siehe Seite 44).

Cupressaceae
Cupressus

H: bis 5 m; **B:** 2 m
Die Gattung der Zypressen besteht aus etwa 30 Arten immergrüner Nadelbäume, die fast weltweit verbreitet sind. Fast alle Arten sind große kegel- oder säulenförmige Bäume, manche bis 20 m hoch – sie sind natürlich auf die Dauer völlig ungeeignet für einen Pflanzkübel. Es gibt allerdings eine Reihe von Klonen und Hybriden, die sowohl attraktives Laub wie markante Wuchsformen aufweisen. Solche Formen passen ganz ausgezeichnet in einen mobilen Garten. Die bekanntesten Sorten gehen auf *C. glabra* zurück, eine interessante Kübelpflanze. Die einzige echte Zwergsorte ist *C. g.* 'Compacta': Sie braucht 10 Jahre, um 45 cm hoch und 40 cm breit zu werden. Gut zu verwenden ist auch *C. macrocarpa*, deren beliebte, schnell wachsende Sorte 'Goldcrest' eine kegelförmige Wuchsform und goldgelbes, aromatisches Laub auf federartigen Zweigen besitzt.
Kultur: winterhart; volle Sonne/Halbschatten; regelmäßig gießen; im Frühling mit grobem Kompost mulchen; Vermehrung über 5–7,5 cm lange Teilstecklinge von Anfang bis Mitte Herbst.
Besondere Ansprüche: Bevorzugen wasserdurchlässiges Substrat mit hohem Kompostanteil. Winterhart, nachdem sie sich etabliert hat; in kühleren Regionen empfiehlt sich dennoch Winterschutz. Goldene Formen müssen in voller Sonne stehen, sonst wandelt sich die Nadelfarbe nach Grün um.
Gestaltungsvorschläge: Sehr gut als Einzelexemplare oder als passendes Paar neben einem Durchblick. Nutzen Sie die Pflanze als Unterlage und Winterschutz für empfindliche Kletterpflanzen.

Primulaceae
Cyclamen

H: bis 30 cm; **B:** bis 45 cm
Die kleine Gattung *Cyclamen,* das Alpenveilchen, besteht aus winterharten und halb-winterharten Knollenpflanzen, die vorwiegend aus dem Mittelmeerraum stammen. Beliebt sind sie vor allem wegen der hübschen, ungewöhnlich geformten Blüten. *C. hederifolium* (syn. *C. neapolitanum*) dürfte die beliebteste winterharte Art sein. Sie bildet von Spätsommer bis -herbst lange, mauve-rosa Blüten aus, die auf dünnen, roten Stengeln stehen. Ihr fast rundes bis efeublättriges, dunkelgrünes Laub mit silbrigen Zeichnungen – unterseits rötlich-purpurn – bleibt oft bis zum Frühsommer erhalten. Es gibt auch eine weißblütige Form, *C. h. album. Cyclamen coum* gehört gleichfalls zu den winterharten Arten; ihre herzförmigen, mittelgrünen Blätter sind silbrig-weiß gezeichnet und unterseits dunkelrot. Die rundlichen Blüten mit breiten Kronblättern werden bis 7,5 cm lang, sie sind rosa, manchmal auch weiß und erscheinen von Winterbeginn bis Mitte Frühling.
Kultur: winterhart/halb-winterhart; volle Sonne/Halbschatten; regelmäßig gießen; nach der Blüte mit grobem Kompost düngen; anfällig gegenüber Grauschimmel und Viren, Rüsselkäfern und Blattläusen (siehe Seite 105); Vermehrung durch Samen im Spätsommer.
Besondere Ansprüche: Bevorzugen wasserdurchlässiges Substrat mit hohem Kompostanteil. Wurzelknollen müssen vor Frost geschützt werden.
Gestaltungsvorschläge: Ideal für Fensterkästen, zusammen mit Heide und kriechendem Efeu (siehe Seite 59).

Dahlia 'Libretto'

Dahlia merckii

Compositae/Asteraceae
Dahlia

H: bis 1,50 cm; **B:** 1 m
Dahlien bilden eine kleine Gattung halbwinterharter Stauden mit dickfleischigen Wurzelknollen. Sie gehen alle auf einige mexikanische Arten zurück. Moderne Gartendahlien zeichnen sich durch mannigfache Blütenfarben und -formen aus, für Blumentöpfe sind sie geradezu prädestiniert. Die Blätter der meisten Dahlien sind groß, mittel- bis dunkelgrün und in mehrere Abschnitte untergliedert (etwa so wie bei der Esche, *Fraxinus*). Zweige und Äste der Pflanze sind hohl, an jedem Knoten allerdings durch Gewebe geschlossen (gekammert).

Dahlien lassen sich auf unterschiedliche Weise gruppieren: Für den praktischen Gebrauch unterscheidet man niedrige Sorten (kompakte Größe und Wuchsform, 5–7,5 cm hoch mit einfachen, halbgefüllten oder gefüllten Blüten), die meist wie Einjährige gezogen werden, von hohen Sorten. Letztere sind wüchsiger, bilden mehr und größere Blüten (Blütenköpfe bis zu 30 cm breit) in einer Unzahl von kräftigen und sanften Pastelltönen und werden gewöhnlich wie Stauden behandelt. Da die Zahl der Arten und Sorten kaum zu überblicken ist, werden die hohen Formen noch weiter untergliedert: **Ball-Dahlien** haben kleinere, runde Blütenköpfe von 7,5–10 cm Durchmesser; **Kaktus-Dahlien** haben Blütenköpfe mit röhrenförmigen Blüten; **Schmuckdahlien** sind mit gefüllten Blüten erhältlich und **Mignondahlien** tragen einen Kranz von Zungenblüten um ein Zentrum aus Röhrenblüten. Eine Reihe von Sorten zeichnet sich durch attraktives Laub aus, z. B. 'Bishop of Llandaff' mit bronze-grünen Blättern und 'David Howard' mit bronze-purpurnen Blättern.

Kultur: halb-winterhart; volle Sonne; regelmäßig gießen; beim Einpflanzen Langzeitdünger ins Substrat mischen und während der Blüte zweiwöchentlich mit Flüssigdünger gießen; anfällig gegenüber Viren und Sklerotinia-Pilzen, Blattläusen, Schnecken und Ohrwürmern (siehe Krankheiten und Schädlinge, Seiten 104–105); Vermehrung der niedrigen Sorten durch Aussaat im Frühling; hohe Sorten durch Triebstecklinge im Vorfrühling oder durch Teilung im Frühling.

Besondere Ansprüche: bevorzugt wasserdurchlässiges Substrat, muß vor Frost geschützt werden; graben Sie die Knollen aus und lagern Sie sie während des Winters in einem frostfreien Raum. Größere Sorten müssen gestützt werden.

Gestaltungsvorschläge: Ideal für eine Komposition aus kräftigen Farben an einem sehr heißen, sonnigen Platz.

Scrophulariaceae

Diascia

H: bis 30 cm; B: 20–30 cm

Diese halb-winterharten Stauden stammen aus Südafrika und eignen sich hervorragend für ein sommerliches Arrangement. Sie haben eine schlanke, niedrige Wuchsform und dunkelgrüne, breitovale, glänzende Blätter mit gezähntem Rand. Ihre röhrenförmigen, rosaroten, 7,5 cm breiten Blüten mit geflecktem Schlund erscheinen ab der Sommermitte. Eine bekannte Sorte ist beispielsweise 'Rosalie' mit rosavioletten Blüten oder 'Ruby Field'.

Diascia 'Ruby Field'

Dryopteris filix-mas 'Crispa Congesta' (hinten)

Kultur: halb-winterhart; volle Sonne/Halbschatten; selten gießen, der Boden sollte leicht antrocknen dürfen; Flüssigdünger (halbe Stärke) von Spätfrühling bis Frühherbst; knipsen Sie die Triebspitzen ab, damit sich die Pflanze stärker verzweigt; Vermehrung durch Aussaat im Vorfrühling (im Zimmer).

Besondere Ansprüche: Damit sich eine zweite Blüte entwickeln kann, muß die Pflanze stark zurückgeschnitten werden. Durch mehrfaches Zurückschneiden können Sie die Blühperiode bis in den Spätherbst ausdehnen.

Gestaltungsvorschläge: Hervorragend für den Rand größerer Kübel geeignet, denn sie kriecht über den Rand und überwuchert die Topfflanken.

Aizoaceae

Dorotheanthus

Dorotheanthus bellidiformis

H: 7,5–15 cm; B: 30–45 cm

Die Pflanze gehört zu einer großen Gruppe nahe verwandter Sukkulenten, die ursprünglich alle der Gattung *Mesembryanthemum* (Mittagsblumen) zugeordnet wurden. Die hier beschriebene Art gehört zur Gattung *Dorotheanthus*, stammt aus Südafrika und ist an ein Überleben unter heißen, trockenen Wüstenbedingungen angepaßt. Sie hat eine niedrige, ausgebreitete Wuchsform und schmale, hellgrüne, röhrenförmige Blätter, die so glitzernd aussehen, als würden sie transpirieren. In den dicken, fleischigen Blättern speichert die Pflanze große Mengen Wasser und überlebt so Zeiten der Dürre. In einem schönen Sommer, an einem heißen Platz ist *Dorotheanthus* im Sonnenschein dank der unglaublich brillanten, glühenden Farben ihrer 2,5 cm breiten Blüten durch keine andere Pflanze zu übertreffen. Blüten werden in Weiß, Rosa, Karmesinrot, Lachs-Apricot und Orange von Hochsommer bis in den Frühherbst hinein gebildet.

Kultur: nicht-winterhart; volle Sonne; selten gießen; beim Einpflanzen Langzeitdünger ins Substrat mischen; anfällig gegenüber Stengelfäule (Pilzerkrankung), Schnecken und Ameisen (siehe Seite 105); Vermehrung aus Samen im Frühling (im Zimmer).

Besondere Ansprüche: bevorzugt einen heißen Standort und ein sehr gut wasserdurchlässiges Substrat; etwas trocken halten.

Gestaltungsvorschläge: Sehr gut für Hängekörbe und ideal für Gärtner, die ab und zu das Gießen vergessen.

Aspidiaceae

Dryopteris

Dryopteris filix-mas

H: 1 m; B: 1,20 m

Dryopteris gehört zu einer großen Gattung winterharter bzw. nicht-winterharter, ausdauernder Farne. Die Übersetzung des griechischen Namens, „Eichen-Farn", bezieht sich auf die Form der Abdeckung der Sporenkapseln. Der Wurmfarn *Dryopteris filix-mas* ist die wohl bekannteste Art, er kommt natürlicherwei-

Ensete ventricosum

se auf der Nordhalbkugel vor und ist sehr winterhart. Seine zierlich geneigten Wedel (Blätter) – die Spitzen berühren fast die Erde – sind tief glänzend-grün, spießförmig und fein in kleine Fiedern eingeschnitten. Mit Hilfe seiner Sporen kann dieser Farn rasch größere Flächen kolonisieren. Ähnlich ist der Kamm- oder Moorfarn, *D. cristata*, er ist jedoch weniger wüchsig und wächst stärker ausgebreitet, seine Wedel sind hell gelbgrün mit gewelltem Rand.

Kultur: sehr winterhart; Halbschatten/Schatten; häufig gießen; im Frühling etwas Knochenmehl auf das Substrat streuen; lassen Sie die abgestorbenen Teile den Winter über als Frostschutz auf der Pflanze, und schneiden Sie erst im Frühling zurück; Vermehrung durch Aussaat von Sporen im Frühling oder durch Teilung der Rhizome im Spätfrühling.

Besondere Ansprüche: Bevorzugt torfhaltigen Boden mit hohem Faseranteil. Vermeiden Sie, den Farn direkt der Sonne auszusetzen, er trocknet rasch aus, und die Blätter verwelken. Sprühen Sie die Blätter bei heißem Wetter jeden Abend mit Wasser ein.

Gestaltungsvorschläge: Sehr gut geeignet, um eine feuchte, schattige Ecke zu beleben.

Elaeagnaceae

Elaeagnus

H: bis 2 m; B: 2,40 m

Die Gattung *Elaeagnus* (Ölweide) besteht aus etwa 35 Arten immergrüner oder laubabwerfender Sträucher und kleiner Bäume aus Asien, Südeuropa und Nordamerika. Diese robusten Pflanzen eignen sich auch für exponierte Stellen, sie vertragen Luftverschmutzung ebenso wie Salzluft an der Küste. Von Frühsommer bis in den Spätherbst erscheinen zahlreiche kleine, weiße, stark duftende Blüten, gefolgt von kleinen, silbrig-orangen, eiförmigen Früchten. Sowohl immergrüne wie laubabwerfende Arten zeichnen sich durch silbrigen Glanz ihrer ovalen, ledrigen Blätter und der dicken, goldenen Stengel aus. Von *E. patens* gibt es einige attraktiv panaschierte Sorten: *E. p.* 'Dicksonii' ist eine langsam wachsende Form mit einem unregelmäßigen, hellen, goldgelben Rand um jedes Blatt; *E. p.* 'Maculata' trägt in der Blattmitte einen leuchtenden, goldenen Fleck. Zwei Formen der Hybride *E.* x *ebbingei* sind ebenfalls recht beliebt: 'Gilt Edge' hat tiefgrüne Blätter mit einem breiten, goldgelben Rand; die Blätter von 'Limelight' treiben grün aus und bilden mit der Reife im Zentrum einen goldgelben Fleck aus.

Kultur: winterhart; volle Sonne/Halbschatten; regelmäßig gießen; im Frühling mit grobem Kompost mulchen; schneiden Sie im Spätfrühling totes, krankes und wucherndes Holz sowie bei panaschierten Formen auch grüne Triebe heraus; Vermehrung über 10 cm lange Teilstecklinge im Spätsommer.

Besondere Ansprüche: ziehen wasserdurchlässiges Substrat mit hohem Kompostanteil vor;

Gestaltungsvorschläge: Sehr gut als Schirm zum Schutz empfindlicherer Pflanzen geeignet.

Musaceae

Ensete

Ensete ventricosum

H: bis 5 m; B: 2 m

Ensete ventricosum gehört zu einer Gattung immergrüner Stauden, die von der Ostküste Afrikas, aus China und Südostasien stammen. Die großen, paddelartigen Blätter erreichen eine Länge von bis zu 4 m und werden fast 1 m breit. Sie sind tiefgrün gefärbt und tragen eine auffallende, rote Mittelrippe. Obwohl der Pflanze ein echter Stamm fehlt, macht sie einen baumartigen Eindruck. Die Blätter entspringen einem Sproß, der die Überreste alter, abgestorbener Blattscheiden trägt. Daraus erhebt sich auch der Blütensproß mit einem kugeligen, 30 cm breiten Blütenstand. Darin stehen rund 20, 5 cm lange Blüten mit purpurbraunen Hochblättern. Die bananenartigen Früchte werden

bis 7,5 cm lang. Für Kübel ist vor allem die gedrungene Art *E. superbum* geeignet.
Kultur: halb-winterhart; volle Sonne; regelmäßig gießen; im Frühling mit grobem Kompost mulchen; Verblühtes entfernen; Vermehrung durch Aussaat im Vorfrühling (Zimmer).
Besondere Ansprüche: Bevorzugt einen tiefen Topf mit gut wasserdurchlässigem Substrat und hohem Kompostanteil.
Gestaltungsvorschläge: Sehr gut in subtropischen Kompositionen geeignet.

Ericaceae

Erica

H: 30–45 cm; **B:** bis 60 cm
Die Heiden sind eine große Gattung mit mehr als 500 Arten, von Zwergsträuchern bis zu kleinen Bäumen. Die meisten Arten stammen aus Südafrika, sie sind jedoch nicht durchweg winterhart; mediterrane Arten sind winterhart. Inzwischen gibt es zahlreiche Sorten, die das Angebot stark erweitern. Sie sind so beliebt, weil es mit ihrer Hilfe möglich ist, das ganze Jahr lang – mit wechselnden Sorten – eine attraktive Wirkung aufrechtzuerhalten.
Sorten mit langen Blütenähren sind ideal für Blumentöpfe, denn sie behalten ihre Attraktivität, selbst wenn die roten, rosa oder weißen Blüten tot und braun aussehen. Andere Arten werden wegen ihres Laubes gezogen, z. B. *E. cinerea* 'Golden Drop' mit goldenen Blättern und kupferrotem Austrieb, und *E. carnea* (syn. *E. herbacea*) 'Aurea' mit goldgelben Blättern und rosa Blüten.
Kultur: winterhart; volle Sonne; regelmäßig gießen; von Hochsommer bis Frühherbst alle zwei Wochen mit schwach dosiertem Flüssigdünger gießen; sofort nach der Blüte müssen die Blütenstände mit einer Heckenschere abgeschnitten werden; Vermehrung über 2,5 cm lange Steckhölzer im Spätsommer.
Besondere Ansprüche: Brauchen kalkfreies Substrat, einige Arten wie *E. carnea, E. erigena* und *E. terminalis* und ihre Sorten tolerieren auch etwas Kalk.
Gestaltungsvorschläge: Pflanzen Sie Heiden um die Basis von dickstämmigen Bäumen (siehe Seiten 44 und 53).

Celastraceae

Euonymus

H: 45 cm–2 m; **B:** 1–4 m
Euonymus, die Gattung der Spindelsträucher, besteht aus 175 immergrünen oder laubabwerfenden Arten niederwüchsiger Sträucher, kleiner Bäume, Kletter- und Schlingpflanzen. Die meisten stammen aus Asien, obwohl andere Arten auch in Europa, Nordamerika und Australien vorkommen. Die Blüten sind unscheinbar, die Früchte können jedoch gelappt, geflügelt, kräftig gefärbt und sehr spektakulär sein. Laubabwerfende Arten bilden oft auch attraktive Herbstfärbungen aus. Unter den immergrünen Arten ist *E. fortunei* sehr beliebt, da sie sich an viele Bedingungen anpaßt und fast überall gedeiht. Folgende Sorten sind erwähnenswert: *E. f.* 'Silver Queen' ist ein niedrig wachsender Strauch mit silberrandigen, dunkelgrünen Blättern, die im Winter rosa und creme überlaufen. Die Blätter der laubabwerfenden *E. europaeus* 'Red Cascade' färben sich im Herbst scharlachrot, dazu bildet das Bäumchen zahllose opalrosa Früchte, die den gesamten Winter hängen bleiben.
Kultur: sehr winterhart; volle Sonne/Halbschatten; regelmäßig gießen; Mitte Frühling einen Langzeitdünger aufstreuen und Mitte Herbst mit grobem Kompost mulchen; schneiden Sie tote oder beschädigte Zweige heraus; junge Triebe sind anfällig gegenüber Blattläusen (siehe Seite 105); Vermehrung über 10 cm lange Teilstecklinge im Spätsommer.
Besondere Ansprüche: Wurzeln nur sehr flach, daher dürfen sie nicht austrocknen.
Gestaltungsvorschläge: Immergrüne Formen eignen sich sehr gut für den Formschnitt.

Euphorbiaceae

Euphorbia

H: bis 1,20 m; **B:** bis 1,20 m
Die Gattung *Euphorbia* (Wolfsmilch) ist mit rund 2000 Arten Ein- und Zweijähriger, Stauden und Sträuchern insbesondere in den Subtropen sehr weit verbreitet. Stauden und strauchige Arten haben meist bandförmige Blätter mit hervortretender Mittelrippe und scheiden bei Verletzung weißen Milchsaft aus. *Euphorbia wulfenii* ist ein beliebter, immergrüner Halbstrauch mit hellen, blaugrünen, bandförmigen Blättern und kräftig gelben, dicht gepackten Hochblättern an den Sproßspitzen. *E. griffithii* bietet mit seinen flammendroten, 10 cm breiten Hochblättern im Hochsommer einen lebendigen Anblick. Die aufrechte *E. schillingii* mit kräftig grün gefärbten Blättern und butterblumengelben Hochblättern kriecht über die Substratoberfläche und bildet dabei neue Wurzeln.
Kultur: winterhart; volle Sonne/Halbschatten; regelmäßig gießen; im Frühling Langzeitdünger aufstreuen; entfernen Sie tote Blütenstände, und dünnen Sie wuchernde Triebe aus; Vermehrung über 7,5 cm lange Stecklinge im Spätfrühling.
Besondere Ansprüche: Mögen keine windigen Stellen. Der Milchsaft ist giftig, reizt die Haut, kann Blasenbildung hervorrufen und – falls er geschluckt wird – Magen- und Darmkatarrhe.
Gestaltungsvorschläge: Niedrige Arten als Bodendecker oder Lückenfüller.

Euonymus fortunei 'Silver Queen'

Euphorbia schillingii

Araliaceae

Fatsia

Fatsia japonica

H: bis 2,40 m; **B:** 3 m
Die Gattung besteht nur aus einer Art, die aus dem Fernen Osten (Japan und Taiwan) stammt. Sie wächst zu einem immergrünen Busch mit locker ausgebreite-

Fatsia japonica 'Variegata'

Fuchsia 'Thalia'

ter Wuchsform heran. *Fatsia japonica*, die Zimmeraralie, bildet 15 cm breite Blätter aus, deren Form an Efeu erinnert; sie sind von glänzend-dunkelgrüner Farbe und stehen an langen Blattstielen. Mitte Herbst erscheinen große Blütenstände weißer Blüten an aufrechten, dicken, grünen Stengeln. Zimmeraralien vertragen sehr gut die Salzluft an Küsten, aber auch Luftverschmutzung in einer Stadt bzw. einem Stadtgarten. Die panaschierte Form *F. j.* 'Variegata' hat weiße Blattspitzen, ist aber nicht so wüchsig und winterhart wie die grünblättrige Art.

Kultur: winterhart; volle Sonne/Halbschatten; regelmäßig gießen; im Frühling einen Langzeitdünger aufstreuen; entfernen Sie im Spätfrühling alle wuchernden, geschädigten oder erfrorenen Triebe; Vermehrung über Sproßstecklinge (ein Blatt und eine Knospe) im Spätfrühling.

Besondere Ansprüche: Zimmeraralien sind zwar winterhart, profitieren in kühleren Regionen jedoch von einem geschützten Platz vor einer süd- oder westexponierten Wand. Bevorzugt wasserdurchlässiges Substrat mit reichlich grobem Sand oder Kies. Bedecken Sie die Basis der Pflanze bei kaltem Wetter mit Stroh oder Abdeckmaterial.

Gestaltungsvorschläge: Wirkt am besten als Einzelstück; ihre großen Blätter verleihen einem Arrangement subtropisches Flair.

Moraceae

Ficus

H: bis 3 m; **B:** 3 m

Zu dieser großen Gattung gehören über 800 laubabwerfende und immergrüne Bäume, Sträucher und holzige Kletterpflanzen, die alle aus tropischen oder subtropischen Regionen stammen. Nur wenige sind robust genug, das ganze Jahr über im Freien zu stehen, einige gedeihen jedoch hervorragend in einem Kübel (im Sommer draußen, im Winter im Haus). *Ficus carica*, die eßbare Feige und ihre näheren Verwandten, stellen eine Ausnahme dar. Sie sind zwar nicht gänzlich winterhart, können aber mit Winterschutz recht gut draußen bleiben. An den dicken, stämmigen Zweigen stehen große, dunkelgrüne, tief gelappte Blätter. Die Früchte, die an den Zweigspitzen gebildet werden, bleiben – Winterschutz vorausgesetzt – lange am Baum hängen. *Ficus c.* 'Brown Turkey' gilt in gemäßigtem Klima als die beste fruchttragende Sorte. *F. benjamina*, der hübsche Kleinblättrige Gummibaum, ist nicht so winterhart. Er ist immergrün, hat dünne Zweige mit schmal zugespitzten Blättern, die hellgrün austreiben und später dunkler werden. Überläßt man die Pflanze sich selbst, wächst sie zu einem beachtlichen, 2 m hohen Zierstrauch oder Bäumchen heran, mit leicht gebogenen, herabhängenden Zweigen.

Kultur: halb-winterhart/nicht-winterhart; volle Sonne; regelmäßig gießen; von Frühsommer bis -herbst alle zwei Wochen mit Flüssigdünger gießen; Schnitt ist nicht erforderlich, nur tote und beschädigte Zweige auslichten; vermehren Sie *F. carica* durch Absenken, *F. benjamina* durch Abmoosen im Frühsommer.

Besondere Ansprüche: Bevorzugen einen südexponierten Standort. Vermeiden

Fuchsia 'Leonora'

Fuchsia 'La Campanella'

Sie, die Pflanze zu stark zu gießen, sonst wirft sie vorzeitig ihre Blätter ab. Geben Sie robusteren Arten Winterschutz im Freien, und holen Sie die empfindlichen Pflanzen ins Haus.
Gestaltungsvorschläge: Gut für ein subtropisches Arrangement geeignet.

Onagraceae
Fuchsia

H: bis 1,20 m; **B:** bis 1,20 m
Diese Gattung besteht aus rund 100 Arten laubabwerfender Sträucher, die aus Mittel- und Südamerika stammen. Fuchsien sind wegen ihrer attraktiven, herabhängenden, glockenförmigen Blüten beliebte Zierpflanzen. Deren Form reicht von

Galanthus nivalis

schlanken Röhren bis hin zu gefüllten, zweifarbigen Blüten mit überlappenden Kelch- und vier abgespreizten Kronblättern. Fast immer sind die Blätter matt mittelgrün, mit einer hervortretenden Mittelrippe, die sich in den Blattstiel fortsetzt. An der Küste und in milderen Regionen sind Fuchsien gänzlich winterhart und werden dort mancherorts sogar als Hecke genutzt. Empfindlichere Arten sind beliebte Zimmerpflanzen. Viele der aufrechten Sorten, wie *F.* 'Leonora' können buschig oder als Hochstamm gezogen werden, während die kriechenden oder niederliegenden Formen in Hängekörben oder Fensterkästen hervorragend zur Geltung kommen.
Unter den winterharten Fuchsien zählt *F. magellanica* zu den besonders robusten Formen. Sie bildet kleine, röhrenförmige, trüb-rote Blüten mit einem purpurnen Zentrum, die Art wurde jedoch von Hybriden oder Varietäten mit ansprechenden Zierformen verdrängt. *Fuchsia m.* var. *molinae* 'Sharpitor' hat beispielsweise kleine, weiße, mauve-überlaufene Blüten und graugrüne, weiß-panaschierte Blätter. Attraktiv panaschiert ist auch *F. m. gracilis* 'Variegata' mit grünen, cremiggelben, rosa überlaufenen Rändern. *F. m.* 'Versicolor' ist ein niederwüchsiger Strauch, dessen junge, graugrüne Blätter rot überlaufen sind und im Alter cremigweiß panaschiert erscheinen. Halb-winterharte Hybriden nehmen ständig zu: Zwei attraktive Beispiele sind z. B. *F.* 'Thalia' (orange-rote Blüten und große, dunkelgrüne Blätter mit roter Unterseite) und *F.* 'Cascade' (rosa und weiße Blüten, trauerförmiger Wuchs).
Kultur: halb-winterhart; volle Sonne/Halbschatten; regelmäßig gießen; im Frühling mit grobem Kompost mulchen und etwas Langzeitdünger zugeben; schneiden Sie die Pflanze im Frühling oder nach den letzten Frösten bis auf die Basis zurück; anfällig gegenüber Rostpilzen, Blattläusen, Blattwanzen und Mottenschildläusen (siehe Seite 105); Vermehrung über 7,5 cm lange Triebstecklinge von Mitte Frühling bis Spätsommer.
Besondere Ansprüche: Pflanzen Sie Fuchsien tief ein, und bedecken Sie die Wurzeln mit Mulch aus Farn oder Stroh. Hochstämme müssen während des Winters ins Haus genommen werden.
Gestaltungsvorschläge: Hervorragend geeignet als Bestandteil eines Hängekorbes oder in Fensterkästen (siehe Seite 16).

Amaryllidaceae
Galanthus
Galanthus nivalis

H: 7,5–20 cm; **B:** bis 15 cm
Das Schneeglöckchen ist in Nordeuropa und auf den Britischen Inseln heimisch. Es gehört zu einer Gattung kleiner, Tuffe bildender Zwiebelgewächse und wird vorwiegend wegen seiner kleinen weißen Blüten gezogen, die im Vorfrühling erscheinen. Die rein weißen oder manchmal grün gefleckten (*G. n.* 'Viridapicis'), herabhängenden Blüten werden schon im Winter gebildet. Sie stehen einzeln auf schlanken, grünen, 20 cm langen Stengeln. Ihre flachen, bandartigen Blätter sind matt mittelgrün mit einem leichten bläulichen Schimmer, sie stehen paarweise an den Blütenstengeln. Inzwischen haben auch weniger bekannte Sorten und Arten ihre Liebhaber gefunden: *G. n.* 'Flore Pleno' hat gefüllte, weiße Blüten, und *G. n.* 'Samuel Arnott' ist wüchsiger als die Art und bildet größere, 4 cm lange Blüten. Es gibt sogar eine Art, die im Herbst blüht, *G. reginae-olgae*. Auch *G. elwesii* ist größer, wüchsiger und hat größere, grün-gefleckte Blüten, die vom Anfang bis Mitte des Frühlings erscheinen.
Kultur: sehr winterhart; Halbschatten; im Sommer feucht halten, bis die Blätter absterben; von Spätfrühling bis Frühsommer Flüssigdünger geben; Vermehrung durch Teilung der Zwiebeln nach der Blüte, bevor die Blätter absterben.
Besondere Ansprüche: Die Zwiebeln dürfen während des Wachstums auf keinen Fall austrocknen. Schneiden Sie die abgeblühten Stengel ab – es sollten sich keine Samen bilden.
Gestaltungsvorschläge: Blüht sehr früh. Sieht unter immergrünen Sträuchern in großen Kübeln sehr erfrischend aus.

Ericaceae
Gaultheria

H: bis 1 m; **B:** bis 1,50 m
Gaultheria ist eine Gattung mit weit über 100 Arten, die in Nord- und Südamerika, Asien und Australien vorkommen. Die Gattung *Pernettya* (Torfmyrte), rund 20 Arten winterharter, immergrüner Ziersträucher, wird neuerdings dieser Gattung zugeordnet. Torfmyrten wachsen dicht buschig in ihrer Jugend, öffnen sich jedoch im Alter und werden dann sparrig. Ihre kleinen, glänzend dunkelgrünen, ovalen Blätter laufen in eine scharfe Spitze aus; meist stehen sie dicht an schlanken, roten Zweigen. Die weißen Blüten erscheinen von Anfang bis Mitte des Sommers in den Blattachseln. Daraus entwikkeln sich Büschel kleiner, runder Früchte, deren Farben von Weiß über Rosa bis Purpur und Rot reichen. Von der bekanntesten Art, *Gaultheria (Pernettya) mucronata*, gibt es interessante Sorten: 'Bell's Seedling' hat rote und 'Purpurea' violette Früchte.
Kultur: winterhart; volle Sonne/Halbschatten; regelmäßig gießen; im Frühling mit grobem Kompost mulchen; schneiden Sie im Frühling sparrige Zweige stark zurück, um neuen Wuchs anzuregen; Vermehrung über 5 cm lange Stecklinge im Spätsommer.
Besondere Ansprüche: In Regionen mit hartem Leitungswasser sollten Sie mit Regenwasser gießen. Pflanzen Sie mehrere Sträucher nebeneinander, um die Bestäubung sicherzustellen.
Gestaltungsvorschläge: Die Beeren bilden im Winter einen prachtvollen Blickpunkt (siehe Seite 53).

Geraniaceae
Geranium

H: 10-75 cm; **B:** bis 1 m
Die große Gattung *Geranium* besteht aus winterharten Stauden, viele mit niedriger, ausgebreiteter Wuchsform. Storchschnäbel, so genannt nach der Form ihrer Früchte, sind üppig blühende Stauden, die zahlreiche, 2,5 cm breite, tellerförmige Blüten von Frühsommer bis zu den ersten Frösten ausbilden. Fast alle Arten haben fein eingeschnittene Blätter, die sich auf dünnen Stielen erheben. Manche Formen werden vor allem wegen ihres schönen Laubes gepflanzt, und die wenigen panaschierten Sorten zeichnen sich manchmal noch durch purpurn gefleckte Blüten aus. Einige sind immergrün, sie überstehen den Winter als dicht gepackte Blattpolster, und sie ändern sogar ihre Farbe im Herbst, wenn sich die Blätter in den kürzer werdenden Tagen tief orange-rot verfärben. *Geranium* x *magnificum* hat tief gelappte Blätter und lavendel-blaue Blüten. Wenn Sie sanft strukturierte, salbeigrüne Blätter mögen, entscheiden Sie sich für *G. renardii* mit weißen, elegant purpurn geäderten Blüten – eine hervorragende Wahl für Blumentöpfe. Zu den beliebtesten und problemlosen Sorten gehören *G.* 'Johnson's Blue', *G.* 'Wargrave Pink' und der weiße *G. macrorhizum* 'Album'. Es gibt auch ein paar einjährige Arten, die den Anbau lohnen. Sie haben oft kräftig gefärbte Stengel und Blätter in Herbst und Winter: z. B. *G. lucidum* und *G. robertianum*.
Kultur: winterhart; volle Sonne/Halbschatten; regelmäßig gießen; im Frühling mit Kompost mulchen; im Frühling bis auf Bodenniveau zurückschneiden; anfällig gegenüber Rostpilzen und Schneckenfraß (siehe Seiten 104–105); Vermehrung durch Teilung reifer Stauden.
Besondere Ansprüche: Bevorzugen offenes, wasserdurchlässiges Substrat. Teilen Sie ältere Stauden alle drei bis vier Jahre, um Krankheiten einzudämmen und ein üppiges Wachstum zu gewährleisten.
Gestaltungsvorschläge: Hervorragend für warme, trockene Standorte. Eignen sich gut, um über den Rand von Kübeln und Töpfen zu kriechen.

Griseliniaceae
Griselinia

H: bis 4 m; **B:** bis 3 m
Eine kleine Gattung von etwa sechs Arten nicht gänzlich winterharter Bäume und Sträucher, die aus Neuseeland, Chile und Brasilien stammt. Die beliebteste Art, *G. littoralis*, ist ein großer, dichter, immergrüner Strauch mit dicken, fleischigen, ledrigen, hell-apfelgrünen Blättern mit glänzender Oberfläche. Der Strauch wächst nur langsam und ist nur in sehr milden Regionen winterhart, die Salzluft der Küste kann ihm jedoch nichts anhaben. Sorten mit unterschiedlichem Laub sind etwa *G. l.* 'Variegata' mit cremigweiß gesäumten, grünen Blättern; oder *G. l.* 'Dixon's Cream', dessen Blätter cremig weiße Flecken und Muster haben. Panaschierte Formen sind in der Regel noch empfindlicher als grüne Arten.
Kultur: halb-winterhart; volle Sonne/Halbschatten; regelmäßig gießen; im Frühling mit grobem Kompost mulchen; schneiden Sie im Spätfrühling unordentliches oder erfrorenes Holz heraus; Vermehrung über 10 cm lange Teilstecklinge im Spätsommer.

Geranium x *magnificum*

Besondere Ansprüche: Braucht Schutz vor starken Winden.
Gestaltungsvorschläge: Sehr gut als immergrüner Schirm, perfekt als Unterlage für krautige Kletterpflanzen wie *Eccremocarpus, Tropaeolum* und *Lathyrus* (Edelwicken);

Caryophyllaceae
Gypsophila
Gypsophila paniculata

H: bis 1 m; **B:** 1,20 m
Diese winterharte Staude, das Schleierkraut, kommt in Europa und bis nach Sibirien vor. Sie hat ein umfangreiches, dickfleischiges Wurzelsystem, so daß sie trockene Bedingungen aushalten kann. Die schmalen, bandartigen, graugrünen Blätter ähneln denen der Nelke, sie tragen gleichfalls dazu bei, den Wasserverlust zu reduzieren. Von Hoch- bis Spätsommer erscheinen Massen 1 cm breiter Blüten auf bis 1 m hohen Blütensprossen. Neben weißen sind rosablütige und Zwergformen im Handel, wie z. B. *G. repens* 'Rosea', die mit 10–15 cm sehr niedrig bleibt, sich aber wie ein Teppich über die Oberfläche eines Kübels ausdehnt. Die 1 cm breiten, rosaroten Blüten werden in üppiger Menge vom Hochsommer bis in den frühen Herbst gebildet.
Kultur: winterhart; volle Sonne/Halbschatten; regelmäßig gießen; im Frühling einen Langzeitdünger aufstreuen; schneiden Sie gegen Winterende/Vorfrühling die Pflanze bis auf den Boden zurück; Vermehrung über Triebstecklinge von Spätfrühling bis Frühsommer oder über Wurzelstecklinge ausgewachsener Stauden.

Gypsophila repens 'Rosea'

Hebe albicans

Hedera helix 'Glacier'

Besondere Ansprüche: Bevorzugt wasserdurchlässiges, leicht basisches Substrat; streuen Sie jedes zweite Jahr Kalk auf. Stützen Sie ab einer Höhe von 30 cm mit Reisig ab.
Gestaltungsvorschläge: Sieht in Verbindung mit Edelwicken, die durch das Gezweig klettern, sehr attraktiv aus.

Scrophulariaceae
Hebe

H: bis 1 m; **B:** bis 1,50 m
Von *Hebe*, der Strauchveronika, gibt es 75 Arten und zahllose Hybriden. Die Gattung kommt an der Südspitze Südamerikas, in Australien und Neuseeland vor. Alle sind immergrün, die meisten Sträucher, einige auch Bäume! Viele zeichnen sich durch ungewöhnliches oder attraktives Laub aus, und fast alle tragen ihren Blütenschmuck vom Frühling bis zum Herbst. Die kleinen Blüten stehen in großen, dicht gepackten Trauben. Viele Arten eignen sich für ein Pflanzgefäß, besonders die sogenannten Peitschenschnur-Formen mit dünnen, zypressenartigen Trieben passen gut an exponierte Standorte. Dazu gehören *H. armstrongii* mit dicht verzweigten, olivgrünen, gelb getüpfelten Stengeln und kleinen, weißen Blüten, die im Spätsommer erscheinen; *H. cupressoides*, ein niedriger, aufrechter Strauch mit schlanken, graugrünen Zweigen und kleinen, hellblauen Blüten im Hochsommer; und *H. ochracea* 'James Stirling', ein dichter Zwergstrauch mit aufrechten, glänzenden, peitschenförmigen, goldenen Trieben. Auch Formen mit größeren Blättern geben äußerst attraktive Kübelpflanzen ab: *H. albicans* ist ein immergrüner Strauch, der zu einem dichten Hügel blaugrauen Laubes heranwächst und dichte Trauben weißer Blüten trägt; die panaschierte *H.* x *franciscana* 'Variegata' hat cremig-weiß gesäumte Blätter (sehr gut für Fensterkästen) und *H. speciosa* 'Tricolor' im Herbst junge Triebe mit rosaroten Spitzen. Die beliebteste bodendeckende Art ist die immergrüne *H. pinguifolia* 'Pagei', die durch purpurne Stengel, graublaue Blätter und Massen kleiner, weißer Blüten im Spätfrühling oder Frühsommer gekennzeichnet ist.
Kultur: halb-winterhart; volle Sonne; regelmäßig gießen; im Frühling Langzeitdünger aufstreuen; entfernen Sie im Frühling erfrorene Triebe und regelmäßig alles Verblühte; empfindlich gegenüber Falschem Mehltau (siehe Seite 104) und Blattfleckenkrankheit (vor allem in feuchten Jahren); Vermehrung über 5–10 cm lange Teilstecklinge von Hoch- bis Spätsommer.
Besondere Ansprüche: Braucht Schutz vor kalten Winden; fühlt sich auch in Küstengegenden wohl.
Gestaltungsvorschläge: Sehr gut für Fensterkästen. Kleine Arten passen auch in ein Arrangement von Alpenpflanzen.

Araliaceae
Hedera

H: bis 3 m; **B:** bis 3 m
Hedera, der Efeu, ist eine kleine, aber weit verbreitete Gattung (Europa, Nordamerika, Japan). Fast alle Arten sind immergrüne Kletterpflanzen, die sich selbst mit Hilfe von Haftwurzeln an der Unterlage festklammern, oder kriechende Bodenpflanzen.
Der Handel bietet viele Formen mit interessanten Eigenschaften an, die sich für mannigfache Kompositionen und Standorte eignen. *Hedera helix* aus Mitteleuropa ist in vielen, beliebten Sorten erhältlich:

Hibiscus rosa-sinensis cvs.

H. h. 'Palmata' mit palmartigen Blättern wächst langsam; *H. h.* 'Glacier' hat kleine, silbergraue Blätter mit einem schmalen, weißen Rand; und die wohl prachtvollste Sorte, *H. h.* 'Goldheart', trägt in der Mitte jedes Blattes einen auffälligen, goldenen Fleck. Die wüchsigere *H. algeriensis* hat größere Blätter, kräftige, rötliche Stämme und wächst aufrechter als *H. helix*, daher ist sie ideal für ein Gitter geeignet. Die ledrigen Blätter sind im Sommer glänzend grün, sie verfärben sich im Winter nach Bronzegrün. Da die wachsende Spitze recht empfindlich ist, muß sie nach harten Wintern ggf. zurückgeschnitten werden. Die Sorte *H. algeriensis* 'Gloire de Marengo' hat dunkelgrüne Blätter, deren Farbe sich zum Rand hin über Silbergrau in unregelmäßig weiße Säume auflöst. *H. colchica* 'Dentata' ist eine sehr rasch kletternde Sorte mit dünnen, tief gelappten, dunkelgrünen, purpurn überlaufenen Blättern – die größten der Gattung. Sie eignet sich hervorragend für die Begrünung von Wänden, wie auch *H. c.* 'Dentata Variegata' mit creme-gelb und hellgrün gezeichneten Blättern. Letztere ist weitaus winterhärter als die oft empfohlene *H. algeriensis* 'Gloire de Marengo'.

Kultur: winterhart; volle Sonne/Halbschatten; regelmäßig gießen; von Spätfrühling bis Frühherbst einmal pro Monat Flüssigdünger geben; schneiden Sie nur alte Blütentriebe und beschädigte Zweige heraus; junge Triebe sind anfällig gegenüber Schildläusen; Vermehrung über Blattstecklinge (mit Achselknospe) von Hoch- bis Spätsommer.
Besondere Ansprüche: Bis die Haftwurzeln die Pflanze sicher verankern, empfiehlt es sich, die Triebe festzubinden. Pflanzen, die über Stecklinge von Jungtrieben vermehrt wurden, behalten die Jugendmerkmale bei, Stecklinge vom älteren Holz haben die Charakteristika voll entwickelter Exemplare. Aus diesem Grund ist eine Unzahl von verschiedenen Sorten und Formen erhältlich. Efeu kann stark zurückgeschnitten werden, treibt dann aber „jugendlich" aus.
Gestaltungsvorschläge: Sehr gut in Kübeln, Hängekörben, und Fensterkästen als Bodendecker, zur Verkleidung unschöner Flächen und um gerade Linien zu brechen. Efeu mit grünen Blättern toleriert auch Schatten, während panaschierte Formen auf mehr Licht angewiesen sind (siehe Seiten 40–41, 53, 58–59 und 64–65).

Helianthemum 'Fire Dragon'

Cistaceae
Helianthemum

H: 7,5–10 cm; **B:** bis 60 cm
Diese große Gattung immergrüner Zwergsträucher, die Sonnenröschen, kommt in Asien, Nordafrika, Süd- und Mitteleuropa sowie beiden Amerikas vor. Je nach ihrem natürlichen Lebensraum unterscheidet sich die Wuchsform in Anpassung an trokkene Umweltbedingungen. Trockenresistente Formen bilden niederwüchsige Polster mit dünnen, kräftigen Stengeln und kleinen, ovalen, hellgrünen Blättern, die von feinen Haaren bedeckt werden. Die 2 cm breiten, tellerförmigen Blüten auf kurzen Stengeln erscheinen in üppiger Folge nahe am Boden von Hoch- bis Spätsommer in einer Vielzahl von Blütenfarben. Einfarbige Sorten werden in großer Zahl angeboten, darunter *H.* 'Wisley Pink' mit rosafarbenen Blüten über grauem Laub, *H.* 'Wisley Primrose' mit zart-goldgelben Blüten, *H.* 'Wisley White' mit rein weißen Blüten und grauen Blättern, *H.* 'Fire Dragon' mit grünem Laub und tief kupferorange Blüten; hinzu kommt die interessante *H. nummularium grandiflorum* 'Variegatum'.
Kultur: winterhart; volle Sonne; regelmäßig gießen; nach der Blüte zurückschneiden, damit die Pflanze im Herbst noch einmal blüht; Vermehrung über 5–6 cm lange Teilstecklinge im Spätsommer.
Besondere Ansprüche: Brauchen wasserdurchlässiges Substrat, in dem keine Staunässe entstehen darf.
Gestaltungsvorschläge: Ideal für Kübel und Fensterkästen.

Boraginaceae
Heliotropium

H: bis 60 cm; **B:** bis 40 cm
Die große Gattung *Heliotropium* (Helio-

Hosta sieboldiana var. *elegans*

Hosta fortunei var. *albopicta*

Hosta sieboldiana 'Frances Williams'

trop) besteht aus halb- und nicht-winterharten Einjährigen und Sträuchern. In Kübeln wird vorwiegend *H.* x *hybridum* eingesetzt, ein empfindlicher, immergrüner Strauch. Seine kräftig strukturierten, gefältelten, dunkelgrünen, länglichen Blätter stehen an dunkelgrünen, fast schwarzen Stielen. Die kleinen Blüten stehen in 10 cm breiten, flachen Blütenständen; sie duften stark und erscheinen in Farben, die von einem tiefen bläulichen Purpur über Lavendelblau bis Rein-Weiß reichen. Die Sorte 'Princess Marina' bildet große Mengen violett-blauer, 'Florence Nightingale' hellmauve gefärbte Blüten.
Kultur: halb-winterhart; volle Sonne/ Halbschatten; regelmäßig gießen; von Frühsommer bis -herbst alle zwei Wochen Flüssigdünger; Vermehrung über Aussaat im Frühling, definierte Sorten über 10 cm lange Stecklinge im Spätsommer.
Besondere Ansprüche: Bevorzugen wasserdurchlässiges Substrat. Große Pflanzen überwintern im Haus.
Gestaltungsvorschläge: Erziehen Sie im Blumentopf eine Pflanze zum Hochstamm. Heliotrop kann ganzjährig blühen.

Malvaceae
Hibiscus

H: 2–3 m; **B:** 2 m
Die Gattung *Hibiscus* besteht aus rund 200 empfindlichen oder winterharten Arten, Stauden, Bäumen oder Sträuchern mit beinahe weltweiter Verbreitung. Die Blätter unterscheiden sich in ihrer Größe, sind jedoch alle dunkelgrün, etwa oval und am Rand gezähnt. Die Blütengröße schwankt, je nach Art, zwischen 7,5 und 12 cm, sie sind schwach trompetenförmig und zumeist kräftig gefärbt. Empfindliche Arten müssen im Haus überwintern und werden nur im Sommer ins Freie gestellt. *H. rosa-sinensis* gehört zu den beliebteren Arten. Sie bildet große, karmesinrote, orange-rosa und gelbe, bis 12,5 cm breite Blüten. Die meisten winterharten Sorten gehen auf *H. syriacus* zurück: 'Blue Bird' ist mittelblau mit roter Mitte und 'Woodbridge' kräftig rosarot.
Kultur: winterhart bis nicht-winterhart; volle Sonne, regelmäßig gießen; im Frühling mit grobem Kompost mulchen; schwachen Wuchs Anfang Frühling ausdünnen und zu kräftige Triebe um ein Drittel kürzen; empfindliche Arten werden in Hoch- bis Spätsommer über 7,5–10 cm lange Stecklinge vermehrt, winterharte über 7,5–10 cm lange Teilstecklinge im Hochsommer.
Besondere Ansprüche: Trocknet Pflanze aus, wirft sie ihre Blütenknospen ab.
Gestaltungsvorschläge: Großblütige Formen an einen sonnigen Platz stellen.

Liliaceae
Hosta

H: bis 40 cm; **B:** 60 cm
Die Funkien sind winterharte Stauden, die vorwiegend aus China oder Japan stammen. Sie tragen von Hochsommer bis Frühherbst kleine, trompetenförmige Blüten auf 60 cm hohen Ähren. Vor allem werden sie jedoch wegen ihres attraktiven Laubes gepflanzt: Die Blattformen reichen von lang und schmal bis hin zu oval mit langer Spitze, die Farben von Bläulichgrün über Mischungen von Silber und Grün bis grün und golden panaschiert. Unter geeigneten Bedingungen behalten Funkien über Jahre ohne großen Pflegeaufwand ihre Wirkung. *Hosta sieboldiana* var. *elegans* hat breit spießförmige, glänzend-bläulichgrüne Blätter mit hervortretenden Adern und zart-blaulila Blüten. Die sehr attraktive, etwas langsamer wachsende Sorte *H. s.* 'Frances Williams' trägt breite, länglich ovale, glänzende, bläulich grüne Blätter mit markantem, goldenem Saum; *H. fortunei* var. *albopicta* ist eine wüchsige Staude mit hellgrünen Blättern und fast cremiger Mitte.
Kultur: winterhart; Halbschatten/Schatten; regelmäßig gießen; entfernen Sie im Frühling alle toten Blätter und schneiden Sie Verblühtes ab; anfällig gegenüber Schneckenfraß (siehe Seite 105); Vermehrung durch Teilung im Frühling.
Besondere Ansprüche: Bevorzugen feuchtes, torfreiches, wasserdurchlässiges Substrat. Geben Sie Kieselsteine auf die Topfoberfläche, um die Wurzeln kühl zu halten und Schnecken abzuwehren.
Gestaltungsvorschläge: In alten Schornsteinaufsätzen bleiben die Wurzeln kühl.

Cannabaceae
Humulus
Humulus lupulus

H: bis 10 m; **B:** 5 m
Der Hopfen gehört zu einer kleinen Gattung selbst windender, mehrjähriger Kletterpflanzen, die in Mittel- und Nordeuropa sowie Asien vorkommen. Die Blätter sind 10–15 cm lang, ahornartig gelappt, borstig behaart und entlang den Rändern gezähnt; sie stehen paarweise an dünnen, borstig behaarten, sich windenden Trieben. Die Blüten sind unscheinbar, die Fruchtstände sehen jedoch im Herbst recht attraktiv aus. Die äußerst beliebte *H. l.* 'Aureus' hat zart goldgelbe Blätter.
Kultur: winterhart; volle Sonne/Halbschatten; regelmäßig gießen; im Frühling mit grobem Kompost mulchen; anfällig gegenüber Hopfen-Mehltau; Vermehrung über Teilstecklinge im Hochsommer.
Besondere Ansprüche: Bevorzugt wasserdurchlässiges Substrat.
Gestaltungsvorschläge: Sieht, über ein Stangenzelt gezogen, sehr wirkungsvoll aus (siehe Seiten 6 und 64).

Hyacinthus orientalis 'L'Innocence'

Hydrangea macrophylla 'Hamburg'

Hydrangea macrophylla 'Europa'

Liliaceae
Hyacinthus

H: bis 25 cm; **B:** bis 15 cm
Diese sehr beliebte Zwiebelpflanze stammt aus dem Mittelmeerraum. Von dort sind rund 30 wild wachsende Arten bekannt, obwohl nur ein paar davon als Zierpflanzen genutzt werden. Fast alle gehen auf *H. orientalis* zurück, die als Art jedoch kaum erhältlich ist. Alle Hyazinthen haben bandförmige, mittelgrüne Blätter mit abgestumpften Spitzen – jeweils vier bis sechs je Pflanze. Die Blüten stehen in einer kompakten, gedrängten Ähre von 15 cm Länge. Die Zahl der Sorten mit immer mehr Farbvarianten nimmt ständig zu. Die beliebte *H.* 'L'Innocence' ist oben abgebildet.
Kultur: winterhart; volle Sonne/Halbschatten; regelmäßig gießen; vom Ende der Blühperiode bis zum Verwelken der Blätter alle zwei Wochen Flüssigdünger geben; anfällig gegenüber Viren, Knollenfäule und dem Angriff von Blattläusen (siehe Seiten 104–105); Vermehrung über Samen, die im Hochsommer ins Freiland gesät werden.
Besondere Ansprüche: Während der Blüte feucht halten. Heben Sie die Zwiebeln sorgfältig auf, damit die Hyazinthen unbeschädigt auswachsen und reichlich Blüten treiben.
Gestaltungsvorschläge: Ziehen Sie die Hyazinthen im Haus vor, und stellen Sie die Pflanzen erst kurz vor der Blüte in ein Gefäß ins Freiland.

Hydrangeaceae
Hydrangea

H: bis 2 m; **B:** bis 2,40 m
Diese Gattung besteht aus 23 Arten kleiner Bäume, Sträucher und Kletterpflanzen, die vor allem wegen der flachen oder kuppelförmigen Blütenstände gezogen werden.
Manchmal werden die Hortensien nach der Form ihrer Blütenstände untergliedert. Die sogenannten „Lacecap-Formen" (Sorten von *H. macrophylla*) zeichnen sich durch breite, flache Blütenstände mit einer oder zwei Reihen großer, farbiger Randblüten aus. *H. m.* 'Tricolor' hat attraktive in Grün, Weiß und Gelb panaschierte Blätter. Dichtkopfige Formen haben einheitlich gestaltete Blütenstände mit sanftrosa bis stahlblauen Blüten. Zu den attraktiven Sorten gehören *H. m.* 'Hamburg' mit rosaroten Blüten (blau bei saurem Boden), *H. m.* 'Europa' mit großen, tiefrosa und *H. m.* 'Nigra' mit rosa Blüten auf schwarzen Stengeln.
Kultur: winterhart; Halbschatten; regelmäßig gießen; im Frühling mit grobem Kompost mulchen; Blütenstände im Frühling abschneiden; Vermehrung über 10–15 cm lange Teilstecklinge im Spätsommer.
Besondere Ansprüche: Bevorzugen saures Substrat, insbesondere wenn Sie blaue Blüten wünschen; nehmen Sie in Gegenden mit hartem Leitungswasser daher besser Regenwasser zum Gießen.
Gestaltungsvorschläge: Sehr gut für kühle, schattige Ecken (siehe Seite 71).

Aquifoliaceae
Ilex

H: bis 3 m; **B:** bis 2 m
Der Ilex oder die Stechpalme ist einer von 400 immergrünen, seltener laubabwerfenden, großen Sträuchern, die fast überall auf der Welt vorkommen. Sie alle haben unauffällige, weiße, sternförmige Blüten, aus denen rote, orange, gelbe oder weiße

Ilex aquifolium 'J. C. van Tol'

Beeren hervorgehen (auf weiblichen Pflanzen). Ihre typischen, stachelspitzigen Blätter sind farblich variabel. Die beiden bekanntesten Sorten dürften *I. aquifolium* 'Silver Queen' sein – nur die männliche Pflanze. Deren junger Austrieb trägt purpurne Sprosse und dunkelgrüne Blätter. *I. a.* 'J. C. van Tol' hat glänzend grüne Blätter und kräftig rot gefärbte Beeren.

Kultur: winterhart: volle Sonne/Halbschatten; regelmäßig gießen; im Frühling mit grobem Kompost mulchen; entfernen Sie die grünen Triebe panaschierter Sorten, und trimmen Sie Formschnittsträucher im Spätsommer; anfällig gegenüber Minierfliegen; Vermehrung über 10 cm lange Teilstecklinge im Spätsommer.

Besondere Ansprüche: Haben gerne ein wasserdurchlässiges Substrat. Nordamerikanische Hybriden, z. B. *I.* x *meserveae* 'Blue Prince', 'Blue Princess', 'Blue Angel', 'Blue Boy' und 'Blue Girl' brauchen neutrales bis leicht saures Substrat.

Gestaltungsvorschläge: Sehr gut als Formschnittstrauch geeignet.

Balsaminaceae

Impatiens

H: bis 60 cm; **B:** bis 60 cm

Über lange Jahre galten Fleißige Lieschen als ideale, halbwinterharte Beetpflanzen. Ihre glänzenden Blätter sind breit-spießförmig und variieren in der Farbe von Tiefgrün bis Bronzerot. Die fünfzähligen Blüten öffnen sich zu 4 cm breiten Tellern, es gibt Formen mit rosa, tiefroten und sogar rot-weiß gestreiften Blüten. Fleißige Lieschen blühen ohne Unterbrechung von Hochsommer bis zu den ersten Frösten des Herbstes. Manchmal ist vor lauter Blüten kein Blatt mehr zu sehen. Vor allem die wüchsigen, großblütigen Sorten, die reichlich Blüten tragen, eignen sich hervorragend für ein Pflanzgefäß.

Impatiens cv.

Kultur: nicht-winterhart; volle Sonne/Halbschatten; regelmäßig gießen; vom Hochsommer bis zum Frühherbst alle zwei Wochen Flüssigdünger geben; entfernen Sie regelmäßig Verblühtes, um die Blühperiode auszudehnen; anfällig gegenüber Schneckenfraß (siehe Seite 105); Vermehrung durch Aussaat von Anfang bis Mitte des Frühlings.

Besondere Ansprüche: Brauchen gut wasserdurchlässiges Substrat; die Pflanzen müssen zwar regelmäßig gegossen werden, dürfen aber nicht im Wasser stehen, sonst verfärben sich die Blätter gelb und fallen vorzeitig ab.

Gestaltungsvorschläge: Gut für markante Blickpunkte mit sommerlichen Farben; perfekt für Hängekörbe und Fensterkästen (siehe Seite 38).

Convolvulaceae

Ipomoea

H: bis 2 m; **B:** 1,50 m

Ipomoea, die Prunkwinde, gehört zu einer großen Gattung mit Sträuchern und Kletterpflanzen, einigen Einjährigen und Stauden. In Kübeln verwendet man gewöhnlich Kletterformen, die sich mit Hilfe ihrer windenden Zweige selbst verankern. Der Wert dieser Topfpflanzen liegt in ihren attraktiven, trompetenförmigen Blüten. Als Beispiel wäre *I. alba* zu nennen, eine 20 cm hohe, immergrüne Pflanze mit weichen Sprossen, ovalen Blättern und duftenden, weißen, röhrenförmigen Blüten, die sich abends öffnen. *I. rubrocaerulea* 'Heavenly Blue' ist eine wüchsige Schlingpflanze mit hellgrünen, herzförmigen Blättern. Sie bildet von Hochsommer bis Frühherbst reichlich große, 13 cm breite, tiefblaue Blüten.

Kultur: halb-winterhart; volle Sonne; regelmäßig gießen; von Hoch- bis Spätsommer alle zwei Wochen Flüssigdünger geben; anfällig gegenüber Blattläusen und Schneckenfraß (siehe Seite 105); Vermehrung durch Aussaat im Spätfrühling.

Ipomoea rubrocaerulea 'Heavenly Blue'

Besondere Ansprüche: Für ein optimales Aussehen müssen die Pflanzen unauffällig gestützt werden.

Gestaltungsvorschläge: Lassen Sie die Kletterpflanzen durch laubabwerfende Bäume und Sträucher klettern.

Iridaceae

Iris

H: bis 75 cm; **B:** 60 cm

Die Gattung *Iris* besteht aus mehr als 300 immergrünen oder laubabwerfenden Stauden, die in der nördlichen Hemisphäre vorkommen. Die Blattfarben variieren zwischen kräftig glänzend-grün und mattem Graugrün. Die Größe der Blüten ist recht unterschiedlich, ihre Grundform aus Vielfachen von drei Blütenblättern ist jedoch stets erkennbar. Am beliebtesten sind Bartiris, sie lassen sich leicht pflegen und sind in einer Vielzahl von Farben erhältlich. Viele der Hybriden gehen auf *I. germanica* zurück. Andere, interessante Sorten sind die feuchteliebende *I. pallida* 'Variegata' mit lavendelblauen Blüten und grün-gold gestreiften Blättern; und *I. pseudacorus* 'Variegata' mit butterblumen-gelben Blüten und gold-grün gestreiftem Laub (sie fühlt sich in Staunässe wohl!).

Kultur: winterhart; volle Sonne; regelmäßig gießen; im Frühling mit grobem Kompost mulchen; anfällig gegenüber Rhizomfäule und dem Angriff von Blatt- und Wurzelälchen (siehe Seite 105); Vermehrung durch Teilung unmittelbar nach der Blüte.

Besondere Ansprüche: Bevorzugen Substrat mit neutralem pH.

Gestaltungsvorschläge: Passen sehr gut in Arrangements mit hohen Pflanzen – auch zwischen Gräser und Farne.

Jasminum nudiflorum

Juniperus scopulorum 'Skyrocket'

Oleaceae

Jasminum

H: bis 3 m; **B:** 2 m

Jasminum (Jasmin) ist eine große Gattung mit mehr als 400 Arten laubabwerfender oder immergrüner Kletterpflanzen und Sträuchern, die vorwiegend in der Alten Welt vorkommen. Der Jasmin ist vor allem wegen seiner kleinen, duftenden, röhrenförmigen Blüten sehr beliebt. Sie öffnen sich sternförmig mit fünf gelben, weißen oder hellrosa Kronblättern. Fast alle Arten haben im Querschnitt viereckige, grüne Zweige, die im Alter braun werden. Kletternde Arten winden selbst mit Hilfe ihrer Zweige. Die kleinen, mittelgrünen Blätter sind häufig dreigeteilt. *J. officinale* bildet von Hochsommer bis Frühherbst weiße Blüten mit schwerem Duft. *J. nudiflorum* ist als Wandstrauch durch nichts zu ersetzen, seine gelben Blüten erscheinen vom Spätherbst bis in den Vorfrühling. Die Sorte *J. n.* 'Aureum' hat goldene Blätter.
Kultur: winterhart; volle Sonne/Halbschatten; häufig gießen; im Frühling Langzeitdünger aufstreuen; anfällig gegenüber Grauschimmel und dem Angriff von Blattläusen (siehe Seite 105) in frostgeschädigten Trieben; Vermehrung über 7,5–10 cm lange Teilstecklinge im Spätsommer.
Besondere Ansprüche: Keine.
Gestaltungsvorschläge: Neben einer Tür oder einem Fenster plaziert, profitieren Sie am besten von dem aromatischen Duft.

Cupressaceae

Juniperus

H: bis 7 m; langsam wachsende Sorten bis 1,50 m; **B:** 1 m

Diese wichtige Gattung der Wacholder besteht aus fast 50 Arten Nadelhölzer. Die meisten sind winterhart und vertragen überraschend gut Hitze und trockene Bedingungen. Im Übergang von der Jugend- zur Altersform verändert sich das Laub. Mit zunehmender Reife beginnt sich die Rinde abzuschälen, und viele Pflanzen bilden blauschwarze, beerenartige Früchte. Wacholder wird in einer fast unüberschaubaren Vielfalt von Sorten angeboten, die sich in Wuchsform, Aussehen und Blattformen unterscheiden – für den Kübel eignen sich am besten die Zwerg- und langsam wachsenden Formen. Klone von *J. chinensis* sind recht beliebt, z. B. *J. c.* 'Stricta' mit pyramidenartiger Wuchsform und blauen bis schiefergrauen Nadeln; *J. c.* 'Obelisk' hat eine steif aufrechte Form und bläulich-grüne Nadeln. Regelmäßig ist auch *J. scopulorum* 'Skyrocket' zu finden, die wohl schmalste Konifere überhaupt. Er hat silbrig blaugrünes Laub und wird manchmal nur als Stamm verkauft, auf den eine kriechende Sorte für einen Hochstamm in Trauerform aufgepfropft wurde. *Juniperus squamata* 'Pygmaea' ist eine Sorte mit gelbgrünem Laub, die 10 Jahre braucht, um 1 m Höhe zu erreichen. Von markant architektonischer Wirkung ist *J. recurva* var. *coxii*, ein langsamwüchsiger Wacholder, der in 10 Jahren 3 m hoch wird. Er hat grüne Nadeln und überhängende fadenartige Triebe.
Kultur: sehr winterhart; volle Sonne bis Halbschatten; regelmäßig gießen, die Wurzeln sollten auf keinen Fall austrocknen; im Frühling Langzeitdünger aufstreuen; Vermehrung erfolgt durch 10–15 cm lange Teilstecklinge im Spätsommer.
Besondere Ansprüche: Goldene und panaschierte Formen gedeihen am besten in voller Sonne.
Gestaltungsvorschläge: Gut als isolierter Blickpunkt oder Formschnittstrauch geeignet.

Lamiaceae

Lamium

H: bis 60 cm, **B:** bis 3 m

Die Taubnesseln sind eine Gattung aus 45 einjährigen und winterharten, mehrjährigen Stauden, die aus Nordafrika und Europa stammen. Äußerlich – nicht verwandtschaftlich – gleichen sie den Brennnesseln. Die kleinen Röhrenblüten, die von Früh- bis Spätsommer in Purpur, Rosa, Gelb oder Weiß gebildet werden, stehen in Wirteln in den Blattachseln. Die großen, mittelgrünen, breit-ovalen Blätter sind grob texturiert und von feinen Haaren (keine Brennhaare) bedeckt. Manche Sorten werden wegen ihres silbernen oder panaschierten Laubes geschätzt. Fast alle haben eine lockere Wuchsform und kriechen häufig über den Boden, wobei sie sich an den Knoten bewurzeln. *L. maculatum* wächst langsam, hat kleine grüne Blätter mit einem silbernen Streifen in der Mitte und kleine, purpurrosa Blüten, die Sorte 'Aureum' goldfarbene Blätter. *L. m.* 'Roseum' hat hellrosa, und *L. album* rein weiße Blüten. Häufig sind auch Sorten von *L. galeobdolon*, etwa 'Florentinum', erhältlich, mit großen, gelben Blüten und silberfleckigen, immergrünen Blättern – für ein Gefäß allerdings fast zu wüchsig.
Kultur: winterhart; volle Sonne/Halbschatten; regelmäßig gießen; im Frühling etwas Langzeitdünger aufstreuen; Vermehrung durch Teilung im Winter.
Besondere Ansprüche: Silber- und goldblättrige Formen kommen gut im Halbschatten zurecht.
Gestaltungsvorschläge: Ideal, um über die Flanken eines Gefäßes zu kriechen (siehe Seite 59).

Verbenaceae

Lantana

H: bis 1,20 m; **B:** 1 m

Die Gattung *Lantana*, die Wandelröschen, besteht aus etwa 150 frostempfindlichen, immergrünen Sträuchern, die aus Südamerika und von den karibischen Inseln stammen. Die tiefgrünen, elliptischen, gezähnten Blätter stehen an grünen, viereckigen Stielen. Ihre kuppelförmigen, 5 cm breiten Blütenstände setzen sich aus zahlreichen, kleinen Röhrenblüten zusammen. Sie erscheinen von Frühsommer bis Mitte Herbst in rosaroten bis hin zu orangegelben Tönen. *Lantana camara* 'Cloth of Gold' hat gelbe Blüten und eine locker ausgebreitete Wuchsform, während *L. c.* 'Rose Queen' aufrecht wächst und zart-rosa Blüten (lachsorange Knospen) ausbildet. *L. montevidensis* bleibt deutlich kleiner und hat kleine Blütenköpfe mit violett-rosa Blüten.

Kultur: halb-winterhart; volle Sonne; regelmäßig gießen; vom Hochsommer bis zum Frühherbst alle zwei Wochen Flüssigdünger geben; anfällig gegenüber Mottenschildläusen; im Frühling auf 10 cm zurückschneiden; Vermehrung über 7,5 cm lange Stecklinge im Spätsommer (im Haus überwintern).

Besondere Ansprüche: Brauchen wasserdurchlässiges Substrat; sollten im Haus überwintern.

Gestaltungsvorschläge: Machen sich sehr gut an einem heißen, trockenen Standort.

Lauraceae

Laurus

Laurus nobilis

H: bis 6 m; **B:** 3–6 m

Die Gattung *Laurus* (Lorbeer) besteht aus zwei Arten winterharter, immergrüner, kleiner Bäume oder Sträucher (männliche und weibliche Exemplare) aus dem Mittelmeergebiet. Sie gedeihen auch an der Küste, nur andauernde, kalte Winde können die Blätter austrocknen. Lorbeer wird oft in Form geschnitten, oder als Hochstamm, bzw. Teilhochstamm in Kübeln gezogen. Die dunkelgrünen, glänzenden, zugespitzten, länglichen Blätter von *L. nobilis* werden als aromatisches Küchengewürz verwendet. Im Frühling erscheinen auf Pflanzen beider Geschlechter Gruppen kleiner, gelb-grüner Blüten, die jedoch so unauffällig sind, daß man sie oft übersieht. *L. n.* 'Aurea' hat helle, goldgelbe Blätter; die Pflanze sieht jedoch im Vergleich zur grünen Wildform etwas „ungesund" aus.

Kultur: winterhart; volle Sonne/Halbschatten; regelmäßig gießen; im Frühling mit grobem Kompost mulchen; während des Sommers zwei- oder dreimal in Form schneiden; entfernen Sie bei Hochstämmen jeden austreibenden Schößling (Ableger); anfällig gegenüber Schildläusen (siehe Seite 105). Vermehrung über 10 cm lange Teilstecklinge im Spätsommer bzw. Frühherbst.

Besondere Ansprüche: Bevorzugt wasserdurchlässiges Substrat. Damit die gewünschte Form erhalten bleibt, schneiden

Lantana camara 'Cloth of Gold'

Sie den Strauch regelmäßig mit einer Schere zurück.

Gestaltungsvorschläge: Eignet sich gut als Einzelstück oder als zentraler Blickpunkt einer Stauden-Komposition.

Lamiaceae

Lavandula

H: 45 cm – 1,20 m; **B:** bis 1,20 m

Die Gattung Lavendel besteht aus 20 immergrünen Sträuchern, die aus den wärmeren Regionen Europas und des Mittelmeeres stammen. Da er gut mit trockenen Bedingungen zurechtkommt, ist Lavendel mit seinen duftenden Blüten und aromatischem Laub perfekt für Kübel geeignet. Seine schmalen, langen, silbergrauen Blätter sind von feinen, filzartigen Haaren bedeckt, die den Wasserverlust wirksam reduzieren. Die kleinen, röhrenförmigen Blüten stehen von Frühsommer bis -herbst in schmalen, 5 cm langen Ähren auf langen, kräftigen, quadratischen Stengeln. Eine der häufigsten Sorten ist *L. angustifolia* 'Hidcote' mit stark duftenden, tief purpurblauen Blüten und kompakter, buschiger Wuchsform. Daneben gibt es eine weiße (*L. a.* 'Alba') und eine rosa (*L. a.* 'Rosea') Sorte. Der Schopflavendel *L. stoechas pedunculata* überzeugt durch aufwärts gerichtete Hochblätter am Ende jeder Blütenähre.

Kultur: winterhart; volle Sonne; selten gießen; im Frühling Langzeitdünger aufstreuen; entfernen Sie verblühte Ähren, und schneiden Sie die Pflanzen im Spätsommer leicht zurück, damit sie ihre Form behalten; kürzen Sie wuchernde Sträucher von Anfang bis Mitte Frühling

Lavandula angustifolia 'Hidcote'

Lavandula stoechas pedunculata

ein; anfällig gegenüber Grauschimmel in frostgeschädigten Geweben, Blattfleckenkrankheit und Schaumzikaden („Kuckucksspeichel") an den Trieben.

Besondere Ansprüche: Obwohl fast winterhart, kann es in kalten Regionen zu Frostschäden kommen. Wird die Pflanze nach fünf oder sechs Jahren zu schütter, sollte sie ausgetauscht werden.

Gestaltungsvorschläge: Stellen Sie den Kübel nahe ans Haus, damit Sie vom Duft der Pflanzen profitieren.

Portulacaceae
Lewisia

H: bis 30 cm; **B** 25 cm
Diese kleine Gattung aus etwa 20 Arten und zahlreichen Varietäten – krautige und immergrüne, halb-sukkulente Stauden – stammt ursprünglich von der Pazifikküste Kanadas und den USA. Fast alle Formen werden wegen der im Spätfrühling und Frühsommer erscheinenden, hübschen Blüten gepflanzt. Immergrüne Formen bilden eine flache Blattrosette. Daraus erhebt sich ein 30 cm hoher, dünner Blütensproß mit zahlreichen trichterförmigen Blüten. Zwei Arten sind besonders beliebt: *L. cotyledon alba* bildet Tuffs rosettenartiger, fleischiger, immergrüner Blätter mit gefältelten oder gezähnten Rändern. Im Sommer erscheinen große Mengen weißer Blüten. *L. tweedyi* hat große, fleischige Blätter und kräftige Stengel. Ihre großen, 5 cm breiten Blüten sind weißlich-rosa bis orange-rosa gefärbt.
Kultur: winterhart; volle Sonne; selten gießen; mischen Sie beim Pflanzen etwas Kompost ins Substrat; Verblühtes entfernen; Vermehrung über Ableger, die im Sommer entstehen.
Besondere Ansprüche: Die dicken, fleischigen Wurzelhälse verfaulen leicht in feuchten Wintern. Als Gegenmaßnahme sollten Sie Holzspäne um die Pflanze verteilen, um möglichst viel Wasser aufzunehmen.
Gestaltungsvorschläge: Am besten kommt *Lewisia* in Trögen und flachen Schalen zur Geltung.

Lewisia cotyledon alba

Oleaceae
Ligustrum

H: 2 m; **B:** 1,50 m
Liguster oder Rainweide heißt eine Gattung mit 50 winterharten, schnellwüchsigen, laubabwerfenden und immergrünen Sträuchern, die aus Asien stammen. Viele Arten bilden im Sommer bemerkenswerte weiße Blüten, im Herbst gefolgt von kleinen, blauschwarzen Früchten. Die glänzend-grünen Blätter werden mit dem Alter etwas matter, sind meist breit oval und laufen in eine Spitze aus. Sie stehen paarweise an dünnen, schwärzlich-grünen Trieben, die im Alter graubraun werden. Für den Kübel sind panaschierte Formen besonders interessant, so z. B. *L. lucidum* 'Tricolor' mit tiefgrünen Blättern, graugrün gezeichnet und hell creme-gelb gesäumt: *L. ovalifolium* 'Aureum' (Goldliguster) ist ein wüchsiger, immergrüner Strauch mit leuchtend goldenen Blättern, die einen gelben Fleck in der Mitte tragen.
Kultur: winterhart; volle Sonne/Halbschatten; häufig gießen; im Frühling Langzeitdünger aufstreuen und mit grobem Kompost mulchen; mit einer Heckenschere alle sechs Wochen beschneiden (Spätfrühling bis Frühherbst), damit die exakte Form erhalten bleibt; Vermehrung über 15–20 cm lange Steckhölzer im Winter.
Besondere Ansprüche: Keine; einfach zu ziehen.
Gestaltungsvorschläge: ideal als Blickpunkt, insbesondere als Formschnittstrauch.

Liliaceae
Lilium

H: bis 2,40 m; **B:** 30 cm
Die Lilien (Gattung *Lilium*) sind eine große Gruppe von vorwiegend winterharten Zwiebelpflanzen. Sie kommen fast überall in der nördlichen Hemisphäre vor. Die schön geformte, trompetenförmige Blüte setzt sich aus sechs zurückgekrümmten Perigonblättern zusammen und kann, je nach Art oder Sorte, 2,5 cm bis 25 cm breit sein. Die Blüten stehen entweder zu wenigen am Ende eines Stengels oder zu mehreren in einer traubigen Anordnung. Viele Lilien haben einen fast berauschenden Duft und dank ihrer hohen, aufrechten Stengel präsentieren sie ihre kräftigen Blütenfarben besonders wirkungsvoll. Die bandförmigen Blätter sind hell- bis dunkelgrün gefärbt.
Als Kübelpflanze ist *L. regale* und ihre Hybriden besonders beliebt. Das ist umso bemerkenswerter, da die Art erst zu Beginn des 20. Jh. aus China nach Europa eingeführt wurde. Die außerordentlich schöne Pflanze wird bis zu 1,50 m hoch. Da sie am Grund ihres Stengels Stützwurzeln ausbildet, besteht allerdings kaum Gefahr, daß sie umfällt. *L. regale* trägt 12–15 cm lange, weiße Blüten mit einem buttergelben Schlund und außen rosaroter Schattierung; sie duften sehr stark.
Kultur: winterhart; volle Sonne/Halbschatten; regelmäßig gießen; anfällig gegenüber Viruskrankheiten, Angriffen von Blattläusen (siehe Seiten 104–105) und Lilienhähnchen (Schäden an Blättern und Blüten); Vermehrung durch Abnehmen von Tochterzwiebeln (siehe Seite 98) von Anfang bis Mitte Herbst.
Besondere Ansprüche: Keine; fast alle Lilien lassen sich leicht kultivieren; Voraussetzung sind wasserdurchlässiges Substrat und etwas Pflege.
Gestaltungsvorschläge: Anzucht in kleinen Töpfen, die erst später – zur Blütezeit – in ein größeres Gefäß gestellt werden (siehe Seiten 13, 72 und 73).

Campanulaceae
Lobelia

H: 10–75 cm; **B:** 30–60 cm
Die Gattung *Lobelia* besteht aus mehr als 200 winterharten und halb-winterharten Einjährigen, Stauden und Halbsträuchern. Die hellgrünen Blätter sind schmaloval geformt. Die am Grund röhrigen Blüten öffnen sich weit mit drei bis fünf Lappen; die Farben der von Frühsommer bis Mitte Herbst erscheinenden Blüten reichen von Weiß über Blau bis zu Rot. In Gefäßen werden häufig einjährige Arten gezogen. *Lobelia erinus* ist beispielsweise

Lupinus polyphyllus 'Inverewe Red'

Lysimachia nummularia 'Aurea'

eine ausgebreitet wachsende Zwergform mit 2,5 cm breiten, hellblauen, weißen oder mauve Blüten, die vom Frühsommer bis zu den ersten Frösten überreich gebildet werden. Beetlobelien faßt man gewöhnlich nach ihrer Wuchsform (kompakt oder kriechend) zusammen. Einige der Stauden eignen sich gleichfalls gut für Pflanzgefäße: *Lobelia cardinalis* – sie ist nicht gänzlich winterhart – wächst aufrecht, verzweigt und bildet im Sommer lange Trauben scharlachroter Blüten.
Kultur: halb-winterhart/winterhart; volle Sonne/Halbschatten; regelmäßig gießen; von Hoch- bis Spätsommer Flüssigdünger geben; Vermehrung durch Aussaat (von Anfang bis Mitte Frühling in geschützter Lage), Stauden werden Mitte Frühling geteilt.
Besondere Ansprüche: Die halb-winterharten Arten brauchen Winterschutz: Decken Sie die Wurzeln mit Blättern oder Stroh ab, oder nehmen Sie die Pflanze (bzw. nur den Wurzelballen) ab Spätherbst ins Haus.
Gestaltungsvorschläge: Sehr gut, um über die Ränder von Hängekörben, Kübeln und Fensterkästen zu kriechen.

Caprifoliaceae

Lonicera

H: bis 3 m; B: 2 m
Die Gattung *Lonicera* (Geißblatt) besteht aus 200 Arten laubabwerfender und immergrüner, blühender Sträucher und verholzender Kletterpflanzen. Geißblatt für das Freiland ist gewöhnlich winterhart, selbstwindend und eignet sich hervorragend für Mauern, Zäune, Bögen oder um durch Sträucher und Bäume zu klettern. Die duftenden Röhrenblüten öffnen sich weit, sie stehen paarweise, einzeln oder in Blütenständen zusammen; die Blütenfarben reichen von Hellgelb bis Gold, Rosa und Scharlachrot. Die Formen der hell- bis mittelgrünen Blätter variieren von breit-oval bis fast kreisrund, sie stehen paarweise an dünnen Zweigen. Einige der strauchigen Formen gehören zu den schönsten Blütensträuchern des Winters: *L.* x *purpusii* und *L. standishii* bilden von Spätherbst bis Mitte Frühling duftende, cremig-weiße Blüten. Sorten von *L. periclymenum*, wie auch *L.* x *tellmanniana* mit orangefarbenen Blüten, gehören zu den beliebtesten kletternden Formen.
Kultur: winterhart; volle Sonne/Halbschatten; regelmäßig gießen; im Frühling mit Kompost mulchen; schneiden Sie Mitte Frühling Seitensprosse bis auf 15 cm zurück, und dünnen Sie altes Holz nach der Blüte aus; anfällig gegenüber Mehltau und dem Angriff von Blattläusen (siehe Seiten 104–105); Vermehrung über 20 cm lange Steckhölzer Mitte Herbst.
Besondere Ansprüche: Kletternde Formen sollten mit den Wurzeln im Schatten und den Triebspitzen in der Sonne gepflanzt werden.
Gestaltungsvorschläge: Liefert abendlichen Duft im Garten.

Fabaceae

Lupinus

H: 75 cm–1,20 m; B: 45–75 cm
Die Lupinen, nahe verwandt mit der Erbse (*Pisum sativum*), gehören zu einer Gattung von 200 winterharten und halb-winterharten Einjährigen, Stauden und halbimmergrünen Halbsträuchern. Die zahlreichen Blüten stehen dicht an dicht in langen Trauben, sie öffnen sich sukzessive von unten nach oben. Jeweils 6–8 speichenförmig angeordnete, schmale, elliptische Fiedern der dunkelgrünen Blätter sitzen auf einem schlanken, aufrechten Blattstiel. Stauden gehören zu den beliebtesten Gartenlupinen, sie sind in weißen, gelben, blauen und roten Sorten erhältlich, beispielsweise *L. polyphyllus* 'Inverewe Red'. Auch die strauchartig wachsende Baumlupine *L. arboreus* wird angeboten. Sie bildet im Frühsommer hellgelbe, klare, stark duftende Blüten in 15 cm hohen Trauben aus.
Kultur: winterhart; volle Sonne/Halbschatten; regelmäßig gießen; im Frühling mit grobem Kompost mulchen; Verblühtes regelmäßig entfernen, damit sich keine Samen entwickeln; Stauden sind anfällig gegenüber Virusinfektionen (siehe Seite 104); Vermehrung über 7,5–10 cm lange Stecklinge im Vorfrühling (Frühbeet).
Besondere Ansprüche: Stengel mit schweren Blüten müssen unauffällig mit dünnen Stangen gestützt werden.
Gestaltungsvorschläge: Sehr gut in einem Arrangement mit kräftigen Sommerfarben, wo sie für Höhe sorgen (siehe Seite 38). Verholzte Arten fühlen sich auch an der Küste wohl.

Primulaceae

Lysimachia

H: 5 cm–1 m; B: 60 cm–1 m
Meist im Sommer blühen die 150 Arten des Felberichs – winterharte Einjährige, Stauden und wenige Halbsträucher. Seine schlanken, bandartigen, mittelgrünen Blätter, die sich im Herbst orangerot verfärben, stehen in gegenständigen Paaren am Stengel. Die sternförmigen, weißen oder gelben Blütenkelche stehen in 15–20 cm langen Blütenständen am Sproßende. Zu den bekannteren Arten gehören *L. clethroides*, eine 30 cm hohe Pflanze, die von Hochsommer bis Frühherbst große Blütenstände mit kleinen, weißen, sternförmigen Blüten bildet, und *L. nummularia* (Pfennigskraut), eine wüchsige, immergrüne, kriechende Pflanze mit einer üppigen Menge kleiner, kräftig gelber, kelchförmiger Blüten im Hochsommer. Die Sorte *L. n.* 'Aurea' hat gelbe Blätter.

Magnolia stellata

Matteuccia struthiopteris

Milium effusum 'Aureum'

Kultur: winterhart; volle Sonne/Halbschatten; regelmäßig gießen; von Früh- bis Spätsommer alle zwei Wochen Flüssigdünger geben; schneiden Sie im Vorfrühling alten Wuchs zurück; Vermehrung durch Teilung ausgewachsener Pflanzen.
Besondere Ansprüche: *Lysimachia nummularia* wurzelt sehr flach und muß sorgfältig gegossen werden; hohe Formen mit Reisig unterstützen. Lassen Sie alte Stengel als Winterschutz stehen.
Gestaltungsvorschläge: Gut als „Lückenbüßer" und ideal als Bodendecke.

Magnoliaceae
Magnolia

H: bis 5 m; **B:** 3 m
Die Gattung *Magnolia* besteht aus etwa 125 Arten winterharter immergrüner oder laubabwerfender Bäume und Sträucher, die von weit herstammen, dem Himalaya, Südostasien, Nord- und Mittelamerika. Zu der Gattung gehören einige der spektakulärsten Blütensträucher und -bäume überhaupt. Die Blüten erscheinen häufig vor den Blättern, sie sind in Schattierungen von Weiß, Rosa und Purpur erhältlich. Eine Ausnahme sind die immergrünen Sorten von *M. grandiflora* mit cremig-gelben Blüten und großen, glänzend grünen, lorbeerähnlichen Blättern. Die prachtvollen, tulpenartigen Blüten variieren in der Breite von 7,5 cm bis 35 cm. Sie erscheinen, je nach Sorte, von Mitte Frühling bis Frühherbst. Die mittelgrünen Blätter sind gewöhnlich spießförmig, häufig mit filzigen, orange oder braunen Unterseiten. *Magnolia stellata* wächst sehr langsam und eignet sich hervorragend für einen Kübel. Ihre hellgrünen Blätter erscheinen erst Mitte Frühling nach den stark duftenden, rein weißen, sternförmigen Blüten. Die Sorte *M. s.* 'Rosea' hat rosafarbene Blüten.
Kultur: winterhart; volle Sonne/Halbschatten; regelmäßig gießen; im Frühling mit grobem Kompost mulchen; anfällig gegenüber Rotpustelkrankheit auf ungepflegten, beschädigten Zweigen; Vermehrung durch Absenken im Spätfrühling.
Besondere Ansprüche: Die meisten bevorzugen ein wasserdurchlässiges, saures Substrat – in Regionen mit hartem Leitungswasser daher besser mit Regenwasser gießen (*M. delavayi* und *M. kobus* vertragen Kalk). Ein geschützter Standort, abseits von der Morgensonne, verhindert, daß die Knospen und Blüten durch Frühjahrsfröste geschädigt werden.
Gestaltungsvorschläge: Ideal als isolierter Blickpunkt. *Magnolia grandiflora* ist ein außerordentlich wirkungsvoller Wandstrauch.

Athyriaceae
Matteuccia
Matteuccia struthiopteris

H: bis 1,50 m; **B:** 1 m
Matteuccia, der Straußfarn, besteht aus drei Arten laubabwerfender Farne, die auf der Nordhalbkugel weit verbreitet sind. Regelmäßig kultiviert wird jedoch nur der eigentliche Straußfarn *Matteuccia struthiopteris*. Diese elegante, feuchtliebende Pflanze besteht aus einem äußeren Trichter 1 m langer, hellgrüner, leicht gebogener, steriler Wedel. Die inneren Farnblätter bleiben deutlich kleiner, sie sind grünlich-braun und bilden die Farnsporen. Beide Blatt-Typen sind sehr dünn, tief eingeschnitten und lang spießförmig. Die kräftige Mittelrippe ist schwärzlichbraun gefärbt. Jedes Jahr treibt die Mutterpflanze kleine, knotige Rhizome (horizontal wachsende Sproßteile) durch das Substrat. Daran entwickeln sich kleine Tochterpflanzen (Ableger) als vegetative Form der Vermehrung.
Kultur: winterhart; Halbschatten/Schatten; häufig gießen; im Frühling mit grobem Kompost mulchen; Vermehrung über Ableger im Frühling.
Besondere Ansprüche: Die Wurzeln brauchen viel Raum für ihre Entwicklung und ein stabiles Gefäß. Der Farn bevorzugt Schatten, kommt aber auch in der Sonne zurecht.
Gestaltungsvorschläge: Gut zur Begrünung einer feuchten, schattigen Ecke.

Poaceae
Milium

H: bis 1,50 m; **B:** 90 cm
Zu dieser Grasgattung gehören sechs ein- oder mehrjährige Arten, die in Eurasien und Nordamerika vorkommen. Die schmalen, hellgrünen Blätter erreichen bei 1,5 cm Breite eine Länge von etwa 30 cm. In der Morgensonne sehen sie fast durchscheinend aus. Die Pflanze entwickelt sich zu einem bis 60 cm breiten Horst, der rasch die Oberfläche des Gefäßes bedeckt. Im Sommer erscheinen die Blüten auf verzweigten, bis 1,50 m hohen, hellgrünen, purpurn schattierten Halmen. Für ein Pflanzgefäß eignet sich vor allem *M. effusum* (Weiches Flattergras), deren Sorten unterschiedliche Blattfarben ausbilden: *M. e.* 'Aureum' hat goldgelbe Blätter und Blütensprosse; die seltene *M. e.* 'Variegatum' grün und weiß gestreifte Blätter.
Kultur: sehr winterhart; volle Son-

ne/Halbschatten; regelmäßig gießen; im Frühling mit grobem Kompost mulchen; schneiden Sie die Blütensprosse mit einer Gartenschere zurück, damit die Pflanze nicht wuchert. Vermehrung durch Teilung im Frühling.
Besondere Ansprüche: Bevorzugt wasserdurchlässiges Substrat, mit hohem Anteil nährstoffreichem, grobem Kompost.
Gestaltungsvorschläge: Sehr gut für eine attraktive, immergrüne Komposition.

Scrophulariaceae
Mimulus

H: bis 75 cm; B: bis 1 m
Die Gattung *Mimulus*, die Affen- oder Gauklerblume, besteht aus rund 100 Arten winterharter Einjähriger und Stauden, die aus Nord-, Mittel- und Südamerika stammen. Sie bilden von Spätsommer bis Frühherbst weit geöffnete, löwenmäulchenartige Blüten. Ihre mittelgrünen, breit-ovalen Blätter stehen paarweise an schlanken, grünen, oft leicht behaarten Stengeln. Gauklerblumen lieben Staunässe, kommen aber auch gut mit feuchtem Substrat in einem Topf zurecht. *Mimulus luteus*, die wichtigste Topfpflanze, hat gelbe Blüten mit karmesinroten Schlundflecken. Von ihr gibt es zwei bemerkenswerte Formen: *M. l.* 'Alpinus' wächst sehr langsam und bildet dichte Matten in ihren Töpfen; *M. l.* 'Duplex' sieht merkwürdig aus, weil die Blüte scheinbar in einer anderen sitzt. *M.* 'Bees Scarlet' bietet eine interessante Farbvariante: Diese, mit 15 cm sehr niedrige Sorte hat tief scharlachrote Blüten.
Kultur: winterhart; volle Sonne/Halbschatten; häufig gießen; mischen Sie beim Pflanzen einen Langzeitdünger ins Substrat; warten Sie in kälteren Regionen mit dem Rückschnitt alter Blütenstengel bis zum Frühling; Vermehrung durch Teilung oder Aussaat Mitte Frühling, bzw. über 5 cm lange Stecklinge im Spätfrühling.
Besondere Ansprüche: Als Uferpflanzen müssen sie während der gesamten Wuchsperiode ständig feucht gehalten werden, sonst welken die Blätter rasch.
Gestaltungsvorschläge: Ideal als Bestandteil eines kleinen Wassergartens (siehe Seite 45).

Liliaceae
Muscari

H: bis 38 cm; B: 5–7,5 cm
Die Traubenhyazinthe *(Muscari)* gehört zu einer Gattung von 60 winterharten, zwergförmigen Knollenpflanzen, die aus Asien, Südosteuropa und dem Mittelmeergebiet stammen. Sie hat mittelgrüne, dünne, bandförmige Blätter mit einer Furche auf der Innenseite. Die oberen, heller gefärbten Blüten sind steril und öffnen sich nicht, die unteren sind krugförmig, 5 mm lang und weiß, gelb, blau oder purpurn gefärbt. Eine beliebte Art ist *Muscari armeniacum*. Ihre gedrungenen, vielblütigen Blütentrauben tragen von Spätfrühling bis Frühsommer tiefblaue Blüten mit weißen Säumen. Unter den Sorten wären zu nennen: *M. a.* 'Cantab' mit hellerem Blau, *M. a.* 'Heavenly Blue' mit deutlich intensiverer Farbe. Weniger bekannt, aber sehr attraktiv sind *M. macrocarpum* mit blaugrünen Blättern und gelben Blüten und *M. botryoides* 'Album' mit weißen, von Mitte Frühling bis Frühsommer erscheinenden Blüten.

Muscari armeniacum

Kultur: sehr winterhart; volle Sonne; regelmäßig gießen; von Früh- bis Hochsommer alle zwei Wochen mit Flüssigdünger gießen; Vermehrung der Arten über Samen (Spätsommer), der Sorten durch Teilung im Hochsommer, sobald die Blätter verwelkt sind.
Besondere Ansprüche: Keine; leicht zu kultivieren.
Gestaltungsvorschläge: Ziehen Sie Traubenhyazinthen im Haus vor (12 Knollen in einem 15 cm breiten Topf), und setzen Sie die Pflanzen erst unmittelbar vor der Blüte ins Freie (siehe Seite 72).

Myrtaceae
Myrtus
Myrtus communis

H: bis 2 m; B: 1,20 m
Die Myrte ist eine Gattung mit zwei Arten winterharter bzw. halb-winterharter, aromatisch duftender, immergrüner Sträucher und Bäume aus dem Mittelmeergebiet und Nordafrika. Die fünfzähligen, weißen, tellerförmigen Blüten beeindrukken von Früh- bis Spätsommer durch die deutlich hervorstechenden, dünnen, goldenen Staubgefäße; danach folgen kleine, weiße, rote, purpurne oder schwarze Beeren, die einzeln in den Blattachseln stehen. Die Blätter sind glänzend mittel- bis tiefgrün oder rötlich-braun, oval bis spießförmig und stark aromatisch. Im Alter bilden einige Formen hübsche Stämme mit goldbrauner Borke, die sich abschält und den Blick auf hellgrüne Flecken freigibt. *Myrtus communis* kann am ehesten in gemäßigten Zonen gezogen werden. Dieser Strauch blüht von Hoch- bis Spätsommer und eignet sich perfekt für einen Kübel. *M. c. tarentina* ist eine Zwergvarietät mit kleineren Blättern und Blüten: *M. c.* 'Variegata' hat graugrüne Blätter mit schmalen, cremig-weißen Säumen.
Kultur: halb-winterhart; volle Sonne; regelmäßig gießen; im Frühling mit grobem Kompost mulchen; entfernen Sie im Spätfrühling erfrorene Triebe; Vermehrung über 5–7,5 cm lange Stecklinge im Hochsommer.
Besondere Ansprüche: Mögen geschützte Standorte. Decken Sie die Pflanzen bei kaltem Wetter mit Stroh oder Sackleinen ab (oder im Haus überwintern).
Gestaltungsvorschläge: Gut in Küstengegenden oder vor einer südexponierten Mauer.

Narcissus 'April Tears'

Narcissus 'Paper White'

Nerium oleander

Berberidaceae
Nandina
Nandina domestica

H: bis 1,20 m, **B:** 1 m
Dieser winterharte, immergrüne Strauch ist die einzige Art der Gattung. Sie stammt aus China und Japan und ist mit der Berberitze verwandt, gleicht in Wuchsform und Wachstum aber mehr einem Bambus. Die Blätter von *Nandina domestica* sind 45 cm lang und ähnlich wie bei der Esche *(Fraxinus)* in zahlreiche, paarige Fiedern untergliedert. Sie sind in der Jugend kräftig rötlich-purpurn gefärbt, werden im Sommer dunkelgrün und verfärben sich im Herbst zu purpurnen Schattierungen. Im Hochsommer erscheinen die weißen Blüten in offenen, 35 cm breiten Blütenständen an den Zweigenden; im Spätsommer folgen scharlachrote Früchte. Attraktive Sorten sind beispielsweise: *N. d.* 'Firepower', ein Zwergstrauch mit limonengrünen Blättern im Sommer, die sich im Spätherbst und Winter lebhaft orangerot verfärben; *N. d.* 'Nana Purpurea' wächst zu einer gedrungenen Pflanze mit rötlich-purpurnen Blättern heran.
Kultur: winterhart; volle Sonne; regelmäßig gießen; im Frühling mit grobem Kompost mulchen; entfernen Sie nach der Blüte tote und schwache Triebe; Vermehrung über 10 cm lange Stecklinge im Spätsommer.
Besondere Ansprüche: Bevorzugt gut wasserdurchlässiges Substrat. Vor allem junge Pflanzen sind empfindlich gegenüber Winterfrösten und brauchen einen geschützten Standort.
Gestaltungsvorschläge: Kommt als Einzelexemplar optimal zur Geltung.

Amaryllidaceae
Narcissus

H: bis 60 cm; **B:** bis 20 cm
Narzissen oder Osterglocken sind eine Gattung von Zwiebelpflanzen, die in Europa, Afrika und Asien vorkommen und wegen ihrer prächtigen Blüten kultiviert werden. Die Auswahl an Blütengrößen, -formen und -farben ist enorm, einige duften sogar. Narzissen haben schmale, bandförmige, mittel- bis dunkelgrüne Blätter, die meist zu drei oder mehr zusammen mit der Blüte erscheinen. Jede Blüte ist in einen inneren, kragenartigen Anteil und eine äußere Reihe von Blütenblättern gegliedert. Fast alle Formen sind gänzlich winterhart. Je nach der Anordnung ihrer Blütenblätter untergliedert man Narzissen in unterschiedliche, für Gärtner wichtige Gruppen (insgesamt zwölf). Sorten mit kleinen Blüten dürften widerstandsfähiger sein – *N.* 'April Tears' hat kleine, gelbe äußere und einen kurzen, runden, gelben, inneren Kragen; die spät blühende *N.* 'Cheerfulness' bildet pro Stengel bis zu drei Blüten, sie sind außen cremig-weiß gefärbt und innen orange gesäumt. Einige Sorten, wie *N.* 'Paper White' duften nicht nur stark, sie sehen zudem sehr attraktiv aus.
Kultur: winterhart/nicht-winterhart; volle Sonne/Halbschatten; regelmäßig gießen; nach dem Ende der Blüte bis zum Verwelken der Blätter alle zwei Wochen Flüssigdünger geben; entfernen Sie Verblühtes, um die Samenbildung zu verhindern, und trockene Blätter im Hoch- oder Spätsommer; anfällig gegenüber Mosaikvirus, den Angriffen von Blatt- und Wurzelälchen (siehe Seite 105) und Großer Narzissenfliege (sie fressen sich durch die Zwiebeln und verursachen Stengelhalsfäule); Vermehrung durch Teilung sechs Wochen nach der Blüte; reine Arten können durch Aussaat im Herbst vermehrt werden.
Besondere Ansprüche: Graben Sie die Zwiebeln alle drei bis fünf Jahre aus und teilen Sie sie, denn sonst nimmt – wegen der Wurzelkonkurrenz – die Zahl der Blüten ständig ab.
Gestaltungsvorschläge: Hervorragend für ein frühlingshaftes Arrangement in Kübeln und Fensterkästen. Ziehen Sie die Pflanzen im Haus vor, und stellen Sie die Töpfe erst kurz vor der Blüte zusammen in ein größeres Gefäß (siehe Seite 40).

Nephrolepidaceae
Nephrolepis

H: bis 75 cm; **B:** 75 cm
Nephrolepis ist eine Farngattung mit 30 frostempfindlichen, immergrünen und halb-immergrünen Arten, die sich über zahlreiche Ausläufer rapide ausbreiten. Nur drei oder vier Arten werden als Zierpflanzen gezogen – meist als Zimmerpflanzen, obwohl einige im Sommer ruhig ins Freiland gestellt werden können. Die bekannteste Art ist *N. exaltata* mit hellgrünen, fein zerteilten Wedeln, sowie ihre Sorten *N. e.* 'Bostonensis' mit breiteren Wedeln als die Art und *N. e.* 'Elegantissima', die ungewöhnlich gedrungene, kräftig grüne, fein eingeschnittene Wedel ausbildet, die sehr dicht und überlappend ste-

hen. *Nephrolepis cordifolia* treibt hellgrüne, schmal zerteilte Wedel auf kurzen Blattstielen aus.
Kultur: nicht-winterhart; Halbschatten/Schatten; häufig gießen; von Hochsommer bis Frühherbst alle zwei Wochen Flüssigdünger geben; Vermehrung durch Teilung (trennen Sie kleine Tochterpflänzchen von den Ausläufern ab).
Besondere Ansprüche: Bevorzugen feuchtes Substrat.
Gestaltungsvorschläge: Ideal für Hängekörbe.

Apocynaceae

Nerium

Nerium oleander

H: 2–3 m; **B:** 3–3,50 m
Der Oleander, eine Gattung mit drei nicht-winterharten, immergrünen, strauchigen Arten, stammt aus dem Mittelmeergebiet. *Nerium oleander* hat lange, ledrige, tiefgrüne, bandförmige Blätter. Von Frühling bis Herbst erscheinen weiße bis rote Blüten in offenen Blütenständen an den Zweigenden. Die Einzelblüten sind röhrenförmig und öffnen sich mit fünf flach ausgebreiteten Kronblättern etwa 3–4,5 cm breit.
Kultur: nicht gänzlich winterhart; volle Sonne; regelmäßig gießen; im Frühling mit grobem Kompost mulchen; ausgewachsene Pflanzen brauchen von Spätfrühling bis Frühherbst alle zwei Wochen Flüssigdünger; knipsen Sie die Triebspitzen ab, damit sich der Strauch stärker verzweigt; Vermehrung über 10 cm lange Teilstecklinge im Spätsommer.
Besondere Ansprüche: Oleander ist frostempfindlich und muß im Haus bei niedrigen Temperaturen überwintern; zu viel Wasser kann dazu führen, daß er alle Blätter abwirft.
Gestaltungsvorschläge: Gut in Kombination mit Edelwicken *(Lathyrus latifolius)*.

Solanaceae

Nicotiana

H: bis 1,50 m; **B:** bis 45 cm
Der Tabak, eine große Beetpflanze, wird wegen seiner ungewöhnlich auffälligen, fünfzähligen, 7,5 cm langen Röhrenblüten kultiviert, die in reichblütigen Blütenständen ab dem Frühsommer erscheinen. Es gibt eine Vielzahl unterschiedlicher Blütenfarben, weiße, cremefarbene, gelbe und scharlachrote Formen sind besonders beliebt. Neue Blüten öffnen sich jeweils abends, und die meisten duften stark. Die Blätter sind mittelgrün, oval, zugespitzt und fühlen sich etwas klebrig an. Der hohe *N. sylvestris* (bis 1,50 m) ist mit langen, spitzen Blütenständen weißer, duftender, trompetenförmiger, bis 8 cm langer Blüten besonders attraktiv.
Kultur: halb-winterhart; Halbschatten; regelmäßig gießen; beim Auspflanzen Dünger ins Substrat mischen, dazu während des Sommers alle zwei Wochen Flüssigdünger geben; entfernen Sie Verblühtes, um neue Blütenbildung anzuregen; anfällig gegenüber Schneckenfraß und Grauschimmel in feuchten Sommern; Vermehrung durch Aussaat im Frühling (im Haus).
Besondere Ansprüche: Bevorzugen gut wasserdurchlässiges Substrat; gedeihen am besten an einem warmen, sonnigen Standort. Hohe Sorten an gut sichtbarer Stelle sollten unauffällig gestützt werden.
Gestaltungsvorschläge: Stellen Sie den Kübel neben ein Fenster oder eine Tür, damit Sie vom betörenden Duft profitieren (siehe Seiten 20 und 38).

Nymphaeaceae

Nymphaea

B: bis 2 m
Nymphaea, die Gattung der Seerosen, besteht aus 50 winterharten und nicht-winterharten, mehrjährigen Wasserpflanzen, die in Europa, Nordafrika und Nordamerika vorkommen. Ihr Vorzug liegt in den runden, gewöhnlich schwimmenden Blättern und den kräftig gefärbten Blüten. Winterharte Seerosen haben eine lange sommerliche Blühperiode und große, z. T. süß-duftende Blüten. Ihre runden oder herzförmigen Blätter sind rötlich-grün mit einer glänzenden, ledrigen Oberfläche. Die breiten, kelchförmigen Blüten setzen sich aus mehreren Kreisen Blütenblättern zusammen; ist die Blüte ganz geöffnet, liegen die äußeren fast flach, die inneren geben den Blick auf auffällige goldene oder orangene Staubgefäße frei. Die Zwergarten und -sorten eignen sich bestens für einen Wassergarten im halbdurchgesägten Faß; *N.* 'Aurora' wächst gut in flachem (45–60 cm tiefem) Wasser, ihre Blüten variieren von gelblich-rosa bis tief-orange, ehe sie schließlich tiefrot werden; *N. tetragona* ist die kleinste weißblühende Art, ihre Blüten mit gelben Staubgefäßen werden nur 2,5 cm breit.
Kultur: winterhart/nicht-winterhart; volle Sonne/Halbschatten; im Frühling Langzeitdünger geben; anfällig gegenüber Stengelfäule sowie dem Angriff von Blattläusen (siehe Seite 105) und Seerosenblattkäfern; Vermehrung durch Teilung im Frühling/Frühsommer.
Besondere Ansprüche: Sauberes, sauerstoffreiches, mind. 45 cm tiefes Wasser.
Gestaltungsvorschläge: Zwergsorten passen ideal in ein halbdurchgesägtes Faß, an einem warmen, sonnigen Standort.

Nicotiana sylvestris

Nymphaea tetragona

Origanum vulgare 'Gold Tip'

Lamiaceae

Origanum

H: bis 45 cm; **B:** 30 cm
Zur Gattung *Origanum* – etwa 36 Arten von Halbsträuchern und Stauden – gehören Arten wie Diptamdost, Majoran oder Oregano. Einige Arten sind Küchenkräuter, andere jedoch Zierpflanzen, die von Hochsommer bis Frühherbst ihre dichten

Osteospermum 'Whirligig'

Oxalis triangularis 'Cupido'

Oxalis tetraphylla 'Iron Cross'

Köpfchen mit rosa Röhrenblüten und Hochblättern (erinnern an Hopfenfrüchte) ausbilden. An den Zweigen stehen paarweise die kleinen, aromatisch duftenden, grauweißen Blätter, sie sind etwa oval und enden in einer Spitze. Fast alle Arten haben bogig überhängende oder niederliegende Stengel. *Origanum* 'Kent Beauty' hat große, hängende, rosa Hochblätter und weiße Blüten, *O. vulgare* 'Gold Tip' einige Blätter mit gelber Zeichnung und der flach langsam wachsende *O. amanum* kleine, tief rosa Blüten. Er kann einen nicht zu kalten Winter im Freien überstehen, sofern er an der Basis mit Stroh oder gut verrottetem Grasschnitt abgedeckt wird.
Kultur: halb-winterhart; volle Sonne; regelmäßig gießen; beim Auspflanzen das Substrat mit etwas Langzeitdünger vermischen; Vermehrung über 5 cm lange Stecklinge im Spätsommer.
Besondere Ansprüche: Bevorzugen geschützten Standort; in der Regel überwintert man nur bewurzelte Stecklinge; erst ab Frühsommer in Töpfe pflanzen.
Gestaltungsvorschläge: Sehr gut, um über die Flanken von Töpfen oder Hängekörben zu kriechen (siehe Seite 15).

Osmundaceae

Osmunda

Osmunda regalis

H: 1,20–1,50 m; **B:** 1,20–1,50 m
Osmunda regalis, der Königsfarn, ist eine von 10 Arten großer, winterharter Farne, die mit Ausnahme von Australien überall auf der Welt vorkommen. Die großen Wedel neigen sich von der Basis her leicht nach außen, sie sind mittelgrün, breit spießförmig und sehr fein mehrfach gefiedert. Auf den Blattadern unter den inneren Blättern sitzen die Sporenbehälter, die sich zur Reifezeit im Sommer braun verfärben und die Sporen freisetzen. Auch auf den äußeren Wedeln können Sporenbehälter sitzen, sie sind jedoch steril und bilden keine Sporen. Wenn Sie ungewöhnliche Effekte lieben, versuchen Sie *O. r. purpurascens* zu bekommen, deren Wedel sich im Zuge der Reife von kupferrosa nach kupfergrün verfärben – Mittelrippe und Blattadern sind purpurn. Nach und nach bildet der Königsfarn immer neue Blattkronen und ein dichtes Netz schwarzer Wurzeln aus, bis er einem Vogelnest ähnelt.
Kultur: winterhart; Halbschatten/Schatten; häufig gießen; im Frühling mit Kompost mulchen; Vermehrung durch Aussaat frischer Sporen im Hoch- bis Spätsommer oder Teilung im Spätfrühling.
Besondere Ansprüche: Unbedingt ein Substrat mit hohem Faseranteil verwenden, das ständig feucht gehalten werden muß. Vermeiden Sie direkte Sonneneinstrahlung, sonst trocknet das Substrat aus, und die Blätter beginnen, sich zu kräuseln.
Gestaltungsvorschläge: Sehr gut, um eine feuchte, schattige Ecke zu beleben, oder um andere Pflanzen zu beschatten.

Compositae/Asteraceae

Osteospermum

Osteospermum jucundum

H: 30–60 cm; **B:** 45–60 cm
Osteospermum jucundum (syn. *Dimorphotheca barberae*) stammt ursprünglich aus Südafrika. Es ist eine tief wurzelnde Pflanze mit locker ausgebreiteter Wuchsform, sehr dürreresistent und daher ideal für Pflanzgefäße. Ihre auf schlanken Stengeln stehenden, 5 cm breiten Blütenköpfchen sind in einer Unzahl von Farbvarianten erhältlich, darunter Rosa, Weiß, Pur-

pur oder Cremegelb, manchmal auch mit kontrastierend gefärbten Scheibenblüten oder dunkleren, zurückgebogenen Randblüten. Blüten werden durchgängig von Frühsommer bis in den frühen Herbst hinein gebildet – an trüben Tagen oder im Schatten öffnen sich die Köpfchen allerdings nicht. Ihre schmalen, bandförmigen, aromatischen Blätter sind matt mittelgrün und von einer Schicht feiner Haare bedeckt, um den Wasserverlust während heißer Perioden zu reduzieren. *Osteospermum* 'Silver Spark' ist eine weiß blühende Sorte mit creme-weiß und grün panaschierten Blättern; die purpurblütige *O.* 'James Elliman' ist die winterhärteste Sorte. Bemerkenswert sind auch die niederliegende *O.* 'Cannington' mit weißen, purpurspitzigen Blüten und *O.* 'Whirligig', deren propellerartige Blütenköpfchen einen verwirrend-faszinierenden Anblick bieten.
Kultur: nicht-winterhart; volle Sonne; regelmäßig gießen; während der Wuchsperiode einmal monatlich Flüssigdünger geben; Verblühtes entfernen, damit stets neue Blüten gebildet werden; junge Pflanzen sind anfällig gegenüber Grauschimmel; Vermehrung über Teilstecklinge im Spätsommer oder durch Aussaat Mitte Frühling (im Haus).
Besondere Ansprüche: Brauchen ein offenes, wasserdurchlässiges Substrat. Bewurzelte Stecklinge überwintern.
Gestaltungsvorschläge: Sehr gut für trockene, exponierte Standorte; hervorragend für Hängekörbe (siehe Seite 76).

Oxalidaceae

Oxalis

Oxalis adenophylla

H: 7,5 cm; **B:** bis 20 cm
Oxalis adenophylla stammt aus Chile. Die Pflanze gehört zur Gattung Sauerklee, einer Gruppe winterharter und halb-winterharter Einjähriger, nicht-winterharter Sträucher. Stauden und Knollenpflanzen (ungewöhnliches Rhizom, das von Fasern bedeckt wird). Die Blätter stehen in Rosetten, die gewellten, bläulich-grünen Blattspreiten auf dünnen, rosafarbenen Blattstielen. Von Früh- bis Hochsommer erscheinen kleine, 2,5 cm breite, apfelblütenrosa gefärbte Blüten mit dunklen, purpurnen Flecken auf Stielen 5 cm oberhalb der Blätter. Im Winter sterben die Blätter ab, so daß nur die Spitzen der Rhizome sichtbar bleiben.
Kultur: winterhart; volle Sonne/Halbschatten; selten gießen; Vermehrung durch Teilung Mitte Frühling.
Besondere Ansprüche: Bevorzugt wasserdurchlässiges Substrat mit reichlich Kompost.
Gestaltungsvorschläge: Die Pflanze ist optimal geeignet, um die Ränder eines Gefäßes zu verdecken (siehe Seite 53).

Brassicaceae

Pachyphragma

Pachyphragma macrophyllum

H: bis 40 cm; **B:** 25 cm
Die Gattung *Pachyphragma* besteht aus nur einer einzigen Art, einer kriechenden, Matten bildenden, winterharten Staude. Sie treibt aus einem Rhizom aus, das von alten Blattnarben bedeckt ist (ähnlich wie *Iris*). Die großen, runden Blätter sind glänzend dunkelgrün gefärbt, am Rand gewellt und stehen auf 25 cm langen Blattstielen direkt am Rhizom. Von Spätwinter bis Vorfrühling erscheinen Massen von weißen duftenden Blüten auf langen, schlanken Stengeln, gefolgt von geflügelten, kleinen Früchten im Sommer.
Kultur: sehr winterhart; volle Sonne/Halbschatten; regelmäßig gießen; im Frühling mit grobem Kompost mulchen; Vermehrung durch Aussaat im Herbst, Teilung im Frühling oder durch 7,5 cm lange Stecklinge im Spätfrühling.
Besondere Ansprüche: Bevorzugt wasserdurchlässiges Substrat. Wächst besser, wenn sie alle drei bis vier Jahre geteilt wird.
Gestaltungsvorschläge: Sehr gut, um die Oberfläche eines Topfes zu decken – bildet lebenden Mulch über dem Substrat.

Passifloraceae

Passiflora

H: bis 7 m; **B:** 3 m
Passiflora, die Passionsblume, ist eine große Gattung vorwiegend wüchsiger, windender, blühender Kletterpflanzen, die sich mit Ranken an der Unterlage verankern. Die aufregend gefärbten und kompliziert aufgebauten Blüten bestehen aus einem kurzen, grünen Kelch, tellerförmig ausgebreiteten Kronblättern und den darauf präsentierten Staubgefäßen und Griffeln. Nahe der Blütenachse setzt eine sogenannte Nebenkrone, ein Ring aus kräftig gefärbten, haarartigen Fortsätzen an, deren Farbigkeit die Attraktivität der Blüte noch verstärkt. Die Blätter sind mittelgrün und handförmig geteilt, mit drei bis fünf Abschnitten. Die reichblütige *Passiflora* x *caeruleoracemosa* hat violett-blaue Kronblätter, eine violett-purpurne, fädige Nebenkrone und eine purpurne Blütenmitte. *Passiflora caerulea* ist winterhart, sie bildet im

Passiflora x *caeruleoracemosa*

Passiflora caerulea

Spätsommer/Frühherbst weiße Blüten aus.
Kultur: halb-winterhart; volle Sonne/Halbschatten; regelmäßig gießen; im Frühling leicht mit Kompost mulchen; schneiden Sie im Frühjahr die Hauptsprosse um ein Drittel, die Seitensprosse bis auf 15 cm zurück; anfällig gegenüber Viren (siehe Seite 104); Vermehrung über 7,5–10 cm lange Stecklinge von Mitte bis Ende Sommer.
Besondere Ansprüche: Bevorzugen wasserdurchlässiges Substrat an geschütztem Standort. Binden Sie die jungen Triebe fest, bis sich die Pflanze selbst verankert. Frost kann die Spitzentriebe abtöten, im nächsten Frühjahr treiben jedoch gewöhnlich neue Triebe aus der Erde. In strengen Wintern kann die ganze Pflanze erfrieren; Sie sollten daher für einen Winterschutz wie Folienabdeckung oder Reisig sorgen.
Gestaltungsvorschläge: Passionsblumen sind hervorragend geeignet, um sich über ein Gitter oder einen kleinen Baum zu schlingen; letzterer bietet einen gewissen Winterschutz.

Pelargonium 'Bird Dancer'

Pelargonium 'Frank Headley'

Pelargonium 'Royal Oak'

Geraniaceae

Pelargonium

H: 15–60 cm; **B:** bis 75 cm

Obwohl die etwa 280 Arten zählende Gattung *Pelargonium* (nicht-winterharte Halbsträucher) häufig als „Geranie" bezeichnet wird, hat sie nichts mit der gleichnamigen Gattung (*Geranium*; Storchschnabel) zu tun. Sie kommen ursprünglich in der südlichen Hälfte Afrikas vor und dürften die wohl häufigsten sommerlichen Topfpflanzen überhaupt sein. Manche Leute mögen ihren etwas strengen Geruch nicht und verzichten daher auf Pelargonien. Dennoch ist *Pelargonium* äußerst vielseitig und gedeiht an allen Standorten. Die Sorten werden in Gruppen untergliedert:

Efeupelargonien (-geranien) oder Peltatum-Hybriden, die auf *P. peltatum* zurückgehen, haben eine kriechende, weit ausgebreitete Wuchsform. Sie eignen sich vor allem für Hängekörbe und Fensterkästen. Allerdings zerbrechen ihre spröden Stengel leicht. Die Blüten erscheinen in vielen Schattierungen von Tiefrot bis Weiß, auch lavendelblau überlaufen. Manche Sorten blühen etwas freigiebiger als andere, insbesondere die kompakten, hängenden Formen, die zur Blütezeit unter rosa oder roten Blüten versinken (der Handel bietet zahlreiche Sorten an). Die vielleicht beliebteste Sorte ist 'L'Elégante' mit cremeweiß gesäumten, grünen Blättern, die sich im Herbst purpurn verfärben. Ihre kleinen, zierlichen Blüten sind weiß.

Zonalpelargonien (-geranien) oder Zonale-Hybriden, die eigentlichen „Balkongeranien" haben eine buschige, aufrechte Wuchsform. Ihre runden Blätter sind manchmal C-förmig gezeichnet, einige Sorten haben auch gold- oder silber-panaschierte Blätter, wie *P.* 'Frank Headley'. Neben den hübsch blühenden Sorten gibt es auch solche mit panaschiertem, gelbem oder mehrfarbigem Laub, z. B. *P.* 'Bird Dancer'.

Edelpelargonien oder Grandiflorum-Hybriden sind wüchsige, verzweigte, aufrecht wachsende Pflanzen mit handförmig geteilten Blättern, häufig mit gezähntem, gekräuseltem Rand. Die großen, gekräuselten, vielfarbigen Blüten der 'Grand Slam'-Serie wirken besonders prachtvoll. Da die Blüten empfindlich sind, sollten sie nicht an zu exponierten Standorten verwendet werden; draußen sehen sie nur an heißen, trockenen Sommertagen wirklich gut aus.

Duftblättrige Geranien (Pelargonien) variieren, je nach Herkunft, stark in Größe und Wuchsform. Viele haben fein eingeschnittene, gelappte oder gezähnte Blätter. Die Blüten sind meist etwas kleiner als bei den üblichen Hybriden. Das Spektrum der

Pelargonium 'Stellar Apricot'

Pelargonium 'Vancouver Centennial'

Düfte ist jedoch erstaunlich: Pfefferminze, Apfelsine, Limone und Balsam gehören zu den beliebtesten. *P.* 'Graveolens' ist besonders verläßlich; sie hat handförmige, nach Rosen duftende Blätter, die von filzigen Haaren bedeckt sind. Die Wuchsform ist ausgebreitet und verzweigt, und die rosaroten Blüten erscheinen doldig zwischen Hochsommer und Mitte Herbst in den Blattachseln. Auch *P. quercifolium* wächst aufrecht, sie hat dreieckig gezähnte Blätter mit welligem Rand. Die rosa, purpurn geäderten, doldigen Blüten erscheinen von Spätfrühling bis Hochsommer. Eine interessante Sorte ist *P.* 'Royal Oak' mit klebrigen, würzig duftenden Blättern und hellmauve Blüten.

Floribunda Geranien gehen auf neuere Züchtungen zurück. Da alle Sorten dieser Gruppe besonders üppig Blüten bilden, stellt man sie gesondert heraus. Sie wachsen sehr stark, haben eine kompakte Wuchsform und werden etwa 30 cm hoch.

Kultur: nicht-winterhart; volle Sonne/Halbschatten; selten gießen (leicht trockene Pflanzen bilden mehr Blüten); von Hochsommer bis Frühherbst wöchentlich Flüssigdünger geben; regelmäßig Verblühtes entfernen; anfällig gegenüber

Penstemon 'Sour Grapes'

Rostpilzen, Triebgallen, Mottenschildläusen und Rüsselkäfern; Vermehrung durch Aussaat von Mitte Winter bis Mitte Frühling oder über 7,5–10 cm lange Stecklinge von Früh- bis Hochsommer.

Besondere Ansprüche: Keine.

Gestaltungsvorschläge: Setzen Sie die Pflanzen mit ihren Töpfen in den Übertopf, so daß sie herausgenommen und im Haus überwintert werden können (siehe Seiten 10, 20, 51, 53, 60 und 70).

Scrophulariaceae

Penstemon

H: bis 1 m; **B:** 75 cm

Penstemon, der Bartfaden, ist eine Gattung mit 250 Arten immergrüner oder halb-immergrüner, winterharter oder halb-winterharter Stauden und Halbsträucher, die aus Mexiko und den USA stammen. Die 2,5 cm langen, Löwenmäulchen-ähnlichen Blüten stehen am Sproßende in 15 cm langen, ährigen Blütenständen. Die Blätter sind mittelgrün, stehen an dünnen Trieben und sind in der Form variabel – von breit-oval bis schmal und bandartig. Hochgebirgsarten, wie *P. davidsonii* mit kleinen, rubinroten Blüten, wachsen meist als niedere, kriechend ausgebreitete Büsche. Die bekannteste Art dürfte *P. barbatus* sein, eine aufrechte Staude mit rosa oder roten Blüten, die von Hoch- bis Spätsommer gebildet werden; es gibt auch eine weißblütige Form. Die meisten Garten-Hybriden, wie z. B. *P.* 'Sour Grapes' mit purpur changierenden, blauen Blüten gehen auf die seltene *P. hartwegii* zurück. Für Gefäße eignen sich viele Arten; selbst die halb-winterharten überleben strenge Winter, wenn sie geschützt werden und keine Staunässe entstehen kann.

Kultur: halb-winterhart/winterhart; volle Sonne; regelmäßig gießen; von Hochsommer bis Frühherbst Flüssigdünger geben; nach der Blüte stark zurückschneiden; Vermehrung über 5–7,5 cm lange Stecklinge im Spätsommer.

Besondere Ansprüche: Vertragen keine feuchten Bedingungen. Stützen Sie hohe Sorten mit Reisig oder Zweigen.

Gestaltungsvorschläge: Ideal als Lükkenfüller.

Petroselinum crispum

Apiaceae

Petroselinum

Petroselinum crispum

H: bis 60 cm; **B:** 30 cm

Die Gattung *Petroselinum* (Petersilie) besteht aus drei Arten winterharter Zweijähriger mit dicker Speicherwurzel; sie ist mit Möhren und Sellerie verwandt. Petersilie wird überall auf der Welt angepflanzt; sie verträgt ein breites Spektrum unterschiedlicher Umweltbedingungen. *P. crispum* stammt aus Südeuropa, ist aber inzwischen in vielen gemäßigten Regionen heimisch. Ihre mittelgrünen, stark gekräuselten, etwas moosartigen Blätter stehen, genau wie im Sommer die Dolden mit grünlich-gelben Blüten, auf hohlen, grünen Stielen. Stark gekräuselte Sorten, z. B. 'Champion Moss Curled' wirken, genau wie 'Darki' mit tief dunkelgrünen Blättern, sehr dekorativ.

Kultur: winterhart; volle Sonne/Halbschatten; regelmäßig gießen; von Frühsommer bis -herbst einmal monatlich Flüssigdünger geben; anfällig gegenüber Wurzelfäule und Möhrenfliege; Vermehrung durch Aussaat Mitte Fruhling.

Besondere Ansprüche: Wächst schlecht in saurem Boden; kein Wasserstau im Substrat.

Gestaltungsvorschläge: Gut am Rand von einem Pflanzgefäß.

Petunia 'Express Ruby'

Petunia 'Surfinia'

Solanaceae

Petunia

H: bis 35 cm (kriechende Formen können bis 75 cm herabhängen);
B: 60–75 cm
Zur Gattung *Petunia* gehören etwa 40 Einjährige oder Stauden, die ursprünglich aus Südamerika stammen. Die heute verwendeten Pflanzen gehen fast ausschließlich auf Hybriden zurück und haben kaum noch etwas mit der Wildform gemein. Petunien sind sehr farbenprächtig mit einfachen oder gefüllten, trompetenförmigen, 5–12 cm breiten Blüten, die vom Hochsommer bis zu den ersten Frösten gebildet werden. Es gibt cremefarbene, weiße, rosa, rote, mauve, blaue und eine Vielzahl gestreifter Blüten. Die breitovalen, mittel- bis dunkelgrünen Blätter stehen auf grünen, behaarten Stielen und fühlen sich klebrig an. Man zieht die Pflanzen wie halb-winterharte Einjährige, d.h. sie blühen im ersten Jahr nach der Aussaat. Sie gehören zu den beliebtesten Pflanzen für Hängekörbe, Kübel und Fensterkästen. Die Varietäten und Sorten lassen sich in vier Gruppen einteilen: **Multiflora**-Formen sind buschige Pflanzen, die große Mengen vergleichsweise kleiner Blüten hervorbringen. **Grandiflora**-Formen sind durch wenige, aber große Blüten gekennzeichnete **Zwergformen** und schließlich **Pendula**-Formen, Pflanzen mit kriechender Wuchsform, die als Hängepflanzen dienen. Hierzu gehören auch die Surfinia-Petunien. Fast alle Samen sind F_1-Hybriden, sie keimen zu wüchsigen, einheitlichen Pflanzen aus.
Kultur: halb-winterhart; volle Sonne; regelmäßig gießen; beim Auspflanzen das Substrat mit etwas Dünger vermischen, von Hochsommer bis Frühherbst zusätzlich alle zwei Wochen Flüssigdünger geben; für eine kontinuierliche Blüte und zur Vermeidung von Krankheiten regelmäßig Verblühtes entfernen; anfällig gegenüber Grauschimmel auf abgeblühten Blüten und Blattläusen (siehe Seite 105); Vermehrung über Stecklinge oder durch Aussaat im Frühling.
Besondere Ansprüche: Bevorzugen wasserdurchlässiges Substrat.
Gestaltungsvorschläge: Pflanzen Sie Petunien in Hängekörbe, um die Seiten zu überwuchern (siehe Seiten 1, 13, 49, 50, 51, 56, 68 und 69).

Polemoniaceae

Phlox

H: 10–60 cm; **B:** 15–30 cm
Diese Gattung winterharter Stauden, halb-winterharter oder winterharter Halbsträucher und Einjähriger stammt vorwiegend aus dem Westen und Mittleren Westen der USA. Phlox wird wegen seiner attraktiven, kräftig rosa, roten, purpurnen oder weißen, sternförmigen Blüten geschätzt, die in dichten Blütenständen am Sproßende stehen. Sie können zusammen mit Alpenpflanzen (Zwergformen), als Stauden oder einjährige Beetpflanzen genutzt werden. In der Regel sind ihre paarweise, an schlanken, grünen Stengeln stehenden, Blätter schmal und mittel- bis hellgrün gefärbt. Beliebte einjährige Formen gehen auf *P. drummondii* zurück, eine halb-winterharte Pflanze mit aufrechter Wuchsform und weißen, rosa, purpurnen, lavendelblauen und roten Blüten, die in bis zu 7,5 cm breiten Köpfchen von Hochsommer bis Frühherbst gebildet werden. Sie sind in gemischten Farben oder als definierte Sorten im Handel. Aus der Staude *P. paniculata* hat man zahlreiche Gartenformen gezüchtet, darunter *P. p.* 'Fairy's Pettycoat' mit hellrosa Blüten und dunkelrotem Schlund; dazu den wüchsigen *P. p.* 'Harlequin' mit panaschiertem Laub und kräftig purpurnen Blüten. Die niedrige Sorte *P.* 'Chattahoochee' hat tellerförmige, lavendelblaue Blüten mit einem roten Auge.
Kultur: halb-winterhart/winterhart; volle Sonne/Halbschatten; regelmäßig gießen; Einjährigen mischt man beim Einpflanzen etwas Dünger ins Substrat; Stauden streut man im Frühling Langzeitdünger auf; regelmäßig Verblühtes entfernen, um die Blühperiode zu verlängern; anfällig gegenüber Mehltau und Älchen (siehe Seiten 104–105); Vermehrung von Zwergformen und Stauden über 5–7,5 cm lange Sproßstecklinge von Mitte Frühling bis Hochsommer, Einjährige werden Mitte Frühling ausgesät.
Besondere Ansprüche: Bevorzugen wasserdurchlässiges Substrat.
Gestaltungsvorschläge: Bildet ein Blütenmeer an kräftigen Farben.

Pittosporaceae

Pittosporum

Pittosporum tenuifolium

H: 5 m; **B:** 1,50–2,10 m
Die Gattung *Pittosporum* (Klebsame) besteht aus rund 200 Arten immergrüner Blütensträucher und kleiner Bäume aus

Phlox 'Chattahoochee'

Pittosporum tenuifolium 'Silver Queen'

Australien. Obwohl sicher das attraktive, dekorative Laub der Hauptgrund für den Kauf sein dürfte, haben manche Formen farbige, kleine, duftende, glockenförmige Blüten mit ausgebreiteten Kronblättern. *Pittosporum tenuifolium* mit seinen unterschiedlichen Blattformen wird am häufigsten verwendet, vor allem weil die Pflanze recht winterhart ist. Sie hat hellgrüne, längliche Blätter mit deutlich welligen Rändern, die an bläulich-schwarzen Zweigen stehen. Im Frühling erscheinen die kleinen Blüten, sie sind schokoladenpurpurn und verströmen den Duft warmen Honigs. Eine Reihe von Sorten mit interessanten Blattfarben runden das Angebot ab: *P. t.* 'Abbotsbury Gold' hat Blätter mit einem kräftig grünlich-gelben Fleck in der Mitte, der im Alter verblaßt; die hellgrünen Blätter von *P. t.* 'Purpureum' verfärben sich im Alter attraktiv nach Bronze-Purpur; *P. t.* 'Silver Queen' hat silbergrau panaschierte Blätter.

Kultur: winterhart; volle Sonne/Halbschatten; im Frühling mit grobem Kompost mulchen; schneiden Sie wuchernde Triebe sofort heraus: Vermehrung über 10 cm lange Teilstecklinge im Hochsommer.

Besondere Ansprüche: Sollte vor Nord- und Ostwinden geschützt werden.

Gestaltungsvorschläge: Hervorragend als Einzelexemplar geeignet.

Plumbaginaceae

Plumbago

H: bis 2 m; **B:** bis 2 m

Diese südafrikanische Gattung wird in vielen Teilen der Welt seit langem als kletternde Zierpflanze in Töpfen gezogen, da sie eine sehr lange Blühperiode hat. *Plumbago auriculata* (syn. *P. capensis*, Bleiwurz) bildet 25 cm lange, traubige Blütenstände mit hellblauen, primelartigen Blüten. Sie bestehen aus einer kurzen Röhre, 2,5 cm weit ausgebreiteten Kronblättern und werden kontinuierlich von Frühsommer bis Mitte Herbst gebildet. Die Blätter sind 7,5–10 cm lang, matt mittelgrün, elliptisch und stehen nur spärlich an wüchsigen Trieben. Die dünnen Stengel sind oftmals zu schwach, die Pflanze zu tragen, deshalb sollte sie durch ein Gitter oder einen Pfosten gestützt werden. Die weißblütige Varietät *P. a.* var. *alba* ist nicht ganz so wüchsig.

Kultur: halb-winterhart; volle Sonne/Halbschatten; regelmäßig gießen; von Hochsommer bis Frühherbst alle zwei Wochen Flüssigdünger geben; schneiden Sie alle Triebe unmittelbar nach der Blüte mindestens um zwei Drittel zurück, um die Blütezeit zu strecken; *Plumbago* ist anfällig gegenüber Mottenschildläusen (siehe Seite 105) und roten Blattspinnmilben beim Überwintern im Haus; Vermehrung über 10 cm lange Teilstecklinge im Hochsommer.

Besondere Ansprüche: Die Triebe brauchen etwas Unterstützung, überwintern im Haus.

Gestaltungsvorschläge: Die Pflanze sollte im Topf vorgezogen und dann in einen Übertopf gestellt werden. Versuchen Sie, die Bleiwurz durch andere Sträucher und Kletterpflanzen wachsen zu lassen, so daß nur die Blüten sichtbar sind und ein zusätzliches Unterstützen der Triebe überflüssig wird.

Dryopterideae

Polystichum

H: bis 1 m; **B:** 60 cm

Diese Gattung mit über 130 Arten winterharter, immergrüner Farne stammt vor allem aus Asien, Europa und Nordamerika. Der Schildfarn wird wegen seines bemerkenswerten, glänzenden Laubes gezogen. Am beliebtesten dürfte *P. acrostichoides* sein, der sehr attraktive, tiefgrüne Wedel besitzt, die in zahlreiche kleine, schmale Fiedern zerschnitten sind und ihre Farbe auch im Winter behalten. Während die neuen Wedel auswachsen, sind sie von glitzernden, weißen Schuppen bedeckt, so daß die Pflanze wunderbar bereift aussieht. *Polystichum munitum*, der Schwertfarn, ist ungewöhnlicher, seine bandartigen Wedel sind am Rand eingekerbt.

Kultur: winterhart; Halbschatten; regelmäßig gießen; im Frühling mit grobem Kompost mulchen, von Spätfrühling bis Frühherbst einmal pro Monat Flüssigdünger geben; Vermehrung durch Teilung der Krone im Frühling.

Besondere Ansprüche: Braucht Halbschatten und säurearmes, kompostreiches Substrat, vorzugsweise kalk- oder kreidehaltig. Ein leichter Winterschutz ist zu empfehlen.

Gestaltungsvorschläge: Sehr gut, um eine kühle, schattige Ecke aufzuhellen.

Rosaceae

Potentilla

H: 30 cm–1,20 m; **B:** 1–1,20 m

Die Gattung *Potentilla* besteht aus etwa 500, vorwiegend krautigen Arten, winterharten Ein- und Mehrjährigen, laubabwerfenden, blühenden Sträuchern und Halbsträuchern. Die strauchförmigen Arten haben einfache oder gefüllte, weiße, rosa, gelbe und neuerdings rote Blüten, die etwa tellerförmig sind und in lockeren Büscheln an den Enden von Haupt- und Seitensprossen stehen. Die meisten Stauden sind winterharte Hybriden der selten kultivierten Arten *P. atrosanguinea* und *P. nepalensis*, außerdem wurden herrliche Sorten gezüchtet, wie *P.* 'Gibson's Scarlet', eine niederwüchsige Form mit kräftig roten, einfachen Blüten; oder die höhere *P. nepalensis* 'Miss Willmott' mit kirschrosa Blüten und einem tiefrosa Auge. Die meisten Gärtner kennen die gängigen Sträucher, z. B. *P. fruticosa* 'Elizabeth', die von Spätfrühling bis Frühherbst von unzähligen, kanariengelben Blüten überzogen ist; *P. f.* 'Red Ace' hat tief orangerote Blüten, die mit dem Alter verblassen.

Primula-Polyanthus-Hybride

Primula 'Blue Sapphire'

Kultur: winterhart; volle Sonne/Halbschatten; regelmäßig gießen; im Frühling Langzeitdünger aufstreuen; schneiden Sie Stauden sofort nach der Blüte zurück; entfernen Sie bei Sträuchern im Frühling dünnen, lichten Wuchs, kranke Stengel und nicht blühende Triebe; Vermehrung von Sträuchern über 7,5 cm lange Teilstecklinge im Spätsommer und von Stauden durch Teilung Mitte Herbst.
Besondere Ansprüche: Die rot blühenden Sorten bilden die Blütenfarbe besser im Halbschatten aus.
Gestaltungsvorschläge: Hervorragende Blütensträucher für ein gemischtes Arrangement.

Primulaceae
Primula

H: bis 1 m; **B:** bis 60 cm
Diese Gattung besteht aus 400 Arten laubabwerfender oder immergrüner, winterharter oder halb-winterharter ein-, zwei- oder mehrjähriger Pflanzen, die in den gemäßigten Breiten der nördlichen Halbkugel vorkommen. Alle Arten der Schlüsselblumen oder Primeln haben eine grundständige Blattrosette und röhrige, glockenförmige Blüten. Blütensprosse, Blätter und Kelche sind bei einigen Arten und ihren Hybriden wachsig bemehlt. Primeln sind sehr farbenprächtig und daher als Topfpflanzen äußerst beliebt. Je nach Form werden sie manchmal in bestimmte Gruppen eingeteilt.
Etagenprimeln tragen ihre röhrenförmigen, flach ausgebreiteten Blüten in mehreren Wirteln übereinander am Stengel.
Polyanthus-Hybriden gehen auf Kreuzungen von *P. vulgaris* mit *P. veris, P. juliae* und anderen Arten zurück: man zieht sie gewöhnlich als Zweijährige. Polyanthus-Hybriden bilden ihre Blüten in großen Dolden auf kräftigen Stengeln. Einige Sorten, z. B. *P.* 'Blue Sapphire' haben attraktive gefüllte Blüten.
Auricula-Primeln lassen sich nochmals in Alpine-, Border- und Kugelprimeln untergliedern. Sie tragen ihre flachen, glatten Blüten in Dolden auf einem Stiel oberhalb der Blätter.
Primula vulgaris, die Kissenprimel, hat kräftig grüne, runzlige Blätter, die in einer flachen Rosette stehen; die 2,5 cm breiten Blüten sind hellgelb mit goldener Mitte. Die Polyanthus-Hybriden sind wegen ihrer prachtvollen scharlachroten, orange, rosa, rote, blauen, gelben und weißen Blüten als Topfpflanzen besonders begehrt, insbesondere, da sie zu einer Zeit blühen, wenn nur wenige andere Pflanzen in Blüte stehen. Zu den Etagenprimeln gehören Arten, wie *P. bulleyana* mit einer Rosette bandartiger, dunkelgrüner Blätter und tief orangen Blüten, die im Hochsommer auf 75 cm hohen Stielen erscheinen.
Kultur: winterhart/nicht-winterhart; volle Sonne/Halbschatten; regelmäßig gießen; im Frühling mit grobem Kompost mulchen; anfällig gegenüber Schneckenfraß (siehe Seite 105) und Erdraupen; Vermehrung der Arten durch Aussaat (frischer Samen, sonst im Frühling), der Hybriden durch Teilung oder Wurzelstecklinge ausgereifter Pflanzen, Auricula-Primeln über Ableger im Vorfrühling oder Herbst.
Besondere Ansprüche: Bevorzugen wasserdurchlässiges Substrat mit hohem Kompostanteil.
Gestaltungsvorschläge: Ideal als gut sichtbarer Bestandteil eines Wassergartens, oder in Kübeln, Hängekörben und Fensterkästen (siehe Seiten 44 und 52).

Rosaceae
Pyracantha

H: bis 4 m; **B:** 2,50 m
Die kleine Gattung des Feuerdorns besteht nur aus 10 Arten winterharter, immergrüner Sträucher. Sie sind wegen der Massen kleiner, weißer Blüten im Frühsommer und der kräftig gefärbten Beeren, die im Herbst und Winter stehen bleiben, sehr beliebt. An den dornigen Zweigen stehen ovale Blätter mit gezähntem Rand. Zu den bekannteren Sorten gehören *P.* 'Mohave', ein wüchsiger Strauch, der noch im Winter große Mengen orangeroter Früchte trägt; *P.* 'Shawnee' mit kleinen, dicht stehenden Blättern, der ab Spätsommer tief gelbe Beeren trägt, und *P.* 'Sparkler', eine langsam wachsende, panaschierte Form, deren grüne Blätter mit weißem Rand in der Jugend oft leicht rosa überhaucht erscheinen.
Kultur: winterhart; volle Sonne/Halbschatten; regelmäßig gießen; im Frühling Langzeitdünger aufstreuen; regelmäßiger Rückschnitt ist nicht erforderlich; entfernen und verbrennen Sie alle Pflanzen mit Anzeichen von Feuerbrand; Vermehrung über 10–15 cm lange Steckhölzer im Herbst (Frühbeet).
Besondere Ansprüche: Bei extremer Kälte sollten die Töpfe geschützt werden, damit die Wurzeln nicht erfrieren.
Gestaltungsvorschläge: Feuerdorn eignet sich bestens für einen nord- oder ost-

exponierten Standort. Schneiden Sie ihn in den ersten beiden Jahren in Form, so daß er zu einer Säule mit weißen Blüten und Beeren heranwächst, oder erziehen Sie ihn vor einem Gitter zur Fächerform.

Ranunculaceae
Ranunculus

H: bis 45 cm; **B:** 60 cm
Zur 400 Arten zählenden Gattung des Hahnenfußes gehören Einjährige, Wasserpflanzen und Stauden aus Europa, Asien und Nordafrika. Fast alle sind winterhart, einige immergrün oder halb-immergrün. Die Blätter sind mittel- bis tiefgrün, häufig tief eingekerbt und stehen an dicken, aufrechten Stielen. Zu den beliebtesten Pflanzen gehören *R. montanus* 'Molten Gold', eine Polster bildende, kompakte, winterharte Staude mit kräftig goldgelben, becherförmigen Blüten, die von Spätfrühling bis Frühsommer erscheinen; *R. lyallii* ist eine immergrüne Pflanze von kräftig-aufrechter Wuchsform mit großen Blättern und zahlreichen weißen, flach becherförmigen Blüten im Sommer. *Ranunculus aconitifolius* 'Flore Pleno' hat mittelgrüne, tief gezähnte, handförmige Blätter und im Frühsommer glänzend weiße, 1 cm breite Blüten.
Kultur: winterhart bis halb-winterhart; volle Sonne/Halbschatten; gut feucht halten; etablierte Pflanzen brauchen von Spätfrühling bis Frühherbst wenig Flüssigdünger alle zwei Wochen; schneiden Sie im Frühling tote Blätter ab; in der Regel frei von Krankheiten und Schädlingen; Vermehrung durch Teilung von Mitte Herbst bis Spätfrühling.
Besondere Ansprüche: Gedeiht hervorragend in einem Substrat auf Lehmbasis.
Gestaltungsvorschläge: Ideal für kühle, feuchte Plätze oder im Wassergarten.

Polygonaceae
Rheum

H: Blütenstände bis 2 m; **B:** 1 m
Die Gattung *Rheum* (Rhabarber) besteht aus 50 Arten von Stauden, die großenteils aus China oder dem Himalaya stammen. Sie sind verwandt mit dem Knöterich *(Polygonum)* und bilden wie er einen grundständigen Horst. Seine großen, 45–60 cm breiten Blätter sind gewöhnlich glänzend mittelgrün und stehen frei oberhalb des Horstes an dicken, fleischigen Stielen. Die von papierdünnen Hochblättern bedeckten Blüten stehen auf hohen, häufig rosa oder roten Blütensprossen. Häufiger in Gärten zu finden sind: *R. alexandrae*, der 1 m hohe Blütenstände bildet (die großen, papierartigen Hochblätter gleichen herabhängenden Zungen und verdecken völlig die unscheinbaren Blüten); *R. palmatum* hat tief eingeschnittene, handförmige Blätter und grünlich-gelbe Blüten; und *R. p.* 'Atrosanguineum' rötlich-purpurne Blätter, die nach dem Verblühen der tiefroten, perlenartigen Blüten im Hochsommer in ein glänzend-bronze überlaufenes Grün verbleichen.
Kultur: winterhart; volle Sonne; regelmäßig gießen; von Hochsommer bis Frühherbst alle drei Wochen Flüssigdünger geben; schneiden Sie die Blütenstände nach der Blüte bis auf den Boden zurück; Vermehrung durch Teilung von Mitte Herbst bis Vorfrühling.
Besondere Ansprüche: Nehmen Sie ein kräftiges Pflanzgefäß, denn die Wurzeln üben beträchtlichen Druck aus.
Gestaltungsvorschläge: Unübertroffen als markante, architektonische Pflanzen; unbedingt als Einzelstück plazieren.

Rhododendron simsii 'Perle de Noisy'

Rhododendron leptanthum

Ericaceae
Rhododendron

H: bis 3 m; **B:** bis 5 m
Rhododendron gehört mit rund 800 Arten zu den umfangreichsten und vielfältigsten Gattungen unter den Zierpflanzen. Unter den im Frühling und Frühsommer blühenden Sträuchern nehmen sie eine Spitzenstellung ein. Zur Gattung gehören nicht nur immergrüne, großblütige Hybriden, sondern auch kleinblättrige Zwergformen, dazu laubabwerfende Arten (die „Azaleen"). Die Blüten sind fast immer einfach, es kommen allerdings auch halb-gefüllte oder gefüllte Formen (ineinander geschachtelte Kronröhren) vor; die Blütenfarben sind mannigfaltig. Neben den zahlreichen Hybriden gibt es attraktive Arten: *R. luteum* ist ein laubabwerfender, Schößlinge bildender Strauch mit mattgrünen Blättern, die sich im Herbst scharlachrot verfärben, seine forsythien-gelben, duftenden Blüten erscheinen von Früh- bis Hochsommer; *R. atlanticum* hat ovale, graugrüne Blätter und im Spätfrühling/Frühsommer trichterförmige, weiße, rosa überhauchte Blüten; der immergrüne *R.* x *obtusum* bildet niedrige Hügel glänzend-grüner Blätter und scharlachrote Blüten im Frühsommer; *R. indicum* hat glänzende Blätter und braune Zweige, die mit feinen Borstenhaaren besetzt sind, und bildet kräftig rote oder rosa Blüten im Hochsommer; *R. i.* 'Balsaminiflorum' ist eine lachsrosa Sorte mit gefüllten Blüten.
Kultur: winterhart bis nicht-winterhart; volle Sonne/Halbschatten; regelmäßig gießen; im Herbst mit grobem Kompost mulchen und von Vorfrühling bis Mitte Herbst alle sechs Wochen Eisen-Chelator (Schwefelblüte) geben; Verblühtes entfernen; anfällig gegenüber Gallmilben (rufen verkrüppelte junge Blätter und Blütenknospen hervor), Knospenbrandpilz (die Knospen werden braun, von schwarzen Pilzhyphen bedeckt und sterben), außerdem Rüsselkäfern (siehe Seite 105) und Singzikaden.
Besondere Ansprüche: Bei hartem Leitungswasser mit Regenwasser gießen, Rhododendren sind Flachwurzler, daher passen sie gut in flache, breite Gefäße.
Gestaltungsvorschläge: Gut für Stadtgärten, vertragen Luftverschmutzung.

Rosa 'Pompon de Paris' (kletternd)

Rosa 'Boule de Neige'

Rosaceae

Rosa

H: Kletterrosen bis 3 m; Strauchrosen bis 1 m; **B:** Kletterrosen bis 2 m, Strauchrosen bis 75 cm

Die Gattung *Rosa* (Rosen) besteht aus etwa 250 Arten und zahlreichen, natürlich vorkommenden Varietäten laubabwerfender und halb-immergrüner Sträucher oder frei kletternder Formen. Rosen werden wegen der üppigen, oftmals duftenden Blüten gezogen, die in vielerlei Gestalt auftreten: einfache (4–7 Kronblätter), halb-gefüllte (8–14 Kronblätter), gefüllte (15–30 Kronblätter) und dicht gefüllte (mehr als 30 Kronblätter). Die Blätter sind gewöhnlich in bis zu sieben ovale, manchmal gezähnte Fiedern

Rosmarinus officinalis 'Sissinghurst Blue'

geteilt. Die Stengel sind oft, wenn auch nicht immer, mit gekrümmten Stacheln (keine Dornen!) besetzt. Kletterrosen eignen sich besonders gut für Pflanzgefäße: *R.* 'Zéphirine' (keine Stacheln) hat z.B. halb-gefüllte kirschrote bis rosa Blüten; die wunderschöne, immergrüne *R.* 'Mermaid' bringt große, kräftig gelbe, einfache Blüten mit hervortretenden, bernsteinfarbenen Staubgefäßen hervor. Die zierliche Kletterrose 'Pompon de Paris' ist kürzer und kompakter als die Floribunda-Formen. Die wüchsige, aufrechte, alte Bourbonrose 'Boule de Neige' duftet sehr stark und ist wüchsiger als die oben genannte.
Kultur: winterhart; volle Sonne/Halbschatten; regelmäßig gießen; im Spätwinter/Vorfrühling mit Kompost (vermischt mit Langzeitdünger) mulchen, zusätzlich im Frühling und Sommer Flüssigdünger alle drei Wochen; entfernen Sie im Spätherbst/Vorfrühling totes und beschädigtes Holz bei Strauchrosen; lassen Sie beim Rückschnitt von Strauchrosen stets eine nach außen gerichtete Knospe stehen, damit wird der Wuchs von der Mitte weg gerichtet (reduziert die Gefahr einer Schädigung durch Krankheiten und Schädlinge, denn der Strauch wächst offener, und der Luftaustausch wird gefördert); schneiden Sie Kletter- und Schlingrosen ähnlich, aber schwächer zurück; anfällig gegenüber Blattfleckenkrankheit, Mehltau, Rostpilzen, Blattläusen und Sägewespen (siehe Seiten 104–105); Vermehrung über 25 cm lange Steckhölzer im Herbst oder 10 cm lange Teilstecklinge im Hochsommer.
Besondere Ansprüche: Keine.
Gestaltungsvorschläge: Kletterrosen sorgen für prachtvolle Farben auf Mauern und Gittern; Zwergrosen eignen sich gut für Pflanzgefäße (siehe Seiten 9 und 70).

Lamiaceae

Rosmarinus

H: bis 2 m; **B:** bis 1,50 m

Diese Gattung winterharter und halbwinterharter Sträucher wird in Westeuropa seit langem kultiviert. Rosmarin hat schmale, aromatische, immergrüne Blätter. Sie werden, frisch oder getrocknet, als Gewürz verwendet. Die kleinen Röhrenblüten variieren von Weiß über Blau bis zu Rosa- und Mauvetönen. Am häufigsten wird *R. officinalis* angepflanzt. Er hat eine aufrechte, offene Wuchsform und derbe, schmale, mittel- bis dunkelgrüne Blätter mit hellgrünen Unterseiten. Die Blüten (Frühling bis Herbst) von *R. o.* 'Sissinghurst Blue' sind besonders intensiv blau gefärbt. Die langsam wachsende, neuere Sorte *R. o.* 'Severn Sea' ist recht kompakt und wächst zu einem Zwergstrauch mit Massen brillant-blauer Blüten heran, die an gebogenen Zweigen stehen. Diese Sorte ist nicht so winterhart wie die Arten und muß in strengen Wintern geschützt werden.
Kultur: winterhart; volle Sonne; regelmäßig gießen; im Frühling mit grobem Kompost mulchen; schneiden Sie wuchernde Triebe zurück, vermeiden Sie aber einen rigorosen Schnitt; Vermehrung über 7,5–10 cm lange Teilstecklinge im Spätsommer.
Besondere Ansprüche: Braucht ein lokkeres, wasserdurchlässiges Substrat. An exponierten Standorten können sich die Wurzeln lockern. Um dies zu verhindern, stützen Sie die Sträucher ab, und drücken Sie das Substrat um die Pflanze gut fest.
Gestaltungsvorschläge: Gut als Schutz- oder Sichtschirm.

Rutaceae

Ruta

H: 1 m; **B:** 60 cm

Die Gattung *Ruta* (Raute) besteht aus sieben winterharten, aromatischen, immergrünen Stauden und Halbsträuchern, die aus Europa und Südwestasien stammen. Die blaugrünen, leicht ovalen und tief-farnartig eingeschnittenen Blätter verströmen ein strenges Aroma. Von Frühsommer bis -herbst stehen ihre kleinen, senfgelben Blüten auf dicken, blaugrünen Stengeln in großen, flachen, doldenartigen Blütenständen (ähnlich wie beim Holunder) am Sproßende. *Ruta graveolens* 'Jackman's Blue' ist eine kompakte Sorte mit kräftig blaugrau gefärbten Blättern.

Salvia officinalis 'Tricolor'

Saxifraga sempervivum

Kultur: winterhart; volle Sonne; regelmäßig gießen; im Frühling mit grobem Kompost mulchen; schneiden Sie im Spätfrühling altes Holz zurück, damit der Wuchs buschig bleibt und nicht schütter wirkt; entfernen Sie tote Blüten im Herbst; Vermehrung über 7,5 cm lange Stecklinge im Spätsommer.
Besondere Ansprüche: Gehen Sie vorsichtig mit Rauten um: Sie enthalten einen Stoff, der die Haut reizen und zu Blasenbildung führen kann. Sie vertragen Austrocknung ziemlich gut.
Gestaltungsvorschläge: Ziehen Sie Rauten einzeln in einem Terrakotta-Topf oder zusammen mit *Tropaeolum speciosum* (die Kapuzinerkresse klettert durch die Raute hindurch).

Lamiaceae
Salvia

H: bis 1,20 m; **B:** 60 cm
Zu dieser Gattung, dem Salbei, gehören etwa 900 Arten laubabwerfender und immergruner, winterharter und nicht-winterharter Einjähriger, Stauden und Halbsträucher, die aus Asien, Europa, dem Mittelmeergebiet, Mittel- und Südamerika stammen. Die manchmal aromatischen, matt-grünen Blätter sind oberflächlich rauh; sie stehen paarweise an aufrechten, viereckigen Stengeln, die oftmals rötlich schattiert sind. Die wirtelig stehenden Röhrenblüten öffnen sich trichterförmig, sie werden von Hochsommer bis Frühherbst gebildet. Je nach Winterhärte und Wuchsform läßt sich die Gruppe der Gartensalvien untergliedern.
Zu den halb-winterharten Einjährigen gehört z. B. *S. splendens* und ihre Sorten mit roten, purpurnen, rosa und weißen Blüten; besonders die knallrote Sorte 'Rambo' ist bemerkenswert.
Zu den nicht-winterharten Stauden gehört *S. microphylla* mit einer strauchigen Wuchsform und dunkel-karmesinroten Blüten, die sich mit der Reife nach Purpur verändern. Die Blüten erscheinen von Hochsommer bis zu den ersten Frösten.
Zu den winterharten Stauden bzw. Halbsträuchern gehört der Gartensalbei *(S. officinalis)* mit sowohl purpurnen wie panaschierten Sorten, etwa *S. o.* 'Tricolor'. *S. sclarea* var. *turkestanica*, er bildet 60 cm hohe, rosa Stengel und große weiße oder lavendel-purpurne Blüten.
Kultur: winterhart bis nicht-winterhart; volle Sonne/Halbschatten; selten gießen; von Frühsommer bis -herbst alle 10 Tage Flüssigdünger geben; Verblühtes regelmäßig entfernen, um die Blühperiode zu verlängern; schneiden Sie Stauden im Frühling nach den letzten Frösten zurück; Vermehrung über 7,5 cm lange Stecklinge in Früh- oder Spätsommer. Einjährige werden Mitte Frühjahr ausgesät.
Besondere Ansprüche: Werden die Pflanzen etwas trockener gehalten, bilden sie mehr Blüten.
Gestaltungsvorschläge: Gut für Fensterkästen und Hängekörbe (siehe Seite 15).

Compositae/Asteraceae
Santolina

H: 75 cm; **B:** 1 m
Das Heiligenkraut *(Santolina)* ist eine Gattung mit 18 Arten winterharter, immergrüner Sträucher, die aus dem Mittelmeergebiet stammen. Die aromatisch duftenden Blätter sind silbergrau, behaart und fein eingeschnitten. Im Hochsommer erscheinen die kleinen, knopfförmigen Blütenköpfchen auf schlanken, dünnen Zweigen. *Santolina chamaecyparissus* hat silbernes Laub und zitronengelbe Blüten, während *S. c.* var. *nana* kompakter und dichter wächst. *S. rosmarinifolia* ist eine attraktive Art mit grünen, fädigen Blättern und zitronengelben Blüten. *S. pinnata* ssp. *neapolitana* 'Edward Bowles' hat silbergraues Laub und cremig-weiße Blüten.
Kultur: winterhart; volle Sonne; regelmäßig gießen; im Frühling mit Kompost mulchen; schneiden Sie Verblühtes ab, und trimmen Sie die Pflanze regelmäßig, damit sie nicht wuchert; Vermehrung über 5–7,5 cm lange Teilstecklinge im Spätsommer.
Besondere Ansprüche: Bevorzugen wasserdurchlässiges und trockenes Substrat.
Gestaltungsvorschläge: Wächst zu attraktiven, niedrigen Sträuchern heran.

Saxifragaceae
Saxifraga

H: Rosetten bis 5 cm, Blüten bis 60 cm; **B:** 2–15 cm
Diese Gattung besteht aus 370 Arten immergrüner, flach ausgebreitet wachsender winterharter und halb-winterharter Einjähriger und Stauden. Der Steinbrech kommt in Gebirgen wie den Alpen, Rocky Mountains oder dem Himalaya vor. Seine Blätter variieren stark: Sie sind mittel- bis graugrün, manche fein zerschnitten (Pflanzen mit moosartigem Aussehen), andere sind klein, oval und silbrig, häufig mit feinen Kalkkrusten. Die Blätter sind stets in einer breiten, flachen oder leicht erhobenen Rosette angeordnet, so daß die Pflanze einen kleinen Hügel bildet. Blütentragende Rosetten sterben nach der Blüte ab. Eine bemerkenswerte Alpenpflanze ist *S. sempervivum* mit überhängenden, rosablütigen Blütenständen. *Saxifraga* x *urbium* hat dicke, fleischige Blätter und rosa, sternförmige Blüten, die an dünnen, roten Stengeln stehen.
Kultur: sehr winterhart; volle Sonne/Halbschatten; regelmäßig gießen; beim Umtopfen Langzeitdünger ins Substrat mischen; anfällig gegenüber Rostpilzen und dem Angriff von Rüsselkäfern und Erdraupen (siehe Seiten 104–105); Vermehrung durch Teilung.
Besondere Ansprüche: Bevorzugen wasserdurchlässiges Substrat auf Lehmbasis.
Gestaltungsvorschläge: Sehr gut an exponierten Stellen (siehe Seite 57).

Scabiosa 'Pink Mist'

Sedum acre 'Aureum'

Dipsacaceae

Scabiosa

H: 45–60 cm; **B:** 60 cm

Die Skabiose stammt aus Mittel-, Ost und Südeuropa. Diese Staude bildet Horste, aus denen sich die 5–7,5 cm breiten, Chrysanthemen-ähnlichen Blütenköpfe auf langen, schlanken, blattlosen Stengeln erheben. Die Blätter bilden ein niederes, mattenartiges Polster, das selten höher als 20–30 cm wird. Als Topfpflanze wird *S. caucasica* genutzt, deren blaublühende Sorte 'Clive Greaves' sehr verläßlich wächst; 'Miss Willmott' ist eine bekannte weiße Sorte. Zu den Neuzüchtungen gehören 'Butterfly Blue' und 'Pink Mist'.

Kultur: winterhart; volle Sonne; regelmäßig gießen; im Frühling mit grobem Kompost mulchen; Verblühtes regelmäßig entfernen, um die Blühperiode zu verlängern und große Blüten zu gewährleisten; anfällig gegenüber Echtem Mehltau und Schneckenfraß (siehe Seiten 104–105); Vermehrung von Einjährigen durch Aussaat im Frühling, von Mehrjährigen durch 5 cm lange Triebstecklinge im Frühling (im Haus oder geschützt im Freien bewurzeln lassen).

Besondere Ansprüche: Dürfen keinesfalls in Staunässe stehen. Vertragen exponierte Standorte. Die großblütigen Formen sollten, insbesondere bei Regenwetter, mit Reisig o. ä. abgestützt werden.

Gestaltungsvorschläge: Sehr gut, um die Ränder von Gefäßen zu verdecken (siehe Seite 8).

Goodeniaceae

Scaevola

H: 1–2,50 m; **B:** 2 m

Die Gattung *Scaevola* besteht aus 100 Arten, Stauden und Sträuchern, die vorwiegend aus Australasien stammen. Die horstbildenden Pflanzen haben kräftig grüne, bandartige Blätter, die sich vom Grund erheben, wechselständig angeordnet sind und einen ausgebreiteten, sukkulenten Busch bilden. Bei manchen Formen tragen die jungen Blätter einen filzigen Belag. Die duftenden Blüten stehen zu sechst bis acht in den Blattachseln, jede Einzelblüte ist 2 cm lang, cremig-weiß und purpurn gestreift. Nach der Blüte werden 1 cm lange, weiße, fleischige Beeren gebildet. *Scaevola plumierii* hat kurze, spatelförmige Blätter und 2,5 cm lange, rosaweiße Blüten, gefolgt von schwarzen Beeren.

Kultur: halb-winterhart; volle Sonne; regelmäßig gießen; im Frühling mit Blättern mulchen; entfernen Sie die Blütenstiele, nachdem die Samen herausgefallen sind; Vermehrung über 15 cm lange Teilstecklinge, die im Frühling in einen geschlossenen Kasten gesetzt werden.

Besondere Ansprüche: Bevorzugen sandiges, wasserdurchlässiges Substrat. Sie können nur frostfrei überwintern.

Gestaltungsvorschläge: Gut als Einzelstück für einen sehr heißen Standort. Eine exotische Wirkung erzielen sie in Kombination mit Keulenlilie und Yucca.

Crassulaceae

Sedum

H: 60 cm; **B:** 1 m

Die Gattung *Sedum*, die Fetthenne, besteht aus 300 Arten, darunter winterharte, halb- und nicht-winterharte Ein- und Mehrjährige, laubabwerfende oder immergrüne Sukkulenten, die in Asien, Europa und Nordafrika vorkommen. Ihre Wirkung für den Garten beruht auf den attraktiven, sternförmigen Blüten in vielen Schattierungen, die am Sproßende in flachen, doldenartigen Blütenständen stehen. Außerdem haben sie interessante Blattformen, -gestalten und -farben. Die beliebteste Art in Kultur ist *S. spectabile*. Ihre verschiedenen Sorten haben paarig angeordnete, breit-ovale, weiß-grüne Blätter. Die rosa, mauve überlaufenen, 10 cm breiten Blütenstände erscheinen von Anfang bis Mitte Herbst. *Sedum acre* 'Aureum' gehört zu den besten Bodendekkern unter den Fetthennen; ihre kleinen Blütenköpfchen öffnen sich gelb und verblassen zu einem cremigen Weiß.

Kultur: winterhart; volle Sonne; selten gießen; im Frühling Langzeitdünger aufstreuen; zu Frühlingsbeginn Stengel bis zum Boden zurückschneiden; anfällig gegenüber Wurzelfäule (unter feuchten Bedingungen) und Schneckenfraß (siehe Seite 105); Vermehrung durch Teilung im Frühling.

Besondere Ansprüche: Dürfen auf keinen Fall in Staunässe stehen.

Gestaltungsvorschläge: *Sedum spectabile* zieht Schmetterlinge an (siehe Seite 57).

Crassulaceae

Sempervivum

Sempervivum tectorum

H: Rosetten 5 cm, Blüten bis 20 cm; **B:** bis 30 cm Durchmesser

Die Gattung *Sempervivum* (Hauswurz) besteht aus 42 Arten, darunter winterharte und halb-winterharte, rosettenbildende, immergrüne Sukkulente. Viele sind Gebirgspflanzen, die in fast allen Gebirgen der Welt vorkommen, z. B. den Alpen, Karpaten und Pyrenäen. Manche Arten sind gänzlich winterhart. Die fleischigen, grünen Blätter, häufig mit roten oder purpurnen Spitzen sind oval bis elliptisch und laufen in einer scharfen Spitze aus. Sie sind in einer überlappenden, engen Rosette angeordnet. Die sternförmigen Blüten stehen auf dicken, fleischigen Blüten-

Sempervivum tectorum

sprossen. Nach der Blüte sterben die Rosetten ab.
Kultur: winterhart; volle Sonne; selten gießen; mischen Sie beim Einpflanzen etwas Langzeitdünger ins Substrat; anfällig gegenüber Rostpilzen (siehe Seite 104); Vermehrung durch Teilung – pflanzen Sie Anfang Herbst oder im Spätfrühling Ableger ein.
Besondere Ansprüche: Bevorzugen lehmhaltiges Substrat mit reichlich grobem Sand. Schützen Sie frisch gepflanzte Rosetten vor Vögeln.
Gestaltungsvorschläge: Ideal, um als lebender Mulch die Erdoberfläche eines Gefäßes abzudecken. Verträgt Trockenheit (siehe Seiten 55 und 57).

Compositae/Asteraceae
Senecio

H: 60 cm–1,20 m; **B:** bis 1,20 m
Die Gattung *Senecio* (Kreuzkraut) ist mit 1500 Arten sehr groß. Dazu gehören Stauden, Sträucher und Kletterpflanzen, die in der ganzen Welt vorkommen. Einige Systematiker stellen inzwischen die strauchigen Arten Neuseelands in die Gattung *Brachyglottis*: Es sind meist immergrüne Arten, die ihre Blütenköpfchen im Sommer bilden. Die Sträucher sind in fast allen Regionen winterhart, die breitovalen Blätter erscheinen dank ihrer filzigen Behaarung silbergrau. *Senecio (Brachyglottis)* 'Sunshine' hat attraktives, graues Laub und wächst zu einem kuppelartigen Strauch mit goldgelben Blütenköpfchen heran. *Senecio cineraria bicolor* ist eine hervorragende Einjährige mit tief eingekerbten, lebhaft silbergrauen Blättern; die Sorte 'Silver Dust' ist besonders schön gefärbt.
Die Cruentus-Hybriden (Gartenzinerarien) liefern von Spätsommer bis Mitte Herbst die benötigten, kräftigen Farbtupfer. Man erhält sie in vielen Größen und Farben – von Hell- und Dunkelblau bis Weiß, Rosa, Karmesin- und Scharlachrot: viele haben Blütenköpfchen, die Augen gleichen.
Groß- und kleinblütige Formen, sowie Zwergsträucher mit sehr kompaktem Wuchs vervollständigen das Angebot. Sie werden wie Einjährige gezogen und jedes Jahr neu ausgesät – Blüte in der zweiten Jahreshälfte. Obwohl sie leicht zu ziehen sind, müssen sie äußerst sorgfältig beobachtet werden, denn sie müssen häufig gegossen werden, um nicht binnen einiger Stunden zu welken. Andererseits bildet sich bei zu starker Bewässerung leicht Wurzelfäule, und die Stengel knicken ein. Vor allem für den Anfänger sind daher die Gartenzinerarien ideal, sie kommen auch ohne allzuviel „Kümmern“ ganz gut zurecht.
Kultur: winterhart/halb-winterhart; volle Sonne/Halbschatten; regelmäßig gießen; im Frühling mit grobem Kompost mulchen; halb-winterharte Pflanzen brauchen alle zwei Wochen Flüssigdünger; schneiden Sie im Frühling wuchernde Triebe zurück, und entfernen Sie die verblassenden Blüten; Vermehrung der halbwinterharten Formen aus Samen (Aussaat Mitte Frühling, geschützter Platz), Sträucher über 10 cm lange Stecklinge im Spätsommer.
Besondere Ansprüche: Schützen Sie halb-winterharte Pflanzen vor Frost.
Gestaltungsvorschläge: Einjährige sehen in Hängekörben und Fensterkästen überwältigend aus.

Rutaceae
Skimmia

H: bis 1 m; **B:** 1,20 m
Zu dieser kleinen Gattung gehören nur vier Arten winterharter, immergrüner, langsam wachsender, aromatischer Sträucher, die in Ostasien und dem Himalaya zu Hause sind. Die dicken, ledrigen, ovalen bis bandförmigen Blätter enden in einer Spitze. Die kleinen, sternförmigen Blüten stehen von Mitte bis Ende des Frühlings in Rispen an den Triebspitzen, ihnen folgen orange-rote Beeren. Für den Fruchtansatz brauchen Sie möglichst eine männliche auf vier weibliche Pflanzen. *Skimmia japonica* ssp. *reevesiana* ist weiblich. Sie wächst zu einem kompakten Strauch mit glänzenden, mittel- bis dunkelgrünen Blättern und cremig-weißen Blüten heran, gefolgt von karmesinroten Früchten im Spätsommer. *Skimmia japonica* 'Rubella' ist ein männlicher Klon mit tiefroten Blütenknospen und grünen Blättern mit rotem Rand. Die männliche *S. j.* 'Fragrans' bildet reichlich Blüten, die nach Maiglöckchen duften.
Kultur: winterhart; volle Sonne/Halbschatten; regelmäßig gießen; im Frühling mit grobem Kompost mulchen; Vermehrung über 10 cm lange Teilstecklinge in Hoch- oder Spätsommer.
Besondere Ansprüche: Schützen Sie bei Spätfrösten die jungen Blätter vor Frostschäden. *Skimmia reevesiana* fühlt sich in kalkfreiem Substrat am wohlsten.
Gestaltungsvorschläge: Für die Stadt besonders geeignet, da die Sträucher unempfindlich gegenüber Luftverschmutzung sind.

Compositae/Asteraceae
Tagetes

H: bis 1 m; **B:** 60 cm
Zur Gattung *Tagetes* (Studenten- oder Sammetblume) gehören 50 Arten, Einjährige und Stauden, die mit einfachen und gefüllten Blüten erhältlich sind. Einfache Blüten gleichen den Gänseblümchen, gefüllte eher kleinen Nelken. Bei Berührung strömen die Blätter einen strengen Geruch aus. *Tagetes erecta* ist eine wüchsige, gut verzweigte, halb-winterharte Einjährige mit tief eingeschnittenen, glänzenden, dunkelgrünen Blättern und 5 cm breiten, zitronengelben Blütenköpfchen mit großen Randblüten (gebildet von Hochsommer bis zu den ersten Frösten). Die Hybriden von *T. patula* sind schnell wachsende Einjährige, aber nur halb so groß wie *T. erecta*. Sie sind in gelben, orangen und roten Tönen erhältlich. *T.* Patula-Hybriden sind wegen ihrer zwei- und mehrfarbigen, einfachen Blüten besonders beliebt.
Kultur: halb-winterhart; volle Sonne; regelmäßig gießen; beim Einpflanzen einen Langzeitdünger ins Substrat mischen; Verblühtes regelmäßig entfernen; Vermehrung durch Aussaat Mitte Frühling (geschützter Standort).
Besondere Ansprüche: Keine, einfach zu ziehen.
Gestaltungsvorschläge: Sehr gut, um Gefäße zu säumen und ideal für Hängekörbe und Fensterkästen.

Lamiaceae
Thymus

H: bis 30 cm; **B:** bis 1 m
Zu dieser Gattung (Thymian) mit 350 Arten gehören winterharte, immergrüne Stauden und Halbsträucher mit aromatischen Blättern, die aus Europa, Asien und dem Mittelmeergebiet stammen. Einige bilden niederliegende Matten, mit kleinen schmalen, graugrünen Blättern kaum über Bodenniveau. Andere wachsen zu kleinen, strauchigen Pflanzen mit kräftigen, dünnen Sprossen heran: deren schmal-ovale Blätter sind gewöhnlich graugrün, manchmal behaart und stehen dicht bei dicht. In Kübeln wird vor allem der dekorative *T.* x *citriodorus* gepflanzt, dessen mittelgrüne, nach Zitronen duftende, länglich ovalen Blätter bis 1 cm lang werden. Die winzigen, hell lila gefärbten Blüten stehen von Hoch- bis Spätsommer in Wirteln an den Triebenden. Es gibt eine Reihe von Sorten mit interessantem Laub, darunter *T.* x *c.* 'Aureus' mit goldenen, grün überhauchten Blättern, und *T. vulgaris* 'Silver Posie' mit silbern und grün panaschierten Blättern.
Kultur: winterhart; volle Sonne/Halbschatten; regelmäßig gießen; gehen Sie nach der Blüte mit der Heckenschere über die Pflanze, um tote Blüten zu entfernen und den Wuchs buschig zu halten; Vermehrung über 5 cm lange Stecklinge im Hochsommer.
Besondere Ansprüche: Bevorzugen wasserdurchlässiges Substrat.
Gestaltungsvorschläge: Ziehen Sie Thymian in niedrigen Schalen neben einem Weg, so profitieren Sie bei Berührung vom Duft der Blätter.

Saxifragaceae
Tolmiea
Tolmiea menziesii

H: 15 cm; **B:** 45 cm
Tolmiea menziesii stammt aus den USA. Sie ist als Zimmerpflanze ebenso beliebt wie als Gefäßpflanze im Freiland – dort kann sie ohne Schwierigkeiten überwintern. *Tolmiea m.* 'Taff's Gold' hat kleine, behaarte, fast nesselartige Blätter (brennen nicht), die hellgrün und gelb gefleckt sind und an gleichermaßen behaarten Blattstielen stehen. Besonders interessant ist diese Pflanze, weil sie auf der Oberfläche ihrer Blätter kleine Brutpflänzchen bildet, manchmal wachsen 30–40 junge Pflänzchen auf einem einzigen Blatt. Die 1 cm langen, grünlich-weißen, rot überlaufenen Röhrenblüten mit roten, haarartigen Auswüchsen an den Kronblattspitzen stehen oberhalb der Blätter auf 45–60 cm hohen Blütensprossen.

Thymus vulgaris 'Silver Posie'

Kultur: winterhart; volle Sonne/Halbschatten; regelmäßig gießen; von Frühsommer bis -herbst einmal pro Monat Flüssigdünger geben; Vermehrung durch Absenken.
Besondere Ansprüche: Keine.
Gestaltungsvorschläge: Hervorragend geeignet, um die Oberfläche eines Gefäßes zu decken und lebenden Mulch zu bilden; außerdem verbirgt sie als kriechende Pflanze die Seiten von Hängekörben und Fensterkästen.

Palmae/Arecaceae
Trachycarpus
Trachycarpus fortunei

H: 2–3 m; **B:** 2 m und mehr
Die Hanfpalme gehört einer kleinen Gattung immergrüner Palmen an, die im Himalayagebiet und Ostasien vorkommt. *Trachycarpus fortunei* ist in gemäßigten Regionen durchaus winterhart. Sie wächst langsam und entwickelt einen einzelnen, dicken, pelzigen Stamm, der aus den faserigen Resten der alten Blätter besteht und der Pflanze das palmentypische Aussehen verleiht. Die fächerförmigen, mittelgrünen, etwa 1 m breiten Blätter sind an ihren Enden gefältelt und gespalten, so daß ein zackig-zahnartiges Aussehen resultiert. Die Spreiten sitzen auf 1 m langen, scharf gezähnten Blattstielen. Die kleinen, gelben Blüten erscheinen im Hochsommer in dichten, 60 cm langen Büscheln. In sehr heißen Sommern kommt es sogar zur Fruchtbildung – schwarze, dattelartige Früchte von 1 cm Durchmesser.
Kultur: winterhart; volle Sonne/Halbschatten; regelmäßig gießen; im Frühling mit grobem Kompost mulchen; Vermehrung durch Teilung im Frühsommer.

Tropaeolum majus cv.

Besondere Ansprüche: Vor starken Winden schützen.
Gestaltungsvorschläge: Ausgezeichnete Wahl für einen geschützten, sonnigen Standort; paßt hervorragend in ein mediterranes Thema.

Commelinaceae
Tradescantia

H: 60 cm; **B:** 75 cm
Die Dreimasterblume *Tradescantia* gehört zu einer Gattung von Stauden, manche winterhart, andere sehr empfindlich. Die winterharte Staude *T. virginiana* ist vor allem deswegen beliebt, weil sie nur wenig Pflege und Aufmerksamkeit erfordert. Diese attraktive Pflanze mit matt grünen, bandförmigen Blättern, die in eine Spitze auslaufen, bildet ungewöhnliche, 2–4 cm breite, dreieckige Blüten aus drei Kronblättern, so daß die Blüte sehr symmetrisch wirkt. Die Blüten erscheinen von Hochsommer bis Frühherbst in kleinen Blütenständen mit verschiedenen Farben. Es gibt einige Sorten, z. B. *T.* x *andersoniana* 'Blue Stone' mit tiefblauen Blüten, die beliebte *T.* x *a.* 'Isis' in Königspurpur und *T.* x *a.* 'Osprey' mit reinweißen Blüten mit stahlblauer Mitte.
Kultur: winterhart; volle Sonne/Halbschatten; regelmäßig gießen; im Frühling Langzeitdünger aufstreuen oder ab Spätfrühling bis Frühsommer alle zwei Wochen Flüssigdünger geben; anfällig gegenüber Schneckenfraß (siehe Seite 105); Vermehrung durch Teilung Mitte bis Ende des Frühlings.
Besondere Ansprüche: Halten Sie die Wurzeln kühl (Mulch aufbringen).
Gestaltungsvorschläge: Sehr gut in niedrigen Gefäßen oder zwischen Sträuchern (siehe Seite 49).

Tropaeolaceae
Tropaeolum

H: 60 cm–5 m; **B:** bis 1,20 m
Tropaeolum, die Kapuzinerkresse, ist eine südamerikanische Gattung mit 90 Arten winterharter Einjähriger und Stauden, die meisten kletternd. Alle Arten tragen von Hochsommer bis Mitte Herbst kurze, trompetenförmige Blüten, bei manchen sind die Kronblätter unterschiedlich groß, und sie haben einen langen Sporn am Grund jeder Blüte. Die glatten, mittel- bis hellgrünen Blätter sind fast kreisrund und haben einen gewellten Rand. *Tropaeolum majus* ist eine Einjährige mit üppig ausgebreiteter Wuchsform und Blütenfarben, die von Hellgelb bis Scharlach-Orange reichen. Der Handel bietet Formen mit mehrfarbigen Blüten und panaschierten Blättern an. *Tropaeolum speciosum* ist eine laubabwerfende Staude mit dünnen, windenden Stengeln, mittelgrünen, eingekerbten Blättern und brillant scharlachrot gefärbten Blüten aus fünf abgerundeten, welligen, flach ausgebreiteten Kronblättern.
Kultur: winterhart/halb-winterhart; volle Sonne/Halbschatten; selten gießen; Einjährigen wird beim Einpflanzen etwas Langzeitdünger ins Substrat gemischt; Mehrjährigen streut man im Frühling Langzeitdünger auf das Substrat; Vermehrung der Einjährigen durch Aussaat im Spätfrühling (Freiland), Mehrjährige werden Mitte Frühjahr geteilt.
Besondere Ansprüche: Um die Blüte anzuregen, sollten die Pflanzen etwas trokken und „hungrig" gehalten werden. Kletternde Formen brauchen Unterstützung.
Gestaltungsvorschläge: Kletternde Stauden sollten im Idealfall durch andere Pflanzen wachsen; Einjährige sind ideal, um über die Ränder von Hängekörben zu kriechen.

Liliaceae
Tulipa

H: 10–50 cm; **B:** bis 25 cm
Tulpen wurden erstmals im 16. Jh. aus der Türkei nach Europa eingeführt. Innerhalb von 100 Jahren wurden diese Zwiebeln in den Niederlanden so beliebt, daß eine regelrechte Tulpen-Manie ausbrach, in der sich die Züchter gegenseitig mit Sorten und Preisen überboten. Noch immer sind Tulpen äußerst beliebt, sowohl die Arten wie die Zuchtformen.
Vor einigen Jahren stellten sich die Königlich-Niederländische Gesellschaft der Tulpenzüchter und die britische Royal Horticultural Society der schwierigen Aufgabe, die Gartentulpen zu klassifizieren. Bisher

Tulipa clusiana

Tulipa 'Van der Neer'

Tulipa 'Fringed Elegance'

Tulipa 'Flaming Parrot'

hat man sich auf 15 Gruppen geeinigt, z. B. die **Darwin-Tulpen** (großblütige, hohe Tulpen); die **Lilienblütigen Tulpen** mit spitzen Blütenblättern; **Rembrandt-Tulpen** (ähnlich wie die Darwin-Tulpen mit gebrochenen Farben); **Papagei-Tulpen** mit gewellten, meist mehrfarbig gestreiften Blütenblättern; und die **Botanischen Tulpen** mit zumeist offenen, becherförmigen Blüten, die in der Regel kleiner sind als die Sorten. Zu den Botanischen Tulpen gehört *T. kaufmanniana*, eine Zwergtulpe mit offen-becherförmiger Blüte, und *T. clusiana* mit langen, weißen Blüten, die außen tiefrosa überhaucht sind – beide sind einfach zu ziehen und sehr attraktiv.
Alle Tulpen treiben aus rundlichen Zwiebeln mit dünner Haut aus. Fast alle Zwiebeln bilden einen einzigen Stengel mit einer Blüte aus, nur wenige tragen zwei, drei oder mehr Blüten. Die Blüten sind becherförmig mit sechs Blütenblättern, deren Formen von breit-abgerundet bis schlank-zugespitzt reichen. Die Blätter sind länglich oval. Fast alle Tulpen blühen vor allem im ersten Jahr sehr prächtig.
Kultur: sehr winterhart; volle Sonne; Gießen zur Pflanzzeit, danach müssen die Zwiebeln feucht gehalten werden, bis die Blätter nach der Blüte zu verwelken beginnen; nach der Blüte einmal wöchentlich Flüssigdünger ins Gießwasser; anfällig gegenüber Schneckenfraß (Zwiebeln), Älchen, Tulpenfeuer und Blattläusen (siehe Seite 105); Vermehrung durch Tochterzwiebeln.
Besondere Ansprüche: Bevorzugen wasserdurchlässiges Substrat. Schutz vor starkem Wind erforderlich. Sobald die Blätter verwelkt sind, werden die Zwiebeln bei feuchtem Wetter entnommen und in einem trockenen, frostfreien Raum bis zum Herbst gelagert.
Gestaltungsvorschläge: Bepflanzen Sie für eine überwältigende Wirkung mehrere Töpfe mit Tulpen derselben Sorte und Farbe.

Viburnum carlesii 'Diana'

Viola 'Little Liz'

Viola septentrionalis f. *alba*

Verbenaceae

Verbena

Verbena x *hybrida*

H: 15–45 cm; **B:** 30 cm

Zur Gattung *Verbena* gehören rund 250 Arten Einjähriger und Stauden, die aus Südamerika stammen. Diese buschigen Pflanzen haben mittel- bis dunkelgrüne, ovale, gesägte Blätter. Die doldenartigen, 7,5 cm breiten, duftenden Blütenstände erscheinen vom Hochsommer bis zu den ersten Frösten an den Sproßenden. Die Farben variieren von Weiß, Rosa und Rot zu Blau und Lila. *Verbena* x *hybrida* 'Silver Anne' ist nur eine von vielen hervorragenden Sorten.

Kultur: halb-winterhart; volle Sonne; regelmäßig gießen; von Spätfrühling bis Frühsommer alle zwei Wochen Flüssigdünger geben; anfällig gegenüber Blattläusen (siehe Seite 105); Einjährige werden durch Aussaat vermehrt (im Frühling im Haus), Stauden über 7,5 cm lange Stecklinge im Spätsommer.

Besondere Ansprüche: *Verbena rigida* und *V. bonariensis* können draußen überwintern, sofern sie gut geschützt werden.

Gestaltungsvorschläge: Gut für Fensterkästen und Kübel (siehe Seiten 53 und 56).

Caprifoliaceae

Viburnum

H: bis 3 m; **B:** 2 m

Viburnum, der Schneeball, ist eine große Gattung mit laubabwerfenden und immergrünen Sträuchern sowie kleinen Bäumen. Viele haben duftende, weiße Blüten, einige bilden während des Herbstes kräftig gefärbte Früchte. Die laubabwerfenden Arten tragen im Winter ihre Blüten am nackten Holz, andere wieder haben sehr attraktiv gefärbtes Herbstlaub. Zu den beliebtesten Arten zählt *V. carlesii*, ein winterharter, laubabwerfender Strauch mit matt grünen, breit-ovalen Blättern und stark duftenden, wachsweißen Blüten im Spätfrühling und Frühsommer. Zu den Sorten gehören *V. c.* 'Aurora' und die kompaktere *V. c.* 'Diana'. *V. tinus* hat eine buschige Wuchsform und glatte, dunkelgrüne, ovale, immergrüne Blätter. Die Blüten sind rosa und öffnen sich weiß von Spätherbst bis Frühsommer.

Kultur: winterhart; volle Sonne/Halbschatten; regelmäßig gießen; im Frühling mit grobem Kompost mulchen; anfällig gegenüber Grauschimmel und Blattfleckenkrankheit, Blattläusen und Mottenschildläusen (siehe Seiten 104–105); Vermehrung über 7,5–10 cm lange Teilstecklinge im Hoch- oder Spätsommer oder durch Absenken im Hochsommer.

Besondere Ansprüche: An Standorten, wo die Morgensonne nach Spätfrösten die Knospen verbrennen könnte, müssen die Pflanzen geschützt oder versetzt werden.

Gestaltungsvorschläge: Damit Sie vom betörenden Duft profitieren, gehören diese Pflanzen nahe ans Haus.

Violaceae

Viola

H: 15–20 cm; **B:** bis 30 cm

Stiefmütterchen oder Veilchen sind eine umfangreiche Gattung, die aus winterharten Einjährigen und Stauden besteht. Sie gehören zu den beliebtesten Topfpflanzen überhaupt. Fast alle Sorten gehen auf die Hybride *V.* x *wittrockiana* zurück; sie hat größere Blüten und wächst stärker als die kleineren Wildveilchen. Die Blütengröße variiert zwischen 2,5 und 7,5 cm, die Farben von Goldgelb über rote, weiße und blaue Töne bis beinahe Schwarz und Tiefviolett. Die schmalen, ovalen, gezähnten Blätter sind glänzend mittelgrün und stehen auf locker ausgebreiteten Stielen.

Kultur: winterhart; volle Sonne/Halbschatten; regelmäßig gießen; mischen Sie beim Pflanzen Langzeitdünger ins Substrat; anfällig gegenüber Mosaikvirus und Rostpilzen; Vermehrung der Einjährigen durch Aussaat im Hochsommer und der Stauden über Triebstecklinge im Frühling.

Besondere Ansprüche: Bevorzugen wasserdurchlässiges Substrat.

Gestaltungsvorschläge: Perfekt in frühlingshaften Arrangements mit kräftigen Farben. Kriechende Sorten ideal im Hängekorb (siehe Seiten 11, 29, 40 und 42).

Vitaceae
Vitis

H: bis 20 m; **B:** 4 m
Der Wein als Zierpflanze gehört zu einer Gattung wüchsiger Kletterpflanzen, die sich über Ranken selbst am Untergrund verankern. Form und Größe der Blätter unterscheiden sich von Art zu Art – einige werden speziell wegen ihrer brillanten Herbstfarben gezogen, bei anderen schält sich die Rinde besonders attraktiv ab. *Vitis coignetiae*, der eleganteste aller Zierweine, gehört zu den beliebteren Arten. Er ist eine winterharte, wüchsige Kletterpflanze mit dicken, mittelgrünen Blättern. Jedes mißt 30 cm, ist herzförmig und färbt sich im Herbst gelb, orangerot und manchmal sogar purpur-karmesinrot. Die Weinrebe *Vitis vinifera* hat auch ihre Freunde; es gibt davon eine Sorte mit purpurnen Blättern, *V. v.* 'Purpurea'.
Kultur: sehr winterhart; volle Sonne/Halbschatten; regelmäßig gießen; im Frühling mit grobem Kompost mulchen; lichten Sie im Spätsommer alten Wuchs aus, kürzen Sie junge Triebe; anfällig gegenüber Schildläusen und Rüsselkäfern (siehe Seite 105); Vermehrung über Steckhölzer von Mitte Herbst bis frühen Winter.
Besondere Ansprüche: Bevorzugen einen tiefen Kübel mit lehmhaltigem Substrat, der mit Mist angereichert wurde, an einem heißen, trockenen Platz.
Gestaltungsvorschläge: Ziehen Sie den Wein über einen Pfosten, und lassen Sie ihn dann locker zum Kübel herunterfließen.

Fabaceae
Wisteria

H: bis 10 m; **B:** 15 m
Diese Gattung aus winterharten Kletterpflanzen (Glyzine) stammt ursprünglich aus Ostasien und Nordamerika. Dazu gehören einige der schönsten Kletterpflanzen, die sich in Kaskaden weißer, rosa, blauer oder mauve Blüten (Schmetterlingsblüten in 20–30 cm langen Trauben) über ihre Unterlage ergießen. Die Blühperiode erstreckt sich vom Früh- bis zum Hochsommer. Die beliebteste Art ist *W. sinensis* mit dunkel- bis mittelgrünen Blättern, die in kleine Fiedern geteilt sind. Andere Formen sind weißblühend, so *W. s.* 'Alba', während *W. s.* 'Plena' gefüllte, mauve Blüten hat.
Kultur: winterhart; volle Sonne; regelmäßig gießen; im Frühling mit grobem Kompost mulchen; schneiden Sie im Vorfrühling Seitensprosse bis auf zwei oder drei Knospen zurück, und regeln Sie die Wüchsigkeit durch Rückschnitt im Hochsommer; anfällig gegenüber Blattfleckenkrankheit und den Angriffen der roten Blattspinnmilbe; Vermehrung über Sproß- oder Knotenstecklinge im Spätsommer bzw. durch Absenken im Frühsommer.
Besondere Ansprüche: Bevorzugen einen süd- oder westexponierten Standort. Gießen Sie in Gegenden mit hartem Leitungswasser mit Regenwasser, um eine Kalk-induzierte Chlorose zu vermeiden. Die Pflanze darf nicht austrocknen, sonst wirft sie die Blütenknospen ab.
Gestaltungsvorschläge: Kann zu einem kleinen Hochstamm erzogen werden.

Yucca filamentosa 'Variegata'

Agavaceae
Yucca
Yucca filamentosa

H: 60 cm–1 m; **B:** 1–1,20 m
Die Yucca-Palme gehört zu einer Gattung langlebiger, halb-winterharter und empfindlicher, immergrüner Sträucher und kleiner Bäume. Sie fühlen sich selbst in nährstoffarmem, sandigem Substrat noch wohl und gedeihen auch an der Küste oder an Standorten mit dauerhaft starken Winden. Die 1 m langen, bandförmigen Blätter sind bläulich-grün, an der dornigen Spitze meist vertrocknet und braun. Die rötlichbraunen Blütenstände erreichen oftmals Höhen von 1,50–2 m, davon zwei Drittel voll mit überhängenden, weißen, glockenförmigen, lilienartigen, jeweils 6–8 cm breiten Blüten. Die Sorten *Y. f.* 'Bright Edge' mit einem schmalen goldenen Saum und *Y. f.* 'Variegata' mit cremig-weißen Blattsäumen sind panaschiert. Blätter von panaschierten Formen sind nicht so winterhart wie die der eigentlichen Art.
Kultur: halb-winterhart; volle Sonne; selten gießen; im Frühling Langzeitdünger aufstreuen; anfällig gegenüber Blattfleckenkrankheit (siehe Seite 104); Vermehrung durch Teilung Mitte bis Ende Frühling – pflanzen Sie bewurzelte Ableger in kleine Töpfe.
Besondere Ansprüche: Selbst in geschützten Lagen sollte die Yucca im Winter mit Stroh abgedeckt werden.
Gestaltungsvorschläge: Eignet sich hervorragend für markant-architektonische Wirkung – dann als Einzelstück. Unverzichtbar als Bestandteil eines mediterranen Themas.

Zantedeschia aethiopica

Araceae
Zantedeschia
Zantedeschia aethiopica

H: 45 cm–1 m; **B:** 60 cm
Die Zimmerkalla gehört zu einer Gattung halb-winterharter Stauden aus Südafrika. Die großen, glänzenden, dunkelgrünen Blätter sind pfeilförmig. Ihre weißen Blütenhüllen lassen im Inneren einen gelben Kolben erkennen – sie erscheinen von Mitte Frühling bis Hochsommer. Die Sorte *Z. a.* 'Crowborough' ist winterhärter.
Kultur: winterhart; Halbschatten; regelmäßig gießen; im Frühling mit grobem Kompost mulchen; anfällig gegenüber Viren (siehe Seite 104); Vermehrung durch Teilung im Herbst.
Besondere Ansprüche: Bevorzugt torfhaltiges Substrat und kühle Wurzeln.
Gestaltungsvorschläge: Die Pflanze in Blumentöpfen vorziehen und kurz vor der Blütezeit in einen Übertopf stellen.

Register

Die halbfett gedruckten Ziffern kennzeichnen Abbildungen

Danksagungen und Bildnachweis

Der Photograph, die Verlagsmitarbeiter und Autoren danken den folgenden Personen und Institutionen für die Erlaubnis, Photos in deren Gärten aufnehmen zu dürfen (Seitenzahlen in Klammern):
Randal Anderson (107); Barnsley House (44, 136 unten, 138 Mitte, 153 unten links); Barter's Farm (133 links); Blenheim Palace (115 unten); Bosvigo House (61, 121 rechts); Bourton House (47, 140 oben rechts); Penelope Bray (137, 143 rechts); Frank Cabot (7); Robert Cooper (29); Nicholas & Pam Coote (22, 108 links, 124 links, 130 oben rechts, 131 Mitte); The Garden House (108 oben); Gothic House (72, 119 rechts, 125 rechts, 131 rechts, 144 links); Hadspen Gardens (63); Pam Hummer (1, 68); Anne Huntington (117 rechts, 153 oben rechts); Kiftsgate Court (39); Nell Maydew (154 oben rechts); Eve Meares (129 links); Carolyn McNab (147 links); The National Trust (Powis Castle 4, 16 rechts); Anthony Noel (2, 13, 36, 75, 119 links, 153 unten rechts, 154 unten); Fiona und John Owen (108 unten, 153 rechts); Jenny & Richard Raworth (14, 43, 65, 66, 70 rechts, 111, 129 rechts, 134, 145 links, 148 oben links); RHS Rosemoor (124 rechts, 138 links); RHS Wisley (130 links); Rodmarton Manor (125 unten); Sticky Wicket (121 links, 142 links, 143 unten, 150 links, 151 links, 152 links); Beth Straus (20 rechts, 51, 112 rechts); Sudeley Castle (109 rechts); Rosemary Taffinder (56); Louise Trepanier (9, 123 oben, 127 links, 135 links, 138 rechts, 148 unten, 150 links); Whichford Pottery (64, 69, 129 Mitte).
Für Hilfe und Unterstützung bei der Produktion dieses Buches spricht der Verlag seinen Dank aus: Merrist Wood College, Worplesdon, Surrey; The Garden Picture Library, Ransome's Docks, London SW11; Jenny Raworth für die Gestaltung der jahreszeitlichen Bepflanzungen; Ruth Baldwin für die Textedition; Peter Green (Royal Botanic Gardens, Kew) für die Bestimmung der Pflanzen; Tony Lord für die Überprüfung der Pflanzennamen; Richard Bird für die Erstellung des Indexes; Erddig für die Bestimmung der Efeus; und Caddick's Clematis Nursery für die Bestimmung der Waldreben.

Bezugsquellen für Gefäße, Pflanzen, Werkzeuge und Ausrüstung

Clifton Nurseries, Clifton Villas, Little Venice, London W9 2PH; Granville Garden Centre, London NW2; Spear and Jackson, Handsworth Road, Sheffield S13 9BR; Rayment, The Forge, Durlock, Thanet, Kent CJ12 4HE; JC Castings, 38 Derwent Road, London SW20 9NH; Geo Goostock, Llangwyryfon, Dyfed SY23 4HD; Jonathan Garratt, Hare Lane Pottery, Cranborne, Dorset; Annie Sloan, Relics, 35 Bridge Street, Witney, Oxon OX8 6DA.

Bildnachweis

Alle Photos am Standort von Andrew Lawson, mit Ausnahme von: Lynne Brotchie, GPL, 50; Linda Burgess, GPL 18; John Glover, GPL, 25; Jerry Harpur, 20 links; Jacqui Hurst, 10 rechts, 70 links, 71; Ron Sutherland, GPL, 16 links, 46 oben; Harold Taylor, Oxford Scientific Films, 80 Kasten; Brigitte Thomas, GPL, 10 links, 27.